im DETAIL Integriertes Wohnen

im **DETAIL**

Integriertes Wohnen

flexibel · barrierefrei · altengerecht

Christian Schittich (Hrsg.)

mit Textbeiträgen von
Peter Ebner
Joachim Giessler
Lothar Marx
Eckhard Feddersen und Insa Lüdtke

Edition DETAIL – Institut für internationale
Architektur-Dokumentation GmbH
München

Birkhäuser
Basel · Boston · Berlin

Herausgeber: Christian Schittich
Redaktion: Alexander Felix, Astrid Donnert, Michaela Linder,
Melanie Schmid, Cosima Strobl, Andrea Wiegelmann

Zeichnungen: Nicola Kollmann, Marion Griese, Daniel Hajduk,
Martin Hemmel, Caroline Hörger, Claudia Hupfloher, Elisabeth Krammer,
Cathrin Peters-Rentschler, Andrea Saiko

DTP: Peter Gensmantel, Andrea Linke, Roswitha Siegler, Simone Scesters

Ein Fachbuch aus der Redaktion DETAIL
Dieses Buch ist eine Kooperation zwischen Edition Detail – Institut für internationale Architektur-Dokumentation GmbH & Co. KG und Birkhäuser Verlag AG

Bibliografische Information der Deutschen Nationalbibliothek
Die Deutsche Nationalbibliothek verzeichnet diese Publikation in der Deutschen Nationalbibliografie; detaillierte bibliografische Daten sind im Internet über <http://dnb.d-nb.de> abrufbar.

Dieses Buch ist auch in englischer Sprache erhältlich (ISBN: 978-3-7643-8119-6).

Gedruckt auf säurefreiem Papier, hergestellt aus chlorfrei gebleichtem Zellstoff (TCF∞).

Printed in Germany
Reproduktion:
Martin Härtl OHG, München
Druck und Bindung:
Kösel GmbH & Co. KG, Altusried-Krugzell

ISBN: 978-3-7643-8118-9

9 8 7 6 5 4 3 2 1

Inhalt

Altengerecht, integriert, flexibel

Christian Schittich

Unsere Gesellschaft kommt in die Jahre. Eine zunehmende Lebenserwartung bei gleichzeitigem Geburtenrückgang führt zur drastischen Verschiebung der Alterstruktur – ein Prozess, der in vielfältigen Bereichen neue Strategien und Antworten verlangt. Auch der Wohnungsbau muss mit neuen und intelligenten Lösungen reagieren. Das Konzept des Integrierten Wohnens ist eine der möglichen Antworten darauf.
Integrierte Wohneinrichtungen als Mehrgenerationenhäuser sollen den älteren Menschen ein soziales Umfeld bieten, welches ihre gesellschaftliche Integration in einem weit höheren Maße fördert, als dies spezialisierte Alteneinrichtungen könnten. Gleichzeitig ermöglichen sie es den Senioren, länger in den eigenen vier Wänden zu bleiben, um dort ein weitgehend selbst bestimmtes Leben zu führen.

Doch das Integrierte Wohnen bleibt nicht auf die Eingliederung alter Menschen beschränkt. Auch andere gesellschaftliche Veränderungen verlangen nach neuen Wohnkonzepten. So löst sich der traditionelle Familienverband zusehends auf, die klassische Kleinfamilie wird als Haushaltsgemeinschaft immer häufiger von Singles, kinderlosen Paaren oder Alleinerziehenden abgelöst. Gleichzeitig gilt es, Migranten oder Menschen mit Behinderungen zu integrieren.
Grundsätzlich betrachtet, bedeutet Integriertes Wohnen das Zusammenleben unterschiedlicher Bevölkerungsgruppen unter einem Dach und damit verschiedene Wohnformen im gleichen Haus. Ziel ist die gegenseitige Ergänzung und Unterstützung. Integriertes Wohnen meint gemeinschaftliches, generationenübergreifendes, barrierefreies Wohnen, Wohnen für Familien, im Extremfall kann es sich auch auf die räumliche Nähe von Wohnen und Arbeiten oder Freizeitgestaltung beziehen.
Bei reinen Institutionen für alte Menschen kann man von Integriertem Wohnen sprechen, wenn in der speziellen Anlage mit abgeschlossenen Wohnungen auch weiter Dienstleistungen inklusive Pflege oder Versorgung angeboten werden.

Ebenso breit gefächert wie die Erscheinungsformen des Integrierten Wohnens sind auch die Beispiele in diesem Buch. Von kinderwagen- und rollstuhlgerechten Wohnanlagen, über eine seniorenfreundliche Ausstattung bis hin zur Modernisierung bestehender Bauten bietet die Projektauswahl einen umfassenden Überblick. Der Schwerpunkt liegt dabei aber beim Altenwohnen, das wegen der oben erwähnten Gründe besondere Beachtung verdient.
Grundrisse und Konzepte stehen im Vordergrund. Aber auch das konstruktive Detail kommt bei den vorgestellten Lösungen nicht zu kurz. Gerade beim barrierefreien Bauen erhält die Detaillösung, etwa für einen schwellenlosen Übergang zu Balkon oder Terrasse, ihre eigene Bedeutung. Wie in allen Bänden der Reihe »Im Detail« erläutern Fachartikel die Zusammenhänge und geben wertvolle Planungstipps. Peter Ebner definiert in seinem einführenden Essay den Begriff des Integrierten Wohnens und zeigt dessen Typologie auf. Weitere Beiträge analysieren die architektonischen Notwendigkeiten des altersgerechten Bauens, die speziellen Anforderungen an Küche und Bad sowie das barrierefreie Gestalten und Konstruieren in Neubau und Bestand.

1.1 Bürgerzentrum Pasing, 2002; Landau+Kindelbacher

Integriertes Wohnen

Peter Ebner

Roman Höllbacher
Markus Kuntscher

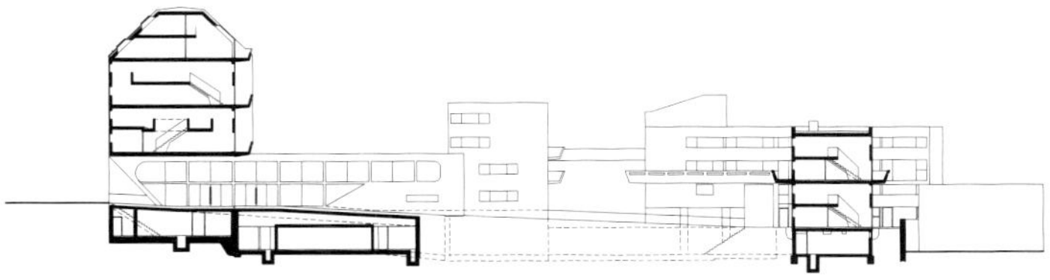

2.2

Themenorientierte Wohnbauprojekte

Im Wohnbau haben sich in den letzten Jahren neue Themen etabliert. Ökologisches, nachhaltiges, alten-, frauen-, kind- und behindertengerechtes Bauen, autofreie und energiebewusste Wohnanlagen (Passiv, Niedrig- oder Nullenergiehäuser) sind – ohne Gewähr auf Vollständigkeit – einige der populärsten Ansätze auf diesem Sektor. Anders ausgedrückt: Themenspezifischer Wohnbau hat Konjunktur und steht auch bei den Bauträgern hoch im Kurs. Sozialwissenschaftler, Trendforscher und Prognostiker geben dabei zumeist den Takt und die Themen vor. Daneben verläuft aber noch eine andere Traditionslinie der Innovation: Kleine Gruppe erkennen, häufig aus persönlicher Betroffenheit, ein Problem und verschaffen sich gegen einzementierte Positionen in der Mitte der Gesellschaft Gehör. Wer erinnert sich nicht daran, als Initiativgruppen mit Wärmepumpen und verbesserter Wärmedämmung zu experimentieren begannen und dafür als Ökofundis belächelt wurden. Heute zählen diese Errungenschaften zum Standard im Wohnbau.
Eine an Themen orientierte Wohnbauplanung passt dabei sehr genau in unsere postindustrielle Gesellschaft. Die heterogenen Lebensstile fordern auch hier differenzierte und klar auf diese Zielgruppen ausgerichtete Ansätze. Die Arbeiterwohnburgen des Roten Wien oder des Neuen Frankfurt, die Neuen Heimaten des Wiederaufbaus mit ihren Ausläufern im Sozialen Wohnbau sind damit endgültig Geschichte geworden.
Themen- und/oder projektorientierte Wohnbauvorhaben dienen selbstverständlich auch dazu, innovative Lösungen zu erproben und gesellschaftlich breiter zu diskutieren. Sie laufen aber genauso Gefahr, als Feigenblatt für nicht erfolgte strukturelle Anpassungen zu dienen. Zugespitzt könnte man sagen, dass ein themenspezifischer Wohnbau die Innovationsresistenz des Systems Bauwirtschaft abbildet (als Summe von Architekten, Bauträgern, Fördergebern, Financiers, Politikern). Franz Sumnitsch von BKK-3 hat das im Hinblick auf die Entstehung des Projektes »Sargfabrik« einmal so beschrieben:
»Die Bewohnergruppe, die Ende der achtziger Jahre zu uns kam, suchte nach einer Wohnform, die mehr bietet als die reine Bedarfsdeckung nach Quadratmetern. Um das realisieren zu können, mussten wir das System von innen heraus öffnen. Der erste Schritt, um unsere Interessen gegenüber einer unbeweglichen Bauindustrie durchsetzen zu können, war deshalb die Gründung eines eigenen Bauträgervereins.«[1]

Der »Verein für integrative Lebensgestaltung«, der daraus entstand, erwarb ein Areal, auf dem – das ist tatsächlich österreichische Sur-Realität – einst die größte Sargfabrik der Monarchie stand und wo Särge für des Kaisers Untertanen produziert wurden, um darauf eine der erfrischendsten Wohnanlagen des letzten Jahrzehnts zu errichten. Definiert hat der findige Verein das Ganze als »Wohnheim«, wodurch sich nicht nur zusätzliche Fördermittel, sondern auch freiere Formen der Grundrissgestaltung als im sozialen Wohnbau üblich realisieren ließen. So genannte alternative Gruppen, Bewohnervereine oder Wohngruppen agieren dabei längst so erfolgreich wie professionelle Bauträger, mehr noch, die Kreativität im Auslegen von Normen, Richtlinien und Förderbestimmungen muss ihnen erst einmal jemand nachmachen (Abb. 2.2, 2.3).

Integriertes Wohnen – Der Versuch einer Begriffserweiterung

In der Literatur und auf einschlägigen Webseiten wird »Integriertes Wohnen« häufig auf die Perspektive des Zusammenlebens verschiedener Generationen (Mehrgenerationenwohnen) oder die Integration von körperlich und/oder geistig behinderten Menschen in die Lebenswirklichkeit einer Wohnanlage reduziert. In integrativen Wohnanlagen »... leben verschiedene Bewohnergruppen meist in größeren Wohnkomplexen zusammen, die von speziellen Trägern initiiert und nicht von den Bewohnern selbst ins Leben gerufen werden. Sie haben zum Ziel, nachbarschaftliche Hilfen zwischen verschiedenen Generationen (Mehrgenerationenwohnen) und Bewohnergruppen mit unterschiedlichen Bedarfslagen zu verbessern. Der Austausch gegenseitiger Unterstützungsmaßnahmen soll die jeweiligen gruppenspezifischen Handicaps erleichtern und Vereinsamungstendenzen entgegenwirken. Um das gemeinschaftliche Zusammenleben zu fördern, gibt es Begegnungsräume und teilweise eine Unterstützung durch Fachpersonal.«[2]
Wenn dieser Definition im Prinzip zuzustimmen ist, so fasst sie doch manches zu eng. Vollkommen unverständlich ist etwa, weswegen nur spezielle Träger und nicht die Bewohner selbst integratives Wohnen organisieren sollen. Einige der interessantesten Beispiele aus diesem Bereich vermitteln exakt die gegenteilige Erfahrung.
Wichtig ist der Hinweis, dass nicht allein durch entsprechende bauliche Maßnahmen in der Wohnanlage und in der

2.1 Sargfabrik »Wohnheim Matznergasse« in Wien 1996; BKK-2
2.2 Sargfabrik »Wohnheim Matznergasse« in Wien 1996; BKK-2

Wohnung, sondern durch die Mischung verschiedener Bewohnergruppen Menschen mit eingeschränkten Bewegungsmöglichkeiten in den Lebensalltag integriert werden. Die von der bayerischen Baubehörde herausgegebenen Arbeitsblätter »Bauen und Wohnen für Behinderte« erweitern den Begriff gezielt und unterstreichen das stadtsoziologische Modell, auf das integriertes Wohnen abzielt:
»Die Idee des ›Integrierten Wohnens‹ ist es, das Zusammenleben unterschiedlicher, sich gegenseitig stützender Bewohnergruppen in größeren Wohnanlagen zu fördern. Die schon lange bekannten Wünsche nach einem Wohnumfeld, das gleichermaßen Selbstständigkeit ohne Isolation und zwanglose Gemeinschaft mit Sicherheit und Geborgenheit erlaubt, teilen Alte und Behinderte mit anderen Bewohnergruppen, wie beispielsweise mit Alleinerziehenden oder Kinderreichen. Diese Vorstellungen orientieren sich an der Kleinstadt, der Vorortgemeinde oder dem erweiterten Wohnquartier, in ihrer Vielfalt an unterschiedlichen Bewohnergruppen und Schichten.«[3]
Kleinstadt, Vorortgemeinde oder erweitertes Wohnumfeld als Modell für integriertes Wohnen sind selbstverständlich nicht frei von idealisierenden Projektionen, dennoch unterstreicht diese Definition das wertvolle Prinzip der Kleinteiligkeit und der Überschaubarkeit, die als Voraussetzung gegenseitiger Anteilnahme im modernen urbanen Raum mit seiner Tendenz zur Anonymität gesehen werden. Die gegenseitige Unterstützung innerhalb einer bestimmten Einrichtung, einer Wohnanlage oder eines Quartiers weist als sozialer Parameter über die Architektur an sich hinaus. Essenziell ist, dass wir Bauen, wörtlich wie metaphorisch, als sozialen Akt mit der ihm innewohnenden integrativen Kraft begreifen. Wir verstehen die Architektur dabei als Hintergrund und Raum humaner Interaktion, die durch Gebautes gefördert oder verhindert werden kann, aber nie per se ein soziales Netzwerk in einer Art Automatik erzeugt. Daran zu glauben, wäre nichts anderes als der Rückfall in einen längst überwundenen Determinismus.
Viele modellhafte Bauten und Siedlungen des integrierten Wohnens haben als Ausgangspunkt eine Gruppe engagierter Menschen, die den Wohnbau nie als abstraktes Maklerprodukt gesehen haben. Hierin liegt sicherlich eines ihrer Erfolgsgeheimnisse, eine der Ursachen, weswegen sie nicht duplizierbar sind.
Integration von alten und behinderten Menschen, von Immigranten, Interkulturalität und Interreligiosität gilt heute als Merkmal integrativer Wohnanlagen. Aus diesem Grund plädieren wir dafür, unter »Integriertem Wohnen« die Förderung des Zusammenlebens unterschiedlicher Bewohnergruppen zu verstehen, wobei die besonderen Bedürfnisse von Behinderten, Alten, Immigranten, Alleinerziehern, kinderreichen Familien, Jugendlichen oder anderen soziologisch fassbaren Gruppen Gegenstand der besonderen gestalterischen und architektonischen Bemühungen sind – mit dem Ziel, ihnen in einer zwanglosen Gemeinschaft das Gefühl von Sicherheit und Geborgenheit zu vermitteln.
Zusammenfassend wären folgende Wohnformen unter dem Begriff integratives Wohnen zu subsumieren:

- altengerechtes und (Mehr-)Generationenwohnen
- barrierefreies, behinderten- bzw. rollstuhlgerechtes Wohnen
- interethnisches und interkulturelles Wohnen (Religion, Kultur)

Dazu kommen die Bedürfnisse von Gruppen, die heute noch (zu) wenig Aufmerksamkeit finden:

- kinderreiche Familien
- Alleinerziehende und Alleinstehende
- Kinder und Jugendliche

Im Prozess der Realisierung eines Wohnbaus heißt das, die Anforderungen, die sich durch die Berücksichtigung gruppenspezifischer Bedürfnisse ergeben, zu einem konsistenten Modell zusammenzufassen, auf dessen Grundlage die Konzeption der Planung und die Finanzierung des Projektes erfolgen können. Da sich die oben genannten Gruppen ja keineswegs gegenseitig ausschließen, zeichnet sich nicht nur ein neuer, erweiterter Begriff des »Integrativen Wohnens« ab, sondern auch eine Reihe neuer Probleme, und zwar durch die möglichen Zielkonflikte nicht zu harmonisierender Integrationsinhalte.
Wir sollten »Integratives Wohnen« daher als dynamisches Modell begreifen, das je nach Ort, nach formulierten Zielen, nach gegebenen sozialen Parametern bereits bekannter künftiger NutzerInnen, einige oder mehrere der genannten Wohnformen und Bedürfnishaltungen hervorhebt. Es versteht sich, dass die Gewichtungen unterschiedlich sein werden, dass einmal die Integration von behinderten Menschen, das andere Mal vielleicht die Integration von Immigranten im Vordergrund steht. Grundsätzlich aber bedeutet »Integratives Wohnen«, sich gegen gesellschaftliche Ausgrenzung zu stellen und dies in der Konzeption von neuen Wohnprojekten zu berücksichtigen. Die hier angesprochene Thematik ist daher selbstverständlich eine, die auf der verfeinerten Wahrnehmung soziologischer Phänomene beruht und damit gegenüber neuen Entwicklungen in unserer Gesellschaft offen ist. Integratives Wohnen heißt in letzter Konsequenz, die Komplexität unserer Gesellschaft zu reflektieren, wach zu sein gegenüber neuen Tendenzen und im Wohnungswesen geeignete bauliche Lösungen anzubieten. Integratives Wohnen ist kein Minderheitenprogramm, nicht die Kür nach der Pflicht, sondern es bedeutet, von der Makroebene in die Mikroorganik unserer Gesellschaft einzudringen. Ihre Komplexität und die Barrieren gegenüber »dem anderen« dort abzubauen, wo es Gruppen beschränkt, und umgekehrt die Grenzen dort zu ziehen, wo sie notwendig sind. Integriertes Wohnen zeichnet ein fröhliches Bild unserer Gesellschaft. Es

2.3

ist die Utopie, in der das »Andere« und das »Fremde« nicht als Bedrohung, sondern als Bereicherung gesehen werden, und wo endgültig monostrukturelle Begriffe wie Rasse, Klasse oder die Dichotomien des Geschlechts aufgegeben werden, zugunsten einer realen Vielfalt in unserer Gesellschaft.

Neue Lebensstile. Der ökonomische Wandel als Auslöser für die Entwicklung integrativer Wohnformen

Die Entwicklung der vergangenen Jahrzehnte hat zu einer Pluralisierung der Lebensstile geführt, die wiederum als Konsequenz postindustrieller Wirtschaftsformen gelten. Was wir auf der Ebene der Soziökonomie und des politischen Diskurses anerkannt haben, hatte kaum Auswirkungen auf die Mechanismen der Wohnbauproduktion. Die Folge war, insbesondere seit den 1990er Jahren, dass die etablierten Wohnbaugenossenschaften enorm unter Druck kamen und ihre Produkte sehr viel schwerer verkaufen konnten als vorher. Außerdem kam es noch zu einem anderen Problem:
»Mit dem ›Wohnungswechselboom‹ sahen sich Mitte der 1990er Jahre vor allem die Genossenschaften konfrontiert. Sie kämpften mit zunehmenden Vermietungsschwierigkeiten ihrer bestehenden Liegenschaften, da sich für ihre Wohnungen im Hochpreissegment kaum mehr Interessenten fanden, die der Zielgruppe der Statuten und den Vermietungs- und Belegungskriterien entsprachen.«[4]
Diese Einschätzung bezieht sich auf den Wohnungsmarkt der Stadt Zürich, kann aber Allgemeingültigkeit in Anspruch nehmen. Mit dem wirtschaftlichen Wandel zur Dienstleistungsgesellschaft, der Verlagerung der Industrieproduktion in Billiglohnländer und dem Prozess der Globalisierung wurden zur selben Zeit in den mitteleuropäischen Städten große Industrieareale frei. Die Strategie der Developer, diese Flächen mit Dienstleistungskomplexen zu überziehen, führte zu einem überhitzten Markt, der bald zusammenbrach. In dieser Phase gründeten sich in Zürich, in Wien und anderen Städten engagierte Gruppen, die unter sozialreformatorischen Gesichtspunkten neue, im heutigen Sinne integrative Wohnprojekte entwickelten und bald auch bei kommunalen Einrichtungen dafür Unterstützung fanden. Diese Gruppen sind nicht unwesentlich dafür verantwortlich, dass sich das Bild des Genossenschaftswohnbaus radikal verändert. Die von ihnen propagierten neuen Lebensstile dürften auch als Motor für integratives Wohnen gelten.

Integratives Wohnen und der demografische Wandel der Gesellschaft

Das Problem des Alterns in unserer Gesellschaft verschärft sich in Zukunft, weil es eine doppelte Ursache hat: Es werden nicht nur immer mehr Menschen älter, sondern umgekehrt die Jungen weniger. In Zukunft werden sehr viele alte Menschen allein dastehen, ohne von jüngeren Familienmitgliedern, wie dies heute teils noch geschieht, betreut zu werden. Durch die gute medizinische Versorgung werden die Menschen aber nicht nur älter, sie bleiben auch länger aktiv. Ältere Menschen wollen möglichst lange ein selbstbestimm-

2.4

2.5

2.3 Sargfabrik »Wohnheim Matznergasse« in Wien 1996; BKK-2
2.4 Seniorenresidenz Spirgarten in Zürich-Altstetten, Lageplan Maßstab 1:4000, 2006; Miller & Maranta Architekten
2.5 Seniorenresidenz Spirgarten in Zürich-Altstetten, 2006; Miller & Maranta Architekten

tes und selbstständiges Leben führen. Manchmal genügen einige gezielte unterstützende Maßnahmen, einfache Dienstleistungen, Pflege durch mobile Dienste, verbesserte Produkte für den Haushalt oder eben auch barrierefreie Wohnungen und ein Wohnumfeld, das eine Integration erlaubt. Die alleinigen Alternativen – eigenständiges Wohnen versus Altenheim –, wie noch immer praktiziert, haben dabei als Zukunftsmodell ausgedient. Neue Lebensstile sind nicht nur ein Phänomen der Jungen, sondern im Gegenteil – und das wird in den lifestyleverliebten, auf ein junges Publikum zugeschnittenen Medien stets übersehen – eines der Senioren (Abb. 2.4, 2.5).

Ausgedient hat das schon in seiner Begrifflichkeit antiquierte »Altenheim«. Neue Formen betreuten Wohnens, möglich durch verbesserte mobile Dienste und Senioren-Wohnanlagen, die man sich eher wie einen Club vorstellen soll, bilden die Pole künftiger Lebensformen im Alter. Einige sehr schöne Beispiele für Seniorenheime sind in den letzten Jahren realisiert worden. Rainer Köberl mit seinem Alten- und Pflegeheim in Nofels oder die Schweizer Architekten Miller & Maranta mit ihrer 2006 fertiggestellten Seniorenresidenz Spirgarten in Zürich wären hier zu nennen. Letztere wurde von der 1972 gegründeten und nicht auf Gewinn ausgerichteten, gemeinnützigen Atlas-Stiftung errichtet.[5] Das Projekt beinhaltet zahlreiche Merkmale integrativen Wohnens, obwohl es im Ansatz, nämlich als Seniorenanlage, gleichsam dem Grundsatz der hier vorgestellten Projekte widerspricht: Jede Wohnung besitzt eine große Loggia, tiefliegende Parapete erlauben auch bei Bettlägrigkeit den Blick ins Freie. Städtebaulich wurde die Anlage so verankert, dass der kleine Vorplatz, der durch die Gebäudekonfiguration auch den Eingang markiert, auf die wichtigsten Verkehrswege des Quartiers Bezug nimmt. Das mögen nach Ansicht vieler selbstverständliche Gesichtspunkte sein. Fakt ist, dass, wenn das so wäre, wir solche Bauten nicht hervorheben und ihre Qualität unterstreichen müssten. Eine Seniorenresidenz wie jene von Miller & Maranta, die ganz gezielt auf den Charakter eines Hotels als temporärer Aufenthalt bei extravagantem Lebensstil anspielt, ist das glatte Gegenteil des althergebrachten Seniorenheims, wo häufig schon im Diesseits unsere Endlichkeit zur unerträglichen Unendlichkeit gerinnt.

2.6

Neuere Untersuchungen zeigen überdies, dass alte Menschen – entgegen der bei ihnen angenommenen Immobilität – sehr wohl unter bestimmten Voraussetzungen bereit sind, ihren Wohnsitz zu wechseln. Allerdings sind Menschen mit steigendem Alter immer weniger in der Lage, einen Umzug allein zu bewältigen. Die deutsche Schader-Stiftung, die sich insbesondere der Erforschung der Bedürfnisse älterer Menschen widmet, vermerkt dazu Folgendes:
»Zahlreiche Kommunen und Wohnungsunternehmen haben diese Umzugsbarrieren älterer Menschen erkannt und bieten Hilfestellungen. Die Initiativen reichen von Tauschbörsen über Prämienprogramme bis hin zu einem umfassenden Umzugsmanagement. Generell hat sich als Trend durchgesetzt: Kommunen und Wohnungsunternehmen, die bislang nur auf Prämien gesetzt haben, gehen zu einem komplexeren Umzugsmanagement über, in dessen Rahmen Prämien vornehmlich die Funktion haben, die Kosten des Umzugs abzufedern. Umfassende Konzepte verschiedener Kommunen setzen auf individuelle Betreuung und ein Paket aus Prämien, organisatorischen und technischen Hilfen.«[6]

Singles, Alleinstehende und Alleinerziehende
Ein weiterer Aspekt der gesellschaftlichen Differenzierung ist die Zunahme von Alleinstehenden und -erziehenden, auch für sie gilt der Faktor »Integration«, wenn auch in einer völlig anderen Weise als in den zuvor genannten Fällen. Der hohe Anteil an Singles und der steigende Grad an AlleinerzieherInnen führen zu neuen Anforderungen an das soziokulturelle Umfeld einer Wohnung bzw. einer Wohnanlage. Wohnanlagen müssen quartiersbezogen gedacht und geplant werden. Welches Umfeld finde ich vor? Welche Wirkung wird/soll eine Wohnanlage auf ein bestehendes Quartier nehmen, sind Fragen, die bisher, wenn überhaupt, so nur sekundär behandelt wurden. Alleinerziehende haben teils ähnliche, zum Teil aber ganz andere Bedürfnisse als Singles ohne Kinder. Nachbarschaftshilfen – mit dem Stichwort, wer könnte heute Abend auf meine kleine Tochter aufpassen oder bei wem könnte der halbwüchsige Sohn übernachten – sind solche Fragestellungen. Im Idealfall könnten sich in integrativen Wohnanlagen neue Nachbarschaften entwickeln, in denen ältere Menschen wieder Erziehungsfunktionen übernehmen können (Abb. 2.6).

2.6 »Rigoletto«, Rosa-Aschenbrenner-Bogen in München, 2004; A2 Architekten
2.7 Generationenwohnen »In der Wiesen-Nord« in Wien, Axonometrie, Grundriss Miniloft, 2001; Ebner + Ullmann Architekten

Die Wohnanlage am Rosa-Aschenbrenner-Bogen der Wagnis e.V. in München ist ein solches Beispiel für einen quartiersbezogenen Wohnbau, in dem sich die Betreiber seit der Gründung um den Aufbau einer solidarischen Hausgemeinschaft mit Menschen aller Altersstufen bemühen. Die Wohnanlage mit 92 Wohnungen in 4 Häusern wurde 2005 fertiggestellt. Ein langer, fünfgeschossiger Zeilenbaukörper von rund 100 m Länge und kleinmaßstäbliche Einzelbaukörper sind um einen baumbestandenen Hof gruppiert. An diesem Platz sind Gemeinschaftseinrichtungen, das Café Rigoletto und Gewerbeeinheiten untergebracht. Die Wohnungen in den Obergeschossen des Hauptbaukörpers werden über 1,30 m breite Laubengänge erschlossen, vor denen nochmals ein 2,50 m tiefes Gerüst angedockt ist, in das sich die Bewohner auf eigene Kosten eine Balkonplattform einbauen können. So haben die Bewohner die Möglichkeit, zusätzlich zu dem jeder Wohnung zugeordneten Westbalkon einen Freisitz mit Blick zum Park und zum Treiben auf dem Quartiersplatz einzurichten. Dieses großzügige Angebot an Kommunikationsflächen zeigte bereits kurz nach Fertigstellung seine Wirkung. Es entstanden lebendige Zonen, die mit dem Abstandsgrün und dem Restflächenangebot vergangener Wohnbautage rein gar nichts mehr zu tun haben. In der an unserem Lehrstuhl durchgeführten Untersuchung kam die Wohnzufriedenheit klar zum Ausdruck. Eine Bewohnerin gab überzeugend zu Protokoll: »Hier einzuziehen, war die beste Entscheidung meines Lebens.«[7]

Mehrgenerationenwohnen

Für das riesige Stadterweiterungsgebiet im Süden Wiens mit dem Namen »In der Wiesen-Nord« haben wir, d.h. das Büro Ebner/Ullmann, nicht nur den Masterplan, sondern auch eine Mehrgenerationen-Wohnanlage errichtet. In diesem neuen Stadtteil für gut und gerne 10.000 Personen konnte erstmals in Österreich eine größere Wohnanlage unter generationenübergreifenden Aspekten verwirklicht werden. Da die Wohnanlage in dieser Publikation gesondert vorgestellt wird, sollte hier in erster Linie das diskursive Umfeld dargestellt werden (Abb. 2.7).

Als Leitbild für den von uns realisierten Mehrgenerationen-Wohnbau wählten wir das Motto »Wir nehmen unsere Eltern mit!« Wir wollten damit einen Gebäudetypus schaffen, in dem es jüngeren Familien ermöglicht wird, die Eltern in der Wohnanlage, allerdings bewusst nicht in derselben Wohnung, unterzubringen. Nähe und Distanz der Generationen sollten in einem steuerbaren Verhältnis stehen. In diesem Bauteil mit insgesamt 92 Wohnungen wurden außerdem elf Studenten-Minilofts (ca. 31 m^2) und 30 betreute Wohnungen (48 bis 55 m^2) für ältere Menschen realisiert. Im Erdgeschoss des Westtraktes befinden sich Arztpraxen. Die barrierefreien Zugänge, die niedrigen Fensterparapete, die Verbindung von Wohn- und Schlafbereich, die kommunikative Situation mit Laubengängen und Hof sind allesamt Elemente, die wir zwar im Hinblick auf die älteren Bewohner konzipiert haben, die aber genauso von den jüngeren Mietern geschätzt werden.
Die Studenten-Minilofts, im ersten Obergeschoss des Ostflügels untergebracht, nutzen das Potenzial der Raumhöhe von 3,20 m bei gleichzeitig möglichst geringer Fläche optimal aus. So kann das Bett aufgrund der über das übliche Maß hinausgehenden Raumhöhe unter das Küchenpodest geschoben werden. Ähnlich wie wir es aus der japanischen

2.7

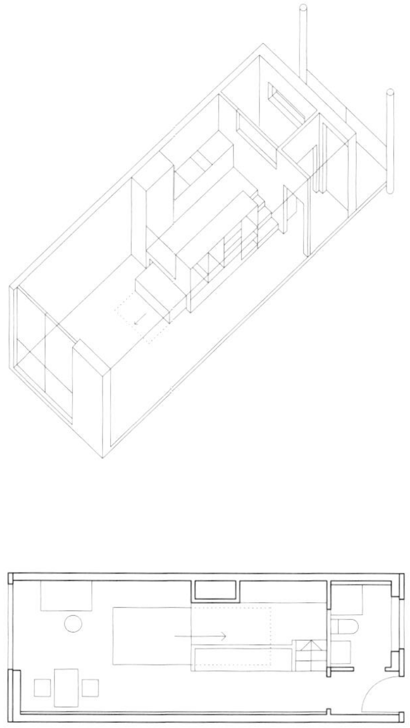

Wohnkultur kennen, wird das Bett untertags weggerollt. Vom erhöhten Küchenpodest aus überblickt man überdies das Geschehen auf den Grünflächen im Innenhof. Diese Lösung war nur möglich, weil wir für diese Wohnungen auch die Inneneinrichtung gestalten durften und die späteren Nutzer nur temporäre Mieter sind. Die Studenten müssen keine Möbel kaufen und können gleichsam »mit dem Koffer in der Hand« einziehen. Ich kann im Kontext dieses Aufsatzes nicht auf alle Aspekte dieser Großwohnanlage eingehen, die in der Tradition des Wiener Gemeindewohnbaus steht. Nachdrücklich unterstreichen möchte ich aber die Selbstverständlichkeit, mit der wir immer den Maßstabssprung zu denken im Stande sein müssen. Der große Wurf hängt ab vom Detail, und umgekehrt ist die ausgetüfteltste Lösung, wie das verschiebbare Bett, nichts wert, wenn das Milieu, die Stimmung im neu geschaffenen Ambiente nicht stimmt.
Als wir die Mehrgenerationen-Wohnanlage »In der Wiesen« planten, existierten im universitären Umfeld einige zum Teil bescheidene Entwurfsprogramme und einige wenige Wohnprojekte, wie jenes für 6 Familien, das um 1986 in Brunn am Gebirge bei Wien errichtet wurde. Die Schwierigkeiten bei der Realisierung eines Mehrgenerationenprojektes lassen sich an einem 1995 fertiggestellten Projekt in Berlin nachvollziehen. Die Stadtwerkstadt Berlin hat damals eine zum Abbruch bestimmte, aus den 1950er Jahren stammende Wohnanlage saniert, erweitert und auch durch einen Zubau für ältere Menschen ergänzt. Dieser neue Trakt bildet zusammen mit einem Bestandsbau einen beschaulichen Innenhof. Die Planer haben das Objekt, nach einem aus der holländischen Architektur entlehnten Typus, als »Hofje« bezeichnet. Ohne die Details der Wohnanlage zu schildern, unterstreicht das nachfolgende Zitat, wie wenig selbstverständlich und wie unterentwickelt die Diskussion vor gerade einmal zehn Jahren im Hinblick auf die Integration älterer Menschen noch war:

2.8

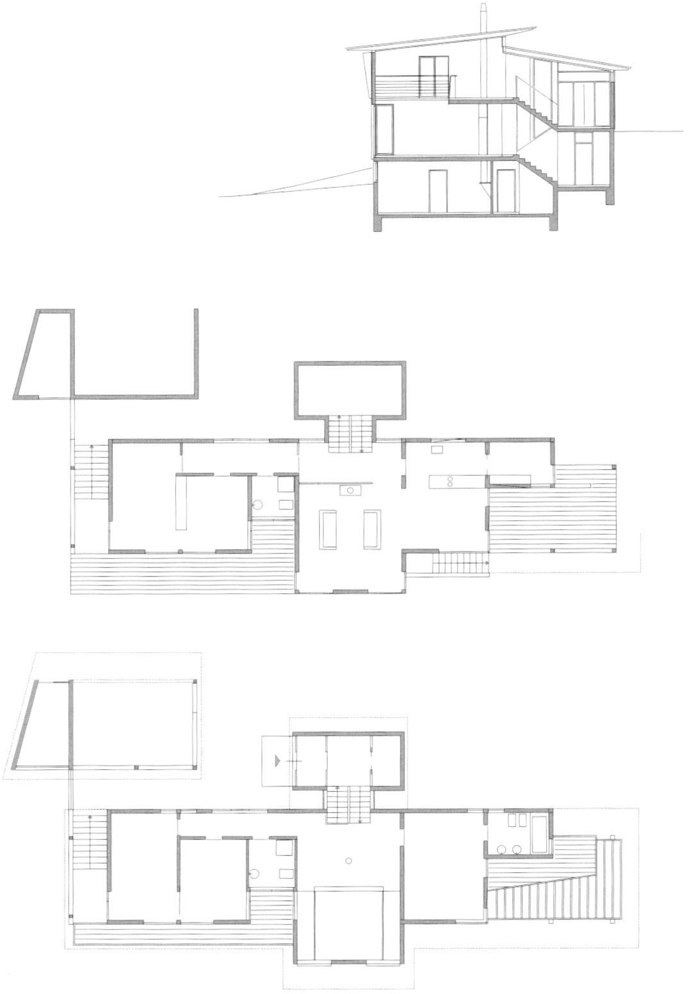

»Wohnen im Generationenverbund – eigentlich eine vollkommen natürliche, die menschlichste Art zu wohnen. Traurig, daß man dazu erst einen Verein gründen muß, daß unsere Alltagsarchitektur dafür offenkundig weitgehend ungeeignet ist. Vom Hofje, so bescheiden sich das Projekt ausnimmt, ist viel zu lernen.«[8]
Architektonisch weniger bescheiden ist das 1994 errichtete Mehrgenerationen-Wohnhaus in Feldkirchen/Kärnten von Architekt Ernst Roth. Waren die beiden vorab zitierten Beispiele im Hinblick auf die soziale Thematik ihrer Zeit in gewisser Weise voraus, blieben sie architektonisch gesehen traditionell, um nicht zu sagen bescheiden. Damit sollte die Leistung der Planer und Betreiber nicht geschmälert werden, die gerade durch das enorme Engagement nicht hoch genug zu veranschlagen ist (Abb. 2.8).

Seine Bedeutung gewinnt das Haus – ein Split-Level-Typ, wie Otto Kapfinger präzise feststellt –, weil es gekonnt Aspekte wie ein Raumsystem für das Zusammenleben mehrerer Generationen, Offenheit für den Wechsel von Nutzungen und Lebenszyklen mit ökologischen Maximen in Materialwahl und Energiebilanz kombinierte.[9] Innovative Konstruktionsmethoden schaffen den Raum und eröffnen dem Zusammenleben von mehreren Generationen unter einem Dach einen neuen architektonischen Horizont. Roth verwendete industriell gefertigte Holzelemente mit großen verglasten Öffnungen, entwarf großzügige Balkone und holte das Thema Mehrgenerationenwohnen aus der Ecke der gesellschaftlichen Randposition heraus. Der Mehrwert bemisst sich daran, dass der soziologische Diskurs mit architektonisch innovativen Mitteln soziale Form wird. Mit Projekten wie der Wohnanlage »Hängende Gärten« in Wien der Architekten Günter Lautner und Nicolaj Kirisits[10] oder dem aus einem Wettbewerb hervorgegangenen »Generationenwohnen Mainz«, Planung: 03 München, Büro für Städtebau und Architektur, zeigt sich, wie das Thema vor allem im städtischen Raum nun an Breite gewinnt (Abb. 2.9, 2.10).

Zwei Projekte aus der Schweiz, die längst internationale Beachtung fanden und in ihrem Modellcharakter vergleichend untersucht wurden, sind das so genannte KraftWerk1 und der Regina-Kägi-Hof bei Zürich.[11] Die Zielsetzungen waren bei beiden Projekten von integrativen Momenten geprägt, dazu folgendes Zitat aus einer Studie über die beiden Wohnanlagen:
»Die Zusammensetzung der Beteiligten und die Vorgehensweise bei der Realisierung beider Siedlungen sind von Neuerungen unterschiedlichster Art gekennzeichnet. Ungewohnt sind die in ehemaligen Industriegebieten liegenden Grundstücke, die für Genossenschaften eher grossen Gebäudevolumen und ihr Erscheinungsbild, die Raum- und Nutzungskonzepte, die Berücksichtigung von Ökologie und Baubiologie – wenn auch in unterschiedlichem Ausmass – und das Thematisieren von sozialen Aspekten, die auf die historischen Wurzeln der Genossenschaften rückverweisen und in diesen Siedlungen einen besonderen Stellenwert einnehmen. Beide Siedlungen bieten auch Wohnraum für Gruppen, die auf dem Wohnungsmarkt benachteiligt sind (Behinderte, kinderreiche Familien, Alleinerziehende, Ausländer/innen und einkommensschwächere Haushalte).«[12]
Es ist ein Problem, dass die Initiatoren solcher Projekte sehr viel auf einmal wollen, und so wurden im KraftWerk1 die hohen Ziele auch nicht in allen Belangen erreicht:

2.9

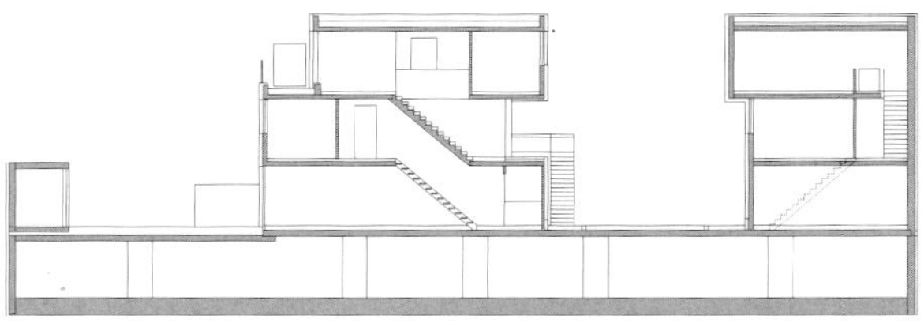

»Für das KW1 wurde eine Zusammensetzung der Bewohnerschaft angestrebt, die der Durchschnittsbevölkerung der Stadt Zürich entspricht. Dieses Ziel wurde beim Erstbezug nur teilweise erreicht. Anstatt wie in Zürich 30 % leben lediglich 15% Ausländer/innen im KW1. Auch das ältere Bevölkerungssegment ist im KW1 stark untervertreten. Während die Altersgruppe der über 64-Jährigen in Zürich fast 18 % beträgt (2001), ist diese Gruppe im KW1 überhaupt nicht vertreten.«[13] (Abb. 2.11, 2.12)

In den Jahren seit dieser Untersuchung haben sich nach Aussagen der Planer im »Kraftwerk« diese Verhältnisse in Richtung der gewünschten Durchschnittsparameter verändert.[14] Worauf ich aber in diesem Kontext hinweisen möchte, ist nicht eigentlich, ob die Prozentzahlen exakt den gewünschten Zielen entsprechen oder nicht. Es sind vielmehr die integrativen Maßnahmen wie die Gemeinschaftseinrichtungen und Wohngemeinschaften, die im »Kraftwerk« eine Renaissance erleben.
Architekten wie Arno Lederer sehen in der »Alten-WG« ja sogar das Modell für die Zukunft. Lederer propagiert die Alten-WGs als Solidargemeinschaften, in denen sich die Mitglieder gemeinschaftlich stützen, wo solidarisch gewirtschaftet und gehaushaltet wird und wo die große Zahl der Singles ein sozial integriertes Leben im Alter führen können. Unabhängig davon, ob sich nun dieses 68er Modell tatsächlich über Einzelfälle hinaus etabliert, wird es genau in diesen Fällen, in denen es realisiert wird, ein Beitrag für die Bewältigung des demografischen Wandels sein.

Interkulturelles Wohnen

Vor dem Hintergrund der Zuwanderung in Europa und der sozialen Defizite in von Zuwanderern geprägten Stadtteilen und Vororten wird der Begriff Integration besonders aktuell. Integration von Menschen mit anderer kultureller, ethnischer und religiöser Herkunft ist eine Herausforderung, die für die Staaten und Städte der Europäischen Union längst keine Frage mehr ist, die man dem Zufall überlassen könnte. Die Spannungen in deutschen Städten, die gewalttätigen Auseinandersetzungen in der Pariser Banlieu, die auch das Problem sozialer Segregation durch die Form des Städtebaus sind, eröffnen wieder die Frage, wie man mit Architektur diesen Entwicklungen entgegenwirken kann.
Dabei sollte klar sein, dass »Toleranz gegenüber fremden Kulturen auch da ihre Grenzen finden muss, wo die Regeln, die die moderne, arbeitsteilige Gesellschaft für ihr reibungsloses Funktionieren braucht, missachtet werden«.[15]
Andererseits ist die Segregation als Modell des Zusammenlebens nicht per se abzulehnen und die Integration als Allheilmittel zu verstehen. Ganz im Gegenteil: Segregation ist geradezu ein Kennzeichen urbaner Agglomerationen, wie die Soziologen der Chicagoer Schule betonen. Für sie »bildet sich Segregation der verschiedenen Ethnien einer Einwohnerstadt quasi naturwüchsig, weil jede einzelne Gruppe ein

2.8 Mehrgenerationenhaus in Feldkirchen, Schnitt, Grundrisse, 1993; Ernst Roth
2.9 Generationenhaus Nackstraße in Mainz, Schnitt, 2005; 03 München Architekten
2.10 Generationenhaus Nackstraße in Mainz, 2005; 03 München Architekten

2.10

2.11

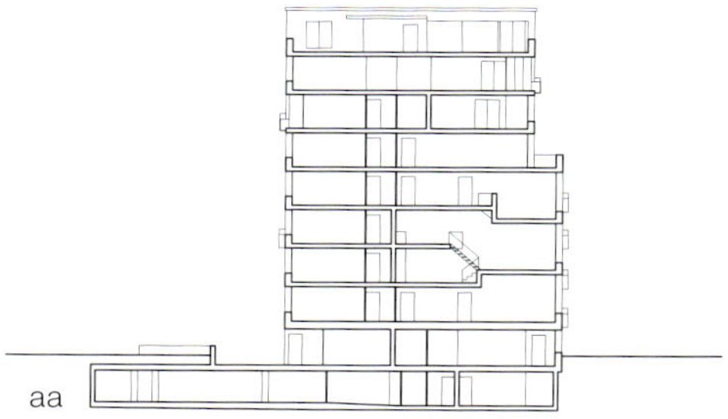

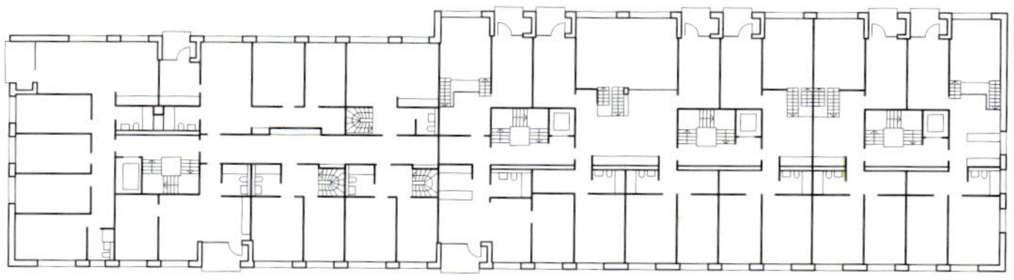

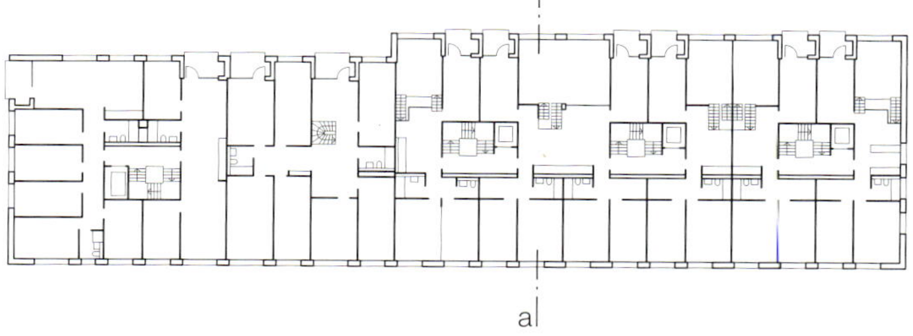

2.12

spezielles, ihren Bedürfnissen und Fähigkeiten entsprechendes Terrain brauche und suche«.[16] Solche Quartiere besitzen den Vorteil, dass die Immigranten dort ihre Netzwerke und Nachbarschaften aufbauen und ihre Identität behalten und auch leben können, die wiederum als Voraussetzung für Integration gilt. Entwurzelte, ihrer kulturellen Identität beraubte Menschen können sich nicht integrieren.
Demgegenüber stehen die Vertreter der Kontakthypothese. Nach ihrer Auffassung fördert die Mischung unterschiedlicher Lebensweisen das Verständnis und die Toleranz. Wir möchten aber die Hypothese aufstellen, dass das Modell der Integration dem Maßstab, dem Verständnis und dem Typus der europäischen Stadt eher entgegenkommt.
In Wien – die Stadt kann mit einem Anteil von 18 % Ausländern als Einwanderungsstadt bezeichnet werden – ist das Thema virulent, und bei Kommunalwahlen sind die Parteien mit den schärfsten ausländerfeindlichen Parolen erfolgreich. Die Entwicklung von integrativen Ansätzen für den Wohnbau ist daher auch der Versuch, das Thema in die Öffentlichkeit zu propagieren. Wenn daher das 1996 realisierte Bauvorhaben »Interkulturelles Wohnen«, geplant von den Architekten Kurt Heidecker und Herbert Neuhauser, durchaus skeptisch zu betrachten war, konnte gemäß einer Information des Bauträgers im Jahr 2006 auf ein erfolgreiches Dezennium der Integrationsarbeit zurückgeblickt werden: »Es hat sich eine funktionierende Hausgemeinschaft gebildet!«, war die vermittelte Botschaft.

Das Wohnprojekt »Interkulturelles Wohnen« von Heidecker/Neuhauser beherbergt neben gebürtigen österreichischen Mietern Bewohner aus Ungarn, Sri Lanka, Bosnien, Polen, Russland, Türkei, Iran und den Philippinen. Insgesamt sind 20 % der Hauptmieter im Ausland gebürtig. Rund 12 % der Bewohner leben in gemischten Partnerschaften – der Rest (68 %) sind geborene Österreicher. Eine kürzlich durchgeführte Bewohnerbefragung ergab eine sehr hohe Wohnzufriedenheit, was auch durch die Tatsache einer äußerst geringen Mieterfluktuation der 51 geförderten Mietwohnungen der Wohnhausanlage untermauert wird.[17]
Betont wird, dass die Nachbarschaftsbildung vor allem durch ein begleitendes Projekt der Wiener Wohnbauforschung gefördert wurde, das den zukünftigen Bewohnern in Bewohnertreffen Mitbestimmungsmöglichkeiten vor dem Bezug der Anlage eröffnete. Architektonisch unterstützen ein intimer Innenhof, eine kommunikative Laubengangerschließung und attraktive Gemeinschaftsräume den Kontakt innerhalb der Hausgemeinschaft.

Weder Schmelztiegel noch Ghetto, unter diesem Motto startete das Projekt interethnisches Wohnen von Peter Scheifinger, das auch bei einer hohen Dichte Gärten anzubieten hat. Die Wohnungen der beiden Mitteltrakte verfügen über einen privaten Garten, die Wohnungen im Erdgeschoss haben private Vorgärten. Die Maisonetten im ersten bis dritten Geschoss, die über einen Mittelgang im zweiten Geschoss erschlossen werden, haben je einen privaten Dachgarten, mit Zugang über das gemeinsame Stiegenhaus. Um die Monotonie des Mittelganges zu durchbrechen, wird dieser durch Gemeinschaftsloggien erweitert. Die Wohnungen des hohen Nordtraktes und die des niedrigeren Südtraktes verfügen über private Loggien sowie Gemeinschaftsgärten am Dach. Diese werden vom Bauträger bewirtschaftet. Das Schrebergarten-Idyll auf dem Dach als Identifikationsangebot für Immigranten aus ländlichen Gebieten ist ein ernstzunehmender und doch auch heiterer Beitrag zur Migrationsdebatte. Zu würdigen ist jedenfalls, dass mit diesem Projekt das Thema der Integration von Menschen mit Migrationshintergrund in die Bastionen des (Wiener) Gemeindewohnbaus hineingetragen wurde (Abb. 2.13).

Normatives für barrierefreie Wohnungen und Wohnanlagen

Die Anforderungen für barrierefreies Bauen regeln für Deutschland die DIN 18025 Teil 1 und 2, wobei Teil 1 für die Planung, Ausführung und Einrichtung von rollstuhlgerechten Wohnungen konzipiert ist, Teil 2 allgemeiner die Barrierefreiheit von Wohnungen und Wohnanlagen betrifft. Es sollte das Ziel sein, im sozialen Wohnbau barrierefrei zu bauen und diesen Standard für den gesamten Wohnungsbau anzustreben. Bei einer entsprechenden Planung ist der Rückgriff auf die zitierten Regelwerke unerlässlich.[18] Da sie in einem gesonderten Aufsatz in diesem Buch ausführlich behandelt werden, möchten wir uns auf Aspekte konzentrieren, die über die buchstabengetreue Erfüllung der Normen hinausweisen. Denn ob eine Wohnanlage integrativ genannt werden kann, wenn die Zugangsbereiche und Wohngrundrisse gemäß den genannten Normen gestaltet sind, ist keineswegs sicher. Wir sollten nicht Wohnungen bauen, bei denen wir sorgfältig nach Norm Mindesttürbreiten einplanen, sondern von vornherein Wohnungen mit offenen Grundrissen, die das Problem zu enger Durchgänge und Flure erst gar nicht hervorrufen. Gerade die Integration von Behinderten und in ihrer Bewegungsmöglichkeit eingeschränkten Bewohnern fordert eine Abkehr von Wohngrundrissen, die per se auf die Segmentierung der Wohnfunktionen ausgelegt sind. Damit können auch durch Krankheit langfristig oder dauerhaft geschwächte oder bettlägrige Menschen in einen gemeinschaftlichen Wohnalltag integriert werden.
Ziel barrierefreier Integrationswohnanlagen ist die Mischung unterschiedlicher sozialer Gruppen und Haushaltsformen. Solche Projekte verlangen daher vielfältige und veränderbare Wohnungstypen, Gemeinschaftsräume sowie eine barrierefreie Zugänglichkeit. In der Studie über barrierefreie Wohnanlagen haben wir die Bewohner dazu befragt, und die Antwort fiel einigermaßen deutlich aus (Abb. 2.17).

Das bedeutet, dass Wohnungen von vornherein so konzipiert werden sollen, dass sie zu einem späteren Zeitpunkt leicht adaptiert werden können, gegebenenfalls auch die Möglichkeit vorgesehen ist, Räume flexibel zuzuschalten oder zu teilen. Vorteilhaft hierfür sind nutzungsneutrale Grundrisskonzepte, die mit geringem Aufwand ein späteres Nachrüsten im Sinne der Barrierefreiheit erlauben. Für Wohnungen, die per se in Teilen nicht barrierefrei sein können, wie Reihenhäuser, Split-Level-Wohnungen oder Maisonetten, lautet die Forderung, dass auf der Zugangsebene die wichtigsten Aufenthaltsräume barrierefrei zugänglich sein müssen. Daraus lässt sich übrigens auch folgern, dass der Umkehrschluss, die genannten Wohnungs- und Haustypen generell als nicht barrierefrei abzuqualifizieren, unzutreffend ist. Es wäre absolut

2.13

2.11 KraftWerk1 in Zürich, 2001; Bünzli Courvoisier/Stücheli Architekten
2.12 KraftWerk1 in Zürich, Schnitt, Grundrisse 2. OG + 3. OG, 2001; Bünzli Courvoisier/Stücheli Architekten
2.13 Wohnanlage »Interethnisches Wohnen« in Wien, 1991; Peter Scheifinger

2.14

2.15

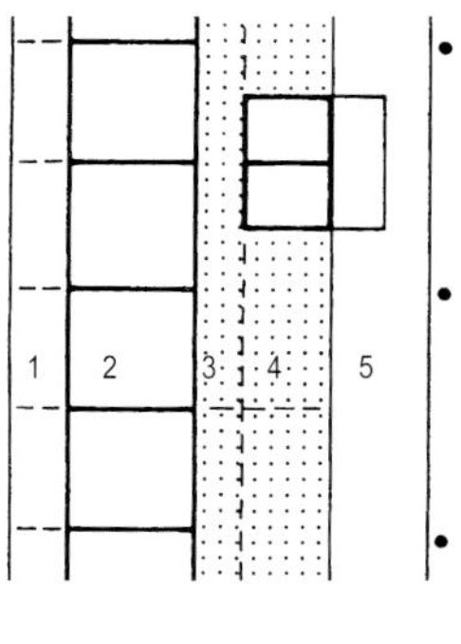

2.16

falsch, die Forderung aufzustellen, nur Geschosswohnungen im Sinne der Barrierefreiheit gelten zu lassen. Um an dieser Stelle ein Beispiel für eine funktionstüchtige und beliebte Maisonette-Wohnanlage zu nennen, sollte auf ein Beispiel in Günzburg verwiesen werden, bei dem die Wohnungen über den Laubengang barrierefrei erschlossen sind (Abb. 2.14, 2.15, 2.16).

Barrierefreiheit heißt nicht Rollstuhltauglichkeit

Kernpunkt einer barrierefreien Wohnanlage ist die barrierefreie Zugänglichkeit aller zur Wohnung gehörenden und für alle den Bewohnern der Anlage gemeinsam zur Verfügung stehenden Räume, sodass auch bei der Nutzung der Gemeinschaftsräume, von der Waschküche bis zur Tiefgarage, sämtliche Bewohner dies weitgehend unabhängig und ohne fremde Hilfe tun können. Diese Forderung klingt selbstverständlich. Dennoch ergab die bereits zitierte Untersuchung, dass gerade bei den Allgemeinräumen der von uns untersuchten Wohnanlagen die größten Defizite im Hinblick auf die Barrierefreiheit feststellbar sind; kritisch wird es, wenn auch eine Rollstuhltauglichkeit gegeben sein muss. Punkte, die bei Bewohnern kritisiert werden, sind die mangelnden Zonierungen der Eingangsbereiche und der Abstellplätze. Die Rollstuhl-Abstellplätze sind zumindest bei den in der zitierten Studie[19] untersuchten Projekten mehrheitlich schlecht untergebracht. Die Lösung, die geforderten Plätze mit dem Fahrradraum zu kombinieren, ruft Ablehnung hervor, weil es hier zu unzumutbaren Konkurrenzsituationen kommt. Die Lage der Pkw-Abstellplätze ist ein besonders wichtiges und für mobilitätsbeschränkte Personen ein Reizthema. Tiefgaragen-Stellplätze werden als Angsträume tituliert, die Angst, eingesperrt zu werden, ist bei Behinderten noch stärker ausgeprägt. Generell sollte dieser Umstand Anlass dafür sein, Tiefgaragen nicht nur als ingenieurtechnisches Problem zu behandeln.

Die Einbindung ins Wohnquartier

Mit zunehmender Immobilität aufgrund von Alter, Krankheit oder körperlicher Behinderung ist die Frage, wo sich die wichtigsten Versorgungs- und Infrastruktureinrichtungen befinden, von entscheidender Relevanz. Was nützt ein ausgezeichneter barrierefreier oder behindertengerechter Wohnbau, wenn im näheren Wohnumfeld keine entsprechende Infrastruktur vorhanden ist? Wir müssen die räumlichen Beziehungen in der Wohnung, in der Siedlung, im Wohnumfeld und den Kontext zum jeweiligen Zentrum der Stadt oder des Dorfes planen und koordinieren. Die am Lehrstuhl für Wohnungsbau und Wohnungswirtschaft durchgeführten Untersuchungen[20] integrativer Wohnanlagen haben ergeben, dass 64 % der befragten Bewohner ihre alltäglichen Besorgungen zu Fuß erledigen (Abb. 2.17).

Optimal wäre es unserer Meinung nach, wenn sämtliche für den Alltag entscheidende Versorgungseinrichtungen in einem Umkreis von 500 m zu erreichen sind. Nach Möglichkeit sollten Einrichtungen für Versorgung, Betreuung und Pflege mit räumlichen Angeboten für Freizeitaktivitäten und Begegnungsmöglichkeiten kombiniert werden. Sollte eine Versorgung innerhalb des Quartiers nicht gewährleistet sein, so ist zumindest eine regelmäßige öffentliche Verkehrsanbindung eine unabdingbare Voraussetzung, wobei dann wiederum deren barrierefreie Zugänglichkeit gewährleistet sein muss. Insellagen sollten generell vermieden werden.

Wirtschaftliche Rahmenbedingungen

Die am Lehrstuhl für Wohnungsbau und Wohnungswirtschaft der TU München durchgeführte Untersuchung über barrierefreie und integrierte Wohnanlagen hat ergeben, dass diese zu Baukosten zwischen 1090 und 1560 Euro/m² Wohnfläche errichtet wurden.[21] Damit liegen sie zum Teil etwas über dem Schnitt herkömmlicher Objekte des sozialen Wohnbaus. Bauträger und Architekten beurteilten übereinstimmend eine vollkommene Einhaltung der DIN 18025 als kostentreibend und plädierten für die Möglichkeit einer freieren Auslegung der Norm. Im Gegenzug aber weisen solche Anlagen einen deutlichen Mehrwert auf, der sich sowohl in einem höheren architektonischen Standard ausdrückt als auch in baulichen Einrichtungen, die die Kommunikation unterstützen.
Dennoch stellt sich die Frage, wie dieser Mehrwert finanziert werden kann.[22] Die Befragung der Wohnungsunternehmer hat nämlich ergeben, dass nur die wenigsten Wohnanlagen wirtschaftlich positiv geführt werden können. Das ist nicht unbedingt ermutigend, wobei die Ursachen unterschiedlicher Natur waren: einmal gab es erhebliche Baumängel, deren Sanierung viel Geld kostete, ein anderes Mal war es die mangelnde Auslastung.
Auf Dauer sind solche Projekte nur mit hohem, auch finanziellem Engagement der Träger zu führen. Einsparungspotenziale liegen sicher in einer frühzeitigen Berücksichtigung der Barrierefreiheit im Planungsprozess, Nachbesserungen sind teuer. Je selbstverständlicher aber barrierefreies Bauen wird, umso günstiger werden sich auch hier die Preise entwickeln. Der Staat wird zukünftig seine Aufgabe nicht nur in der Unterstützung der Errichtung, sondern auch im Unterhalt von Gemeinschaftseinrichtungen sehen müssen. Barrierefreies Bauen ist mit Hinblick auf den demografischen Wandel – also das Altern unserer Gesellschaft – auch aus wirtschaftlicher Sicht dringend zu empfehlen. Unsere Untersuchung hat auch gezeigt, dass alle Anlagen nur mit bedeutenden öffentlichen Förderungen errichtet werden konnten, und dass sie alle von Wohnbaugenossenschaften oder kirchlichen Einrichtungen geschaffen wurden. Private Bauträger meiden dieses Feld ganz offenbar, was auch von der Tatsache gestützt wird, dass der überwiegende Teil der Wohnungen in Miete vergeben wird.

Gemeinschaftsbereiche – Erfahrungen und Empfehlungen
Wenn auch, wie oben schon betont, bei rechtzeitiger Vorplanung die Kosten für barrierefreie Wohnungen gegenüber herkömmlichen Wohnungen nicht oder nur unwesentlich höher ausfallen, so sind Gemeinschaftseinrichtungen, Freianlagen und andere bauliche Maßnahmen, die Raum für das zwischen den Menschen Liegende, das Zwischenmenschliche, anbieten, nicht umsonst zu haben. In unserer schon mehrfach zitierten Untersuchung hat sich auch gezeigt, dass angebotene Gemeinschaftsräume oftmals nicht intensiv genutzt werden. Das Bild, das sich ergibt, ist durchaus zwiespältig. Letztlich bewahrheitet sich auch hier, dass die reine bauliche Maßnahme noch lange keinen entsprechenden sozialen Nutzen stiftet. Dies gilt insbesondere für Räume, für die kein bestimmtes Nutzungskonzept ausgearbeitet wurde. Die Gemeinschaftsräume sind dort erfolgreich, wo verschiedene Funktions- und Aufenthaltsflächen kombiniert werden. Dass hier eine klare Aufgabenstellung, Definition und Verantwortlichkeiten notwendig sind, zeigt auch unsere Frage an die Bewohner in solchen Siedlungen (Abb. 2.17).

Erledigen Sie Ihre alltäglichen Besorgungen zu Fuß?

ja	nein
64 %	36 %

Wie wichtig war Ihnen die Idee der Integration bei Ihrem Einzug?

sehr wichtig	wichtig	weniger wichtig	egal	Idee nicht bekannt
24 %	18 %	17 %	25 %	16 %

Würden Sie sich wünschen, dass sich Ihre Wohnung verschiedenen Wohnsituationen anpassen lässt?

ja	nein	einigermaßen
63 %	32 %	5 %

Denken Sie, dass das Projekt in dieser Beziehung erfolgreich ist?

absolut	einigermaßen	kaum	gar nicht
63 %	40 %	18 %	12 %

Haben Sie im Vergleich zu Ihren früheren Wohnungen mehr oder weniger Kontakt zu Ihren Mitbewohnern?

mehr	weniger	weiß nicht
53 %	32 %	15 %

Wie würden Sie die Hausgemeinschaft charakterisieren?

dörflich	viele Freunde	bekannt vom Sehen	beiläufige Kontakte	kaum Bekannte	sehr anonym
21 %	25 %	39 %	9 %	4 %	2 %

Nutzen Sie die Gemeinschaftsbereiche?

intensiv	gelegentlich	selten	nie
21 %	26 %	19 %	34 %

Gibt es gemeinsam organisierte Veranstaltungen, Feste oder ähnliches?

ja	nein	weiß nicht
63 %	31 %	6 %

Gibt es in der Wohnanlage nachbarschaftliche Hilfe?

ständig	gelegentlich	selten	nie	weiß nicht
31 %	41 %	12 %	11 %	5 %

2.17

2.14 »Integriertes Wohnen« in Günzburg, 1996; Architekt Georg Sahner; Grundrissvarianten in dieser Wohnanlage:
Grundtyp 1-Zimmer-Wohnung; Grundtyp 2-Zimmer-Wohnung
Grundtyp 3-Zimmer-Wohnung; Grundtyp 3-Zimmer-Maisonette
Grundtyp 4-Zimmer-Maisonette
Der Grundriss, der auf einem offenen Konstruktionsraster und einer Folge von Raumschichten basiert, ermöglicht unterschiedlichste Wohnungs-Layouts und nachträgliche Änderungen der Wohnungsgrößen.

2.15 »Integriertes Wohnen«, Ludwig-Heilmeyer-Straße in Günzburg, 1996; Architekt Georg Sahner; Grundrissvarianten Grundtyp 3-Zimmer-Wohnung in dieser Wohnanlage

2.16 »Integriertes Wohnen«, Ludwig-Heilmeyer-Straße in Günzburg, 1996; Architekt Georg Sahner; Grundrissschema: 1 private Freibereiche; 2 Individualräume; 3 Übergangszone; 4 Gemeinschaftsbereich; 5 Laubengang mit Nischen vor den Wohnungseingängen

2.17 Auszug aus einer Studie »Barrierefreies und integriertes Wohnen«, qualitative sowie quantitative Bewohnerbefragung zu Evaluierung bayerischer Modellvorhaben des experimentellen Wohnungsbaus zum »Integrierten und Barrierefreien Wohnen«, Oberste Baubehörde im Bayerischen Staatsministerium des Inneren (Hrsg.), LWW Prof. P. Ebner, Dachau 2006

2.18

Großzügigere Freianlagen, Dach- und Gemeinschaftsterrassen oder -räume kosten Geld: in der Planung, der Errichtung und vor allem im Betrieb. Sie sollten daher so gelegen und gestaltet werden, dass sie auch angenommen werden. Im Allgemeinen werden sehr gute Erfahrungen mit Einrichtungen gemacht, die neben der Bewohnerschaft der eigenen Anlage dem gesamten Quartier zur Verfügung stehen, wie das Café Rigoletto in der Wohnanlage am Rosa-Aschenbrenner-Bogen, das »Cafe Etwas«, die Tagespflegestation in der Wohnanlage in Kempten oder die Veranstaltungsräume in der »Sargfabrik«, die sogar überregionale Bedeutung haben.

Vernetzung der Partner

Die Kooperation der verschiedenen Akteure in der Planung ist Voraussetzung für das Gelingen eines integrativen Wohnbauprojektes: Planer, Wohnbauunternehmen oder Baugruppe, Stadtplanung, staatliche und kommunale Wohlfahrtseinrichtungen und andere Fachbehörden müssen in dieser Phase kooperieren. Aus den Erfahrungen der Modellprojekte in Bayern kann abgeleitet werden, dass auf Seiten der Planer höhere Kosten anfallen, die vor allem aus einem erhöhten Aufwand in der Moderationsleistung der vorhin genannten Gruppen und Institutionen resultieren. Dieser höhere Aufwand in der Projektentwicklung, -steuerung und -koordination ist vor allem für die Architekten ein Problem, weil er in der Regel nicht über die HOAI abzurechnen ist. Werden integrative Projekte zum Normalfall, müssen die sich aus einer aufwändigeren Planung ergebenden Mehrkosten verstärkt Abrechnungs- und Förderfähigkeit erlangen. Engagement ist zwar immer Voraussetzung in der Architektur, allein kann sie nicht auf Dauer ein System tragen. Die Kommunen sollten Bauträger auf allen möglichen Ebenen, also instrumentell und institutionell, bei der Errichtung von integrativen Anlagen unterstützen, ein beschleunigtes Bauverfahren kann unter Umständen weit mehr Geld sparen, als man durch direkte finanzielle Unterstützung beitragen könnte.

2.18 Day-Care-Center in Japan, 2006; Kawai Architects

Die Zukunft der Integration

Wir haben den Versuch unternommen, integrativen Wohnbau in seiner Vielfalt darzustellen, und mussten dabei differenzieren: Mehrgenerationenwohnen, barrierefreies Wohnen, interethnisches Wohnen, all das scheint heute nebeneinander herzulaufen. Die mitunter verwirrende Begriffsvielfalt sollte uns aber nicht täuschen, denn im Kern geht es beim integrativen Wohnbau um eine moderne, humane und offene Stadt. Die Vielfalt zeigt nur, dass wir Wahlmöglichkeiten schaffen müssen. Wir werden aber auch weiterhin eigene Gebäudetypen wie Pflegeheime oder Einrichtungen für behinderte Menschen brauchen. Für eine bestimmte, auch zahlungskräftige Klientel werden Senioren-Residenzen eine optimale Lösung sein. Prof. Welsing von der Royal Danish Academy propagierte jüngst in einem Symposium mit dem Titel »New Housing Concepts« in Mailand Anlagen für demente Personen, die aufgrund ihres vorurteilsfreien Bekenntnisses zur Schaffung einer von der Umwelt abgetrennten Wohnsituation Beachtung verdienen. Die im Modell kreisrunde Anlage ist von einem Zaun umgeben und erlaubt es geistig behinderten und dementen Personen, sich innerhalb dieses Geländes geschützt und frei zu bewegen.

In Japan wiederum werden so genannte »Day-Care-Center« forciert. Dort werden die Alten einmal pro Woche hingebracht. Hier kochen sie gemeinsam, werden hygienisch und medizinisch versorgt und erhalten die Möglichkeit zum sozialen Austausch. In der Regel sind die Senioren, das berichten die Betreuer, mit Vor- und Nachbereitung und Aufenthalt rund drei Tage pro Woche beschäftigt. Dieses fernöstliche Modell könnte den bei uns üblichen, allwöchentlichen Besuch der/s Pflegerhelfers/in mit ihren knappen Zeitbudgets, der eher als eine Intervention im Privaten als ein entspannter Besuch aufgefasst wird, vielleicht ersetzen. Die etwa von Arno Lederer favorisierten Alten-WGs könnten ein weiteres Modell mit Zukunft sein. Sicher ist aber, dass wir uns überlegen müssen, wie wir vielen Menschen mit geringen Mitteln ein würdiges Altern ermöglichen (Abb. 2.18).

Integrationswohnanlagen werden dabei eine wichtige Rolle spielen, aber sie sind keine Institutionen für Behinderte oder alte Menschen. Sie könnten vielmehr, mit aller Vorsicht ausgesprochen, ein da und dort brüchig gewordenes soziales Netz wieder ein wenig dichter spinnen. Unsere Studie förderte zutage, dass die menschliche Tugend der Solidarität noch keineswegs verschwunden ist, wie es uns pessimistische Zeitgenossen gerne glauben machen (Abb. 2.17).

Entgegen dem egoistischen Menschenbild betonten damit beachtlich viele Menschen in solchen Integrationswohnanlagen ihre Bereitschaft zum Engagement innerhalb dieser Gemeinschaft, wobei die häufigsten Tätigkeiten die Hilfe bei Erledigungen und Einkäufen, die Aushilfe während des Urlaubs und die Unterstützung im Haushalt sind, gefolgt vom Aufpassen auf Kinder.
Dass wir bei der Bildung von Hausgemeinschaften in integrativen Wohnanlagen etwas erreichen können, hat unsere Studie gezeigt, und zwar selbst dann, wenn die Idee der Integration zum Zeitpunkt des Einzugs noch gar nicht als wesentlich erkannt war. Denn auf die Frage »Wie wichtig war Ihnen die Idee der Integration bei Ihrem Einzug?« gab es folgendes Spektrum an Reaktionen (Abb. 2.17).

Dass ein besonderes Bewusstsein nicht unbedingt ausgebildet sein muss, um später dennoch eine kontaktfreudige Wohnsituation zu schätzen, ergab folgende Frage: »Haben Sie im Vergleich zu Ihren früheren Wohnungen mehr oder weniger Kontakt zu Ihren Mitbewohnern?« (Abb. 2.17)

Der Erfolg vermehrter Bemühungen um Integration lässt sich quantitativ letztlich schwer darstellen. Auch von jenen 69% der befragten Bewohner von Integrationswohnanlagen, die angeben, dass sie Kontakt zu behinderten Personen in ihrer Nachbarschaft haben, wissen wir noch nichts über die Qualität dieser Beziehung. Wir vermuten, dass es ein offenes, den anderen respektierendes Verhältnis ist und damit ein ganz wesentlicher Schritt für die Integration von behinderten Menschen getan wird. So oder ähnlich, dies unser Schluss, wird es sich auch mit anderen Inhalten und Aspekten von Integration verhalten. Es ist kein Zufall, dass die bedeutendsten integrativen Wohnprojekte inmitten historischer Städte häufig auf brachliegenden Industriearealen entstanden sind. Ihre urbane Identität beschreibt auch die Einsicht, dass es in der gesellschaftlichen Eindimensionalität des Vororts, vor allem im Alter, mitunter sehr einsam werden könnte. Diese Bauten integrieren sich nicht nur in das städtebauliche Umfeld, sondern leisten die Integration unterschiedlicher Lebensentwürfe, wie sie sich entlang der Bruchlinie von Industrie- und Dienstleistungsgesellschaft auftun.

Anmerkungen:

1 Partizipation als Chance für die Architektur. Ein Vortrag von Franz Sumnitsch, in: LWW, Prof. Ebner, Housing is back, Wien 2006, S. 44
2 Auf der Seite www.Neue-Wohnformen.de sind neben der zitierten noch andere Versuche zu Begriffsdefinitionen wie Wohngruppen, Mehrgenerationenwohnen etc. nachzulesen.
3 Vgl. Arbeitsblätter »Bauen und Wohnen für Behinderte«, Nr. 5, zit. nach: Oberste Baubehörde im Bayerischen Staatsministerium des Inneren. Abteilung Wohnungswesen und Städtebauförderung (Hrsg.), Barrierefreies und integriertes Wohnen. Forschungsbericht zur Nachuntersuchung ausgewählter Modellvorhaben und Landeswettbewerb. Konzept, Untersuchung und Forschungsbericht: Lehrstuhl für Wohnungsbau und Wohnungswirtschaft, Prof. Peter Ebner, Technische Universität München, München 2006, S. 6
4 Andreas Huber, Susanne Rock, Margrit Hugentobler, Gewohnte Utopien. Die innovativen Siedlungen KraftWerk1 und Regina-Kägi-Hof in Zürich. Bericht zur Erstevaluation, S. 33
5 Vgl. Hubertus Adam, Urban und öffentlich. Miller & Maranta: Seniorenresidenz Spirgarten, Zürich-Altstetten, in: archithese, 1, 2007, S. 14–17
6 Zit. nach: Rolf G. Heinze, Volker Eichener, Gerhard Naegele, Mathias Bucksteeg, Martin Schauerte, Neue Wohnung auch im Alter. Folgerungen aus dem demographischen Wandel für Wohnungspolitik und Wohnungswirtschaft. Darmstadt 1997. Weiterführende Literatur und Verweise finden sich auf der Homepage der Schader-Stiftung. http://www.schader-stiftung.de/. Zitat vgl. www.schader-stiftung.de/wohn_wandel/847.php (download am 26.9.05), http://www.schader-stiftung.de/wohn_wandel/1004.php
7 Lehrstuhl für Wohnungsbau und Wohnungswirtschaft, TU München / Oberste Baubehörde im Bayerischen Staatsministerium, Abteilung Wohnungswesen und Städtebauförderung, Living Streets – Laubengänge, München 2006, S. 38ff.
8 Falk Jaeger, Integriertes Wohnen in Berlin-Neukölln. In: Bauwelt, Nr. 7, 1996, S. 38-41
9 Otto Kapfinger, Neue Architektur in Kärnten, Salzburg 2006, Mehrgenerationen-Wohnhaus R. Feldkirchen, Objektnr. 3/5
10 Dieses Bauvorhaben, das 2003 fertiggestellt wurde, ist nicht ausschließlich unter dem Gesichtspunkt Mehrgenerationenwohnen zu sehen, aber es zeigt, wie in innovativen Segmenten des sozialen Wohnbaus die Thematik einfließt. So verfügt diese Wohnanlage, die Wohnen und Arbeiten verbindet, über zusammenschaltbare Wohnungen für Mehrgenerationenwohnen, im Sockelgeschoss gibt es Wohnungen, die an die Nachbarwohnung angebunden werden können.
11 Andreas Huber, Susanne Rock, Margrit Hugentobler, Gewohnte Utopien. Die innovativen Siedlungen KraftWerk1 und Regina-Kägi-Hof in Zürich. Bericht zur Erstevaluation
12 ebd. S. 12
13 ebd. S. 168
14 Dies wurde dem Autor bei einem Besuch des KW1 von den Betreibern Anfang 2007 versichert.
15 Herbert Ludl (Hrsg.), Das Wohnmodell interethnische Nachbarschaft. Wien, 2003, S. 33
16 ebd. S. 34
17 Zitiert nach der Pressemitteilung der GEWOG, Gemeinnützige Wohnungsbau Ges.m.b.H, OTS-Originaltext, vom 2.5.2006
18 Bayerische Architektenkammer und Oberste Baubehörde im Bayerischen Staatsministerium des Inneren, Barrierefreies Bauen 1, Barrierefreie Wohnungen, Planungsgrundlagen, Leitfaden für Architekten, Fachingenieure, Bauherren zur DIN 18 025 Teil 1 und 2, Ausgabe 1992. Weitere Normen zum Thema barrierefreies Bauen: Bayerische Architektenkammer, Oberste Baubehörde im Bayerischen Staatsministerium des Inneren und Bayerisches Staatsministerium für Arbeit und Sozialordnung, Familie und Frauen, Barrierefreies Bauen 3, Straßen, Plätze, Wege, Öffentliche Verkehrs- und Grünanlagen sowie Spielplätze, Leitfaden für Architekten, Landschaftsarchitekten, Fachingenieure, Bauherren und Gemeinden zur DIN 18 024 Teil 1, Ausgabe 1998, München, 2001
19 Oberste Baubehörde im Bayerischen Staatsministerium des Inneren. Abteilung Wohnungswesen und Städtebauförderung (Hrsg.), Barrierefreies und integriertes Wohnen. Forschungsbericht zur Nachuntersuchung ausgewählter Modellvorhaben und Landeswettbewerb. Konzept, Untersuchung und Forschungsbericht: Lehrstuhl für Wohnungsbau und Wohnungswirtschaft, Prof. Peter Ebner, Technische Universität München, München 2006, S. 104f.
20 ebd. 108f.
21 Aus diesen Zahlen geht hervor, dass barrierefreier Wohnraum nach DIN 18 025 Teil 2 mit annähernd den gleichen Kosten erstellt werden kann wie herkömmliche Wohnungsbauten. Dies wurde auch in verschiedenen Untersuchungen der Obersten Bayerischen Wohnbaubehörde nachgewiesen. Vgl. dazu insbesondere Arbeitsblätter »Bauen und Wohnen für Behinderte«, Nr. 5, »Wohnen ohne Barrieren«, Oberste Baubehörde im Bayerischen Staatsministerium des Inneren. Weiters: IFB Forschungsbericht 1995, Barrierefreies Bauen und kostengünstiges Bauen für alle Bewohner – Analyse ausgeführter Projekte nach DIN 18025-2, Fraunhofer Institut, 1998. Oberste Baubehörde im Bayerischen Staatsministerium des Inneren. Abteilung Wohnungswesen und Städtebauförderung (Hrsg.), Barrierefreies und integriertes Wohnen, a.a.O. Untersucht wurden Wohnanlagen in folgenden Kommunen: Bad Babach, Hans-Moser-Straße; Dorfen, Kloster Algasing; Günzburg, Ludwig-Heilmayr-Straße; Ingolstadt, Hollerstauden; Kempten, Brennergasse; Manching, Schulstraße; München, Volpinistraße; Regensburg, Rote-Löwen-Straße
22 In Bayern etwa wird die Schaffung von barrierefreiem Wohnraum seit 2003 stärker unterstützt. Fördervoraussetzung ist, dass in Gebäuden mit mehr als sechs Wohnungen die Wohnungen eines Geschosses sowie der Zugang zu diesen Wohnungen nach DIN 18025 Teil 2 gestaltet werden können, und dies nach den örtlichen Gegebenheiten des Objekts zu wirtschaftlich vertretbaren Kosten möglich ist. Nach Teil 1 der Norm kann die Förderung beim Bau von Wohnungen um bis zu 10% erhöht werden. Außerdem sind Wohnungsanpassungen und Wohnumfeldverbesserungen im Sinne der DIN 18025 sowie die Anlage und der Bau von Gemeinschaftsflächen förderbar.

Literatur:

1 Arch+ Nr. 176/177, Mai 2006
2 Archithese Nr. 5/2006
3 Ludl, Herbert (Hrsg.), Das Wohnmodell interethnische Nachbarschaft, Wien 2003
4 LWW, Housing is Back, Wien 2006
5 Oberste Baubehörde im Bayerischen Staatsministerium des Inneren, Abteilung Wohnungswesen und Städtebauförderung, Barrierefreies und integriertes Wohnen, Dachau 2006
6 Oberste Baubehörde im Bayerischen Staatsministerium des Inneren, Abteilung Wohnungswesen und Städtebauförderung, Living Streets – Laubengänge, München 2006
7 Oberste Baubehörde im Bayerischen Staatsministerium des Inneren, Abteilung Wohnungswesen und Städtebauförderung, Wohnen in allen Lebensphasen, München 2006
8 Oberste Baubehörde im Bayerischen Staatsministerium des Inneren, Abteilung Wohnungswesen und Städtebauförderung, Alternative Wohnformen, Wohnmodelle Bayern Bd.1, Stuttgart Zürich 1997
9 Weeber & Partner, Gemeinschaftliches Wohnen im Alter. Bauforschung für die Praxis, Stuttgart 2001
10 Wehrli-Schindler, Birgit, Wohnen im Alter – zwischen Zuhause und Heim. Braucht es neue Wohnformen für Betagte? Zürich 1997
11 Wohnbund-Informationen (2/2004), Schwerpunktthema: Selbstbestimmt wohnen im Alter, München 2004

Projektübersicht

Seite	Projekt	Fläche	Senioren	Pflege
26	Miss Sargfabrik in Wien BKK-3	Wohnnutzfläche 2820 m²		
32	Generationenhaus in Stuttgart Kohlhoff & Kohlhoff	Nutzfläche 4200 m²	10x Wohngemeinschaft für 2 Senioren (90 m²)	
36	Generationenwohnbau in Wien Franziska Ullmann und Peter Ebner	Wohnnutzfläche 4905 m²	30x betreute Wohnung (51,5 m²)	
42	Wohnhaus in Wien PPAG Architekten	Wohnnutzfläche 2655 m²		
46	Umbau eines Kaufhauses in Eschweiler BeL	Nutzfläche 1465 m²	4x Wohnung (58–78 m² barrierefrei) 1x Wohngemeinschaft für 6 Senioren (210 m²)	
52	Gemeindezentrum in Stuttgart Lederer + Ragnarsdóttir + Oei	Nutzfläche 1177 m²	8x 1-Zimmer-Wohnung barrierefrei (43 m²) 2x 2-Zimmer-Wohnung barrierefrei (52 m²)	
58	Seniorenresidenz in Zürich Miller & Maranta	Bruttogeschoss- fläche 9289 m²	8x 1-Zimmer-Wohnung (26 m²) 56x 2-Zimmer-Wohnung (47–51 m²) 4x 3-Zimmer-Wohnung (59 m²)	18x Pflegezimmer (19–25,5 m²)
64	Seniorenresidenz Multengut bei Bern Burkhalter Sumi Architekten	Nutzfläche 10 851 m²	98x Wohnung	26x Pflegezimmer
70	Wohnanlage und Tagespflege in Alicante Javier García-Solera Vera	Bruttogeschoss- fläche 2674 m²	36x 2-Zimmer-Wohnung (40 m²)	Tagespflege
74	Wohnhochhaus in Rotterdam Arons en Gelauff architecten	Wohnnutzfläche 11 924 m²	104x Wohnung	
78	Alterswohnungen in Domat/Ems Dietrich Schwarz	Nutzfläche 1680 m²	20x 2-Zimmer-Wohnung (57 m²)	
84	Seniorenzentrum in Lich Pfeifer Roser Kuhn	Hauptnutzfläche 3199 m²	27x 2-Zimmer-Wohnung (51 m²)	56x Pflegezimmer (24 m²)
90	Pflegeheim auf der Insel Henza Kawai Architects/Toshiaki Kawai	Nutzfläche 1244 m²		18x Pflegezimmer Tagespflege
94	Seniorenzentrum in Magdeburg löhle neubauer architekten	Bruttogeschoss- fläche 8470 m²	93x Einbettzimmer (16,2–21,5 m²) 25x Zweibettzimmer (24,4–27,2 m²)	6x Pflegezimmer (16,3–24,5 m²)
100	Seniorenwohnhaus in Neumarkt Kada + Wittfeld	Nutzfläche 3900 m²	50x Einzelzimmer (25 m²) 5x Doppelzimmer (31 m²)	
104	Seniorenzentrum in Steinfeld Dietger Wissounig	Bruttogeschoss- fläche 3658 m²		8x Doppelpflegezimmer 34x Einzelpflegezimmer (19–28 m²)
110	Tagespflegezentrum in Kamigyo Toshiaki Kawai	Bruttogeschoss- fläche 187 m²		Tagespflege
114	Wohnhaus in Gstadt Florian Höfer	Nutzfläche 432 m²		
116	Mehrgenerationenhaus in Waldzell Helga Flotzinger	Wohnnutzfläche 366 m²	1x Wohnung (46,9 m²)	1x Wohnung (59,6 m²)
120	Mehrgenerationenhaus in Darmstadt Kränzle+Fischer-Wasels Architekten Klotz + Knecht Architekturbüro	Wohnnutzfläche 1061 m²		
124	Stadthaus in München Fink + Jocher	Wohnnutzfläche 2066 m²	15x Wohnung barrierefrei	
130	Generationenwohnanlage in Freiburg Pfeifer Roser Kuhn	Wohnnutzfläche 1929 m²	6x 1-Zimmer-Wohnung (47 m²) 3x 2-Zimmer-Wohnung (56 m²)	
134	Wohnanlage in Wiesbaden Dietz Joppien Architekten	Hauptnutzfläche 4715 m²		
138	Wohnsiedlung in Ypenburg van den Oever, Zaaijer & Partners John Bosch	Nutzfläche 19 850 m²		

Rollstuhlfahrer	Familien	Jugend	zusätzliche Einrichtungen	Tragwerk Fassade
3x rollstuhlgerechte Wohnung	32x Wohnung (1–3-geschossig) 5x Home Office (3-geschossig)	1x Wohngruppe für 8 Kinder und Jugendliche	Gemeinschaftsküche, Bibliothek, Jugendclubraum	Stahlbeton WDS
alle Wohnungen rollstuhlgerecht		Kindertagesstätte für 120 Kinder in 9 Gruppen	Café, Servicebüros	Stahlbeton, Sichtmauerwerk Holzständerkonstruktion
	6x Maisonette (98,6 m²) 26x 2-Zimmer-Wohnung (54,7 m²) 13x 3-Zimmer-Wohnung (78,8 m²)	12x Miniloft (31,4 m²)	Sozialstation, Läden, Café, Arztpraxen, Büros	Stahlbeton WDS, Furnierholzplatten
	32x Wohnung (61–103 m²)	Jugendwohngruppe 4x 1 Zimmer (11–21 m²)		Stahlbeton WDS
1x rollstuhlgerechte Wohnung (67m²)			Einzelhandel (320 m²) Funktionsraum (330 m²)	Stahlbetonskelettbau WDS
2x 1-Zimmer-Wohnung (48 m²)	1x Hausmeisterwohnung (95 m²)		1x Appartement (32 m²) für Pflegeperson	Stahlbeton Sichtmauerwerk, WDS
alle Wohnungen rollstuhlgerecht			öffentliches Café, Kaminzimmer, Bibliothek	Stahlbeton Glas, Beton mit Jurakalk
			Kaminzimmer, Vortragssaal, Bibliothek, Wellnessbereich	Stahlbeton
3x 2-Zimmer-Wohnung (40 m²)			Gemeinschaftsräume	Stahlbeton Glasfassade
alle Wohnungen rollstuhlgerecht			Gemeinschaftsräume	Stahlbeton Glasfassade
alle Wohnungen rollstuhlgerecht				Stahlbeton, WDS Latentwärmespeicher
alle Wohnungen rollstuhlgerecht			Café, Kapelle	Stahlbeton, Mauerwerk Holzständerkonstruktion
			Café, Speisesaal, Ruheraum	Stahlbeton Holzschalung
9x Zimmer rollstuhlgerecht (18,2 m)			Speisesaal, Terrasse	Stahlbeton Glasfassade, Lochblech
alle Zimmer rollstuhlgerecht			Kapelle, Speisesaal	Stahlbeton Holzschalung
alle Zimmer rollstuhlgerecht			Fest- und Speisesaal Kapelle, Bibliothek	Stahlbeton Brettstapeldecken Holzriegelkonstruktion
			Teezeremonie-Raum, Tatami-Raum	Stahlbeton
gesamtes Haus rollstuhlgerecht				Holzständerkonstruktion Dreischichtplatten
gesamtes Haus rollstuhlgerecht	1x Wohnung (197,8 m²)		Therapiebecken	Stahlbeton Metallfassade
	3x Maisonette für Mehrgenerationenwohnen			Stahlbeton Sichtmauerwerk
2x 3-Zimmer-Wohnung	6x Maisonette		7 Läden, Gemeinschaftsraum mit Küche, Kinderspielplatz	Stahlbeton WDS
3x 2-Zimmer-Wohnung (56 m²)	18x Wohnung (54–117 m²)			Kalksandsteinmauerwerk mit Stahlbetondecken
Erdgeschoss-Wohnungen rollstuhlgerecht	70x Wohnung (55–100,5 m²)			Stahlbeton Leichtmauerwerk
8x Wohngruppe (3000 m²) mit 48 Zimmern (14 m²)	120x Reihenhäuser (90–170 m²)			Stahlbeton Sichtmauerwerk Holzwerkstoffplatten

»Miss Sargfabrik« in Wien

Architekten: BKK-3, Wien

Wohnen durch Bewohner selbst verwaltet
Soziales Wohnen
Generationenübergreifendes Wohnen
Barrierefreies Wohnen
Wohnen und Arbeiten unter einem Dach

Selbstbewusst besetzt die »Miss Sargfabrik« die Ecke eines Blockes im 14. Bezirk Wiens: Die langen Fensterbänder in den leuchtend orangen Fassaden knicken mehrfach ab, weiten sich zu großen Glasflächen und lassen so den Innenraum erahnen. Ein großzügig verglaster Eingang öffnet zudem den Blick von der Straße in den privaten, abgesenkten Innenhof. Fünf weitere Eingänge bieten direkten Zugang zu den »Home Offices«, die Wohnen und Arbeiten auf mehreren Ebenen verbinden.
Dieser integrative Wohnbau vereint die unterschiedlichsten Menschen. Dabei leben Familien, Alleinerziehende, Singles, Jugendliche, Rentner, Flüchtlinge und Menschen mit Behinderung zusammen.

Selbstbestimmte Wohnlandschaften

Alle Bewohner sind Mitglied in einem Verein, der zugleich Eigentümer, Bauherr und Vermieter der Anlage ist.
Statt einer Miete zahlen die Bewohner das Wohnbaudarlehen zurück und kommen für Betriebskosten auf.
Bei einem Auszug fällt die Wohnung zurück an den Verein. Einzelne Wohnungen stehen externen Mietern befristet zur Verfügung, ohne bereits Mitglied im Verein zu sein.
Die Vereinsmitglieder haben von Anfang an die Planung mitbestimmt. Die Besonderheit der eher kleinen, dafür aber preiswerten Wohnungen entwickelt sich aus den abknickenden Wohnungstrennwänden, den schräg verlaufenden Decken und Böden und den somit variierenden Raumhöhen von 2,26 m bis 3,12 m. Es gibt Geschosswohnungen – drei davon sind rollstuhlgerecht ausgeführt –, Maisonetten und Wohnungen, die sich über drei Geschosse erstrecken. Interne Rampen und Treppen verbinden dabei die Ebenen, sodass selbst Kleinstwohnungen interessante Raumabfolgen erhalten.

Fokus Gemeinschaft

Die Wohnungen haben keinen eigenen Balkon, anstelle dient der bis zu 3 m breite Laubengang den Bewohnern als Freisitz. Außerdem sind die Wohnungen zum Laubengang hin verglast, was die enge Beziehung zueinander und die Bereitschaft aller Bewohner verdeutlicht, sich auf die Gemeinschaft einzulassen. Auch eine gemeinsame Küche, Bibliothek, Medienraum und Waschküche dienen der Kommunikation. Zusätzlich gibt es einen Clubraum für die bis zu acht Jugendlichen, die in einer Wohngemeinschaft im 1. Obergeschoss leben.
Selbst die Autos nutzen alle Bewohner der »Miss« gemeinsam. Die drei Garagenstellplätze werden inzwischen allerdings als Fahrradraum genutzt.

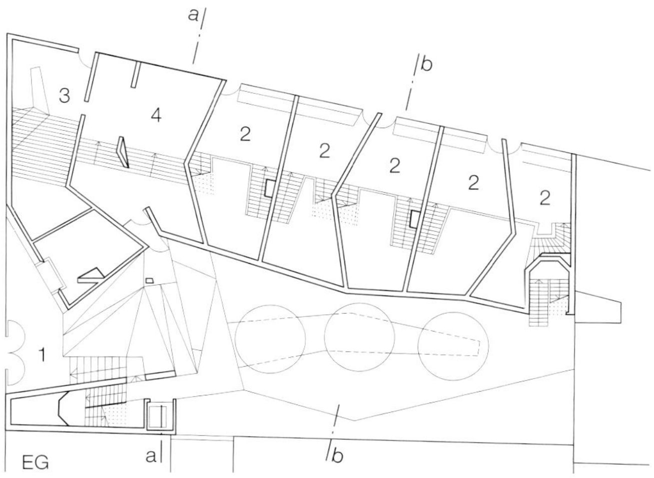

EG

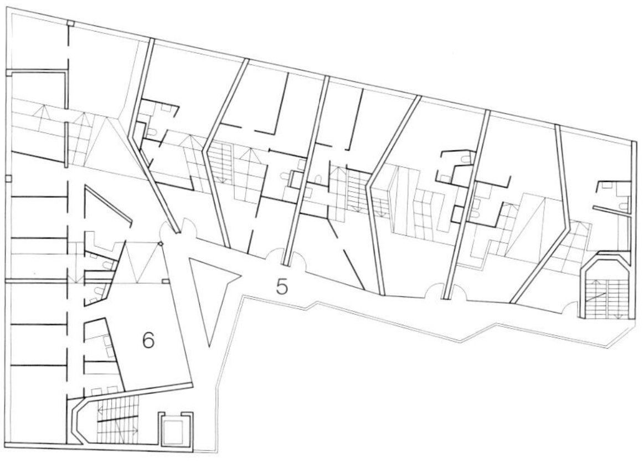

1. OG

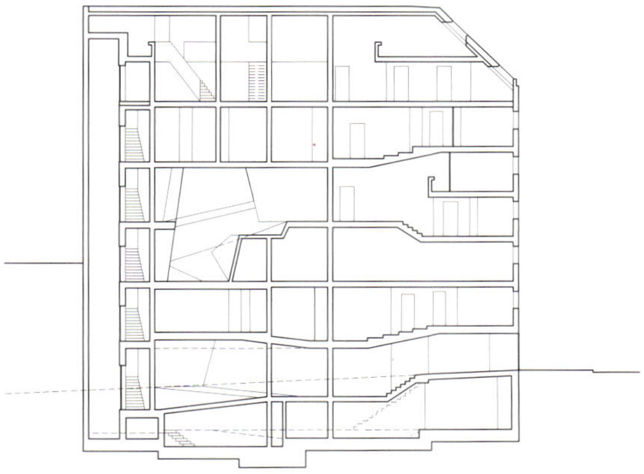

aa

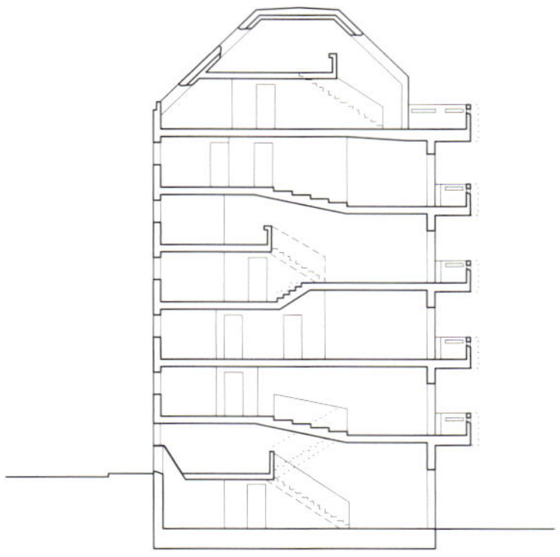

bb

Gebäudedaten

Nutzung:	integriertes Wohnen und Arbeiten
Wohneinheiten:	35 Wohnungen, davon 3 rollstuhlgerecht 1 Wohngemeinschaft für Kinder und Jugendliche 5 Home Offices
Erschließung:	Laubengang
Lichte Raumhöhe:	2,26–3,12 m (OG) bis 4,10 m EG
Konstruktion:	Stahlbeton
Bruttorauminhalt:	11 166,06 m^3
Bruttogeschossfläche:	4371,5 m^2
Wohnnutzfläche:	2820 m^2
Gemeinschaftsräume:	220 m^2
Grundstücksfläche:	850 m^2
Bebaute Fläche:	607,6 m^2
Baukosten:	3,8 Mio. EUR
Finanzierung:	Verein für integrative Lebensgestaltung
Heizwärmebedarf:	32,84 kWh/m^2a
Bauzeit:	1999–2000

Lageplan
Maßstab 1:4000
Grundrisse • Schnitte
Maßstab 1:500

1 Eingang
2 Home Office
3 Jugendclubraum
4 Garage
5 Laubengang
6 Wohngemeinschaft für 8 Jugendliche
7 Gemeinschaftsküche
8 Bibliothek
9 rollstuhlgerechte Wohnungen

3. OG

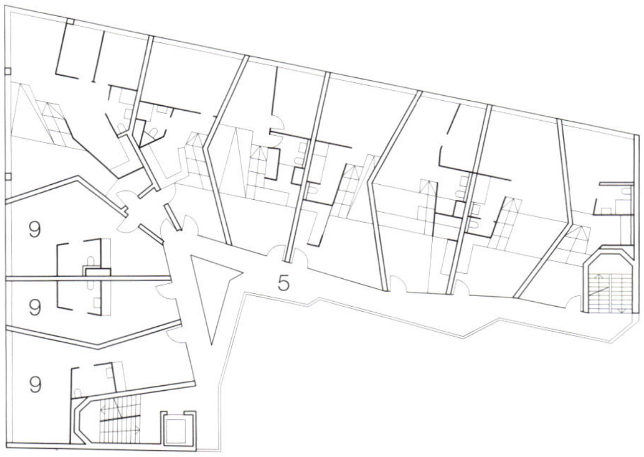

4. OG

Vertikalschnitt Maßstab 1:20

1 Aluminiumfenster mit Sonnenschutzglas
U=1,0 W/m²K
2 Rinne:
Außenputz auf Bewehrungsvlies
Putzträgerplatte 10 mm,
Holzschalung OSB-Platte wasserfest
Rinne Stahlblech 0,5 mm
Abdichtung
Stahlprofil 80/80/5 mm, dazwischen
Wärmedämmung 80 mm
Faserzementplatte an Stahlwinkel
befestigt
Bleifolie, Abdichtung
Wandheizungspaneel 18 mm
3 Stahlplatte feuerverzinkt mit
Rostanstrich 200/150/5 mm
4 Aufbau Laibung:
Spachtelung
Gipskarton 2× 12,5 mm
Stahlprofil ⊔ CW 18 Halteprofil,
feuerverzinkt, Dampfsperre
5 Dachaufbau:
Außenputz 5 mm
Putzträgerplatte 15 mm auf
Profil ⊏⊐ 60/30 mm
Hinterlüftung 60 mm
Blechfalzdeckung 5 mm
Trennlage
Holzschalung 25 mm
Sparren 240 mm, dazwischen
Wärmedämmung Mineralwolle 200 mm
und Hinterlüftung 40 mm
Stahlbetondecke 180 mm
Spachtelung 5 mm
6 Bodenaufbau:
Bodenbelag Parkett 10 mm
Estrich 60 mm
Trennlage PE-Folie
Trittschalldämmplatten 30 mm
Schüttung 20 mm
Stahlbetondecke 200 mm
Spachtelung 5 mm

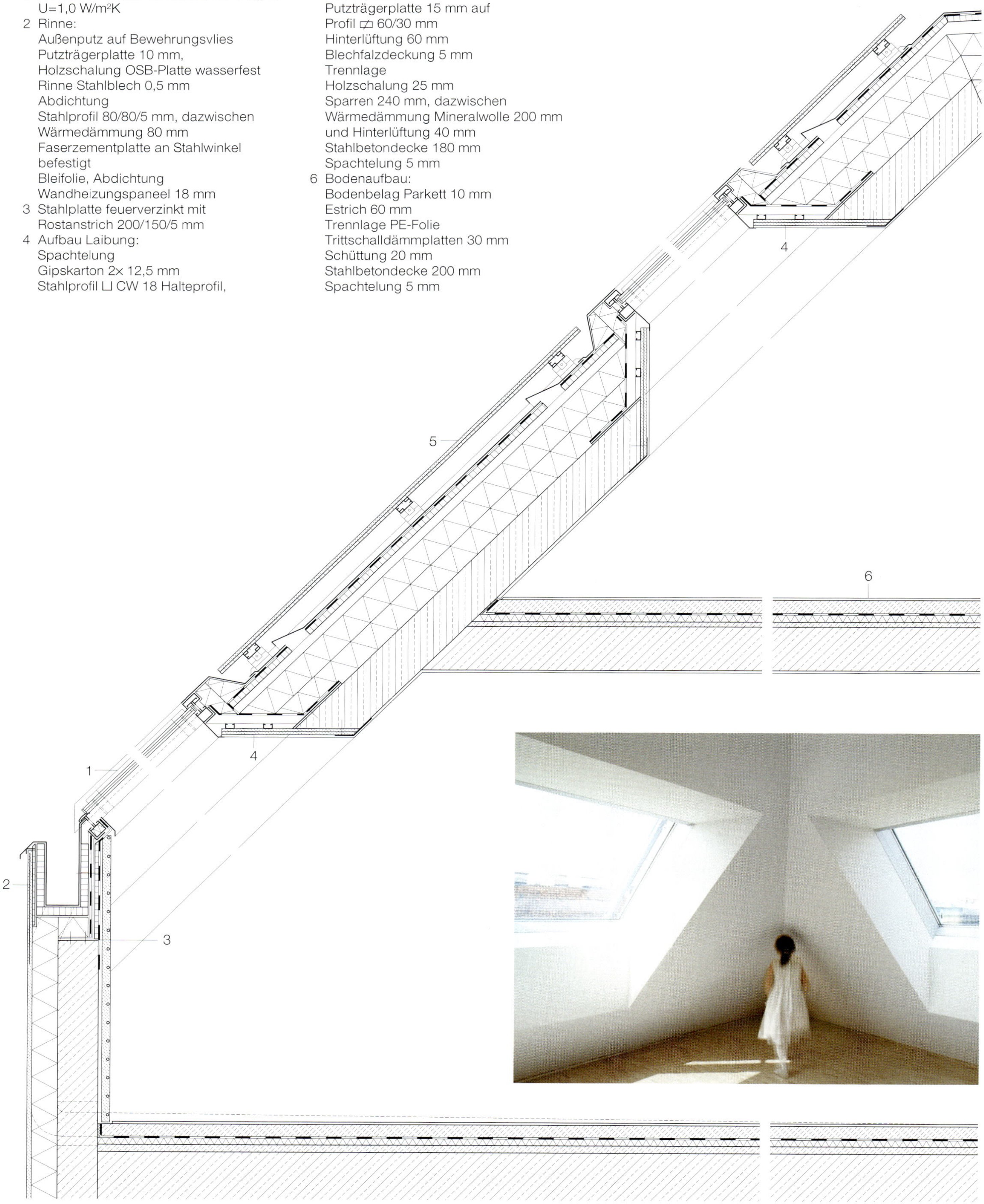

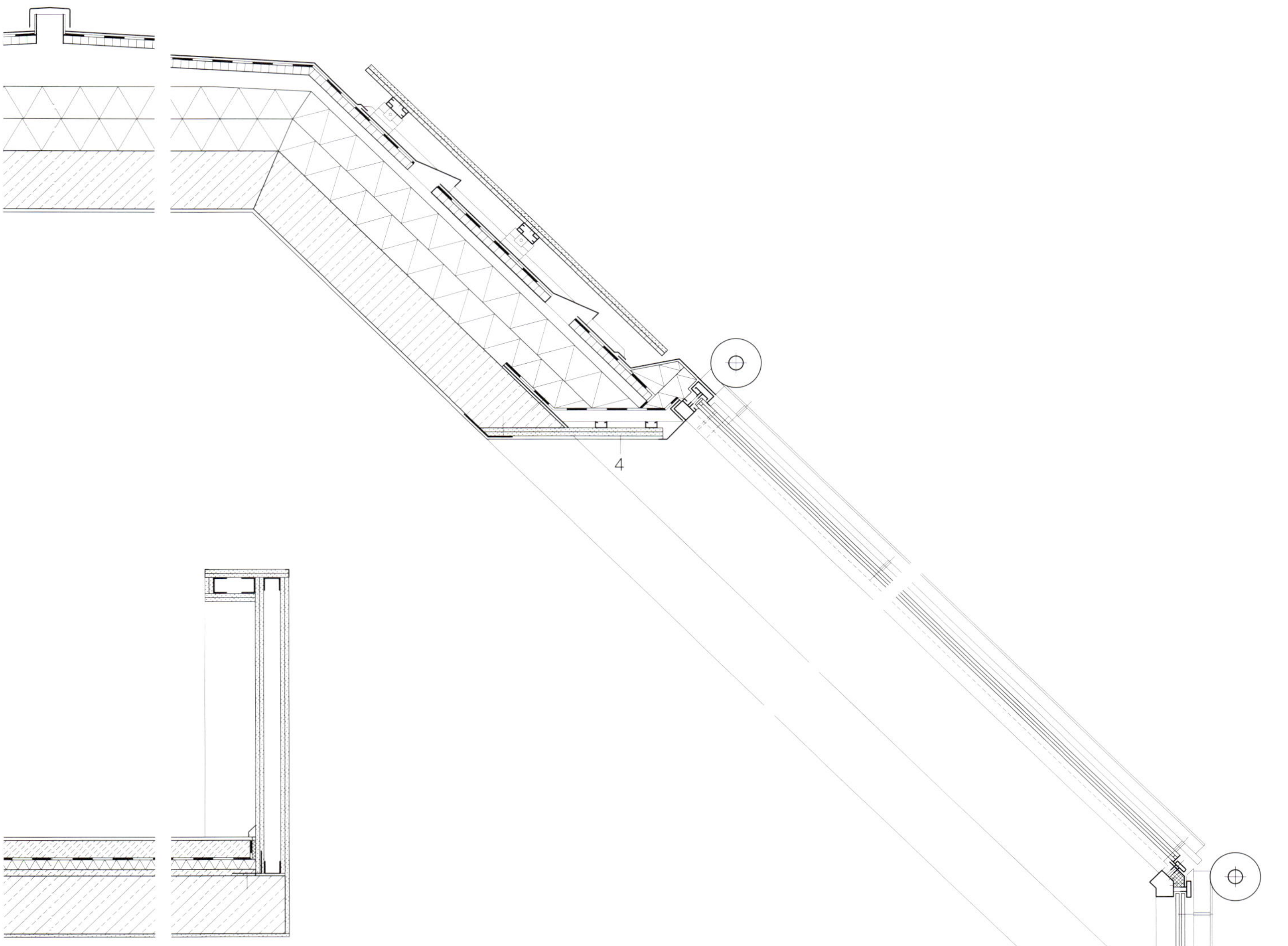
4

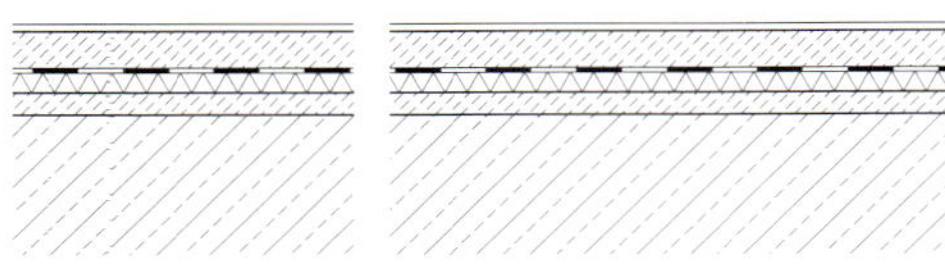

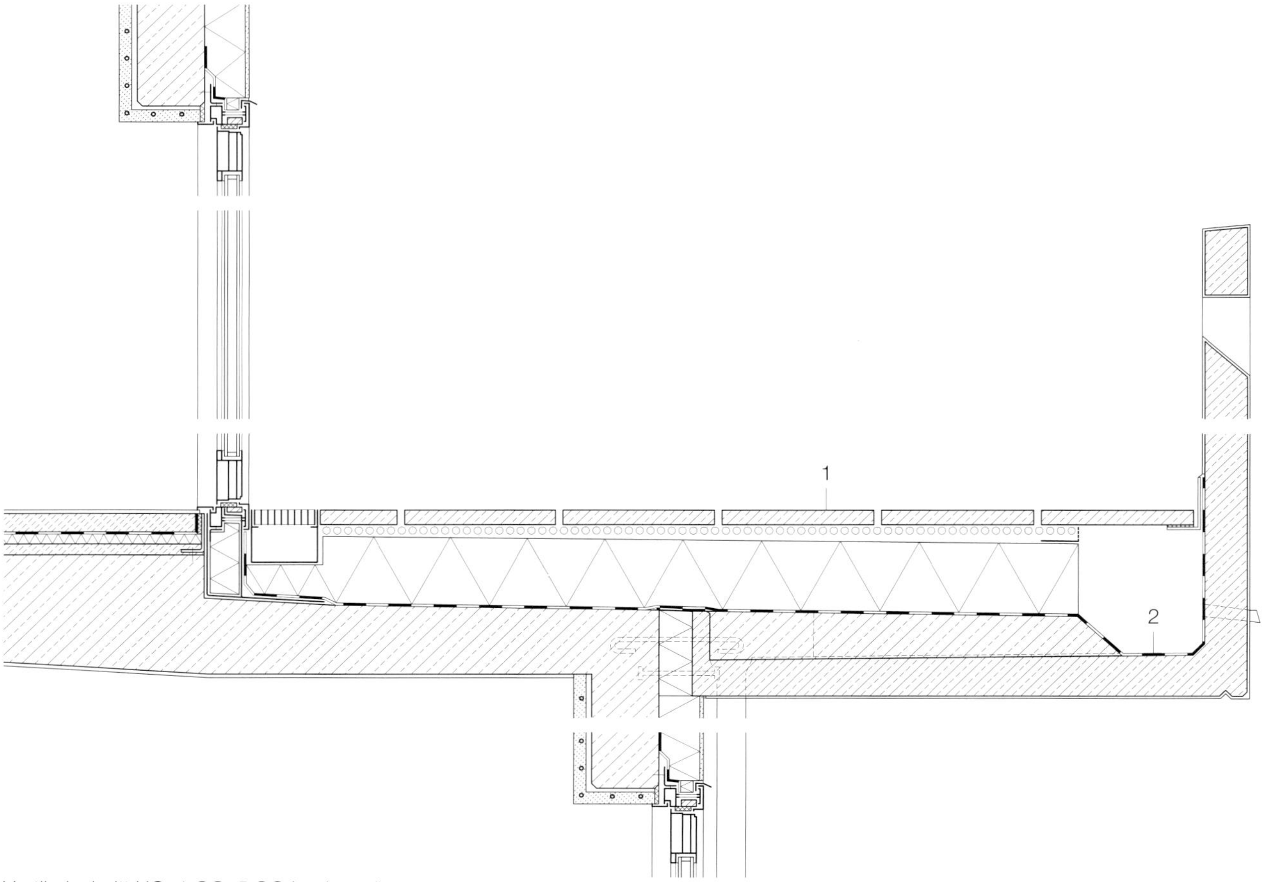

Vertikalschnitt UG, 1.OG, 5.OG Laubengänge
Maßstab 1:20

1 Aufbau Laubengang Dachgeschoss:
Betonplatten 40 mm,
Ausgleichsschicht Sand 30–50 mm
Dämmung Hartschaum 180 mm
Gummigranulatmatte 25 mm
Bitumenbahn 2-lagig 5 mm
Bitumenvoranstrich
Stahlbetondecke im Gefälle 110–135 mm
Stahlbetonfertigteil im Gefälle 100–115 mm
Putz 5 mm
2 Rinne im Gefälle mit 0–120 mm Tiefe
3 Außenwandaufbau:
Außenputz 5 mm
Wärmedämmung Steinwolle 100 mm
Stahlbeton 200 mm
Wandheizungspaneel 50 mm
4 Bodenaufbau:
Bodenbelag Linoleum
Estrich 60 mm
Trennlage PE-Folie
Trittschalldämmplatten 30 mm
Schüttung 30 mm
Stahlbetondecke 200 mm
Spachtelung 5 mm
5 Aufbau Laubengang Obergeschosse:
Betonplatten 40 mm,
Abstandshalter Beton 100–120 mm
Gummigranulatmatte 25 mm
Bitumenbahn 2-lagig 5 mm
Bitumenvoranstrich
Stahlbetondecke im Gefälle 110–135 mm
Stahlbetonfertigteil im Gefälle 100–115 mm
Putz 5 mm
6 Bodenaufbau UG:
Bodenbelag Linoleum
Estrich 60 mm
Trennlage PE-Folie
Trittschalldämmplatten 30 mm
Wärmedämmung Hartschaum 100 mm
Fundamentplatte 700 mm

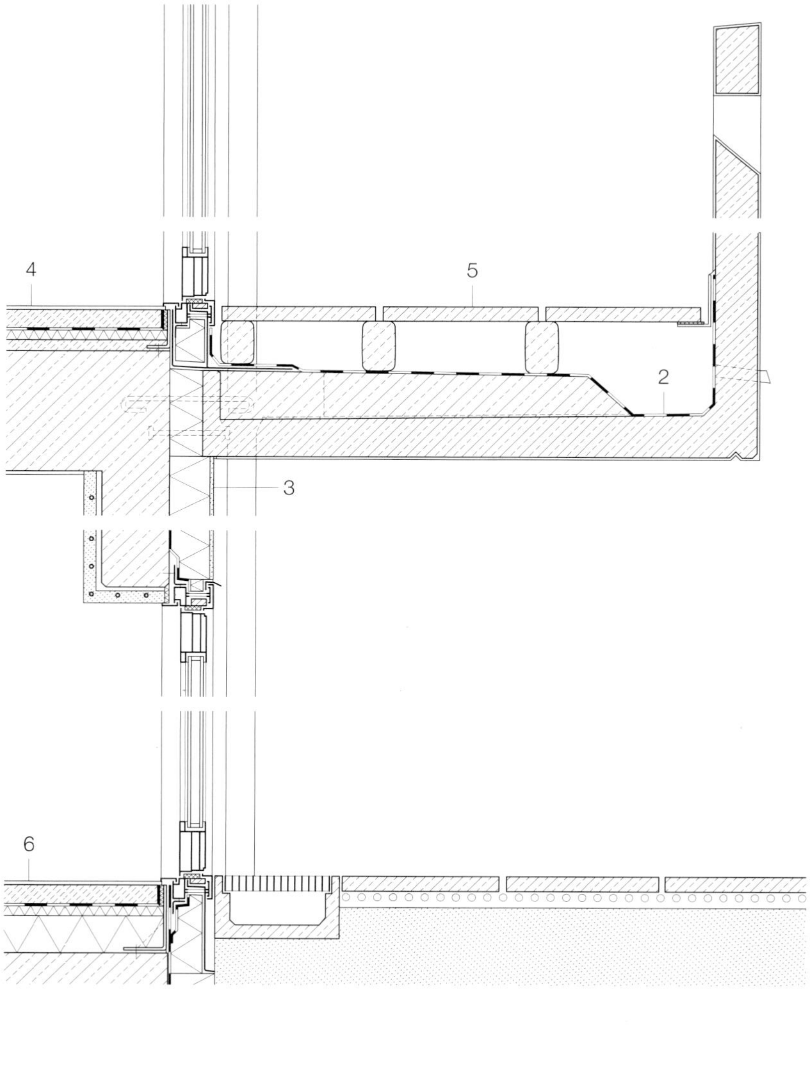

Generationenhaus in Stuttgart

Architekten: Kohlhoff & Kohlhoff, Stuttgart

Nachverdichtung in Wohngebiet
Quartiers- und Begegnungszentrum
Kindertagesstätte für 120 Kinder
Betreutes Wohnen für Senioren

Der fünfgeschossige Gebäuderiegel liegt im Stuttgarter Westen, einem der am dichtesten bebauten Quartiere der Stadt. Neben Beratungsstellen und einem Café sind dort eine Kindertagesstätte und auch Seniorenwohnungen untergebracht, mit dem Ziel, die Nutzergruppen nicht voneinander zu isolieren, sondern sie durch gemeinsame Bereiche zu verbinden. Es entstand ein neues Quartierszentrum, das diese vielfältigen Nutzungen vereint. Inmitten der urbanen Umgebung verbirgt sich hinter der offenen Blockrandbebauung ein öffentlich zugänglicher Grünraum.

Begegnungszentrum

Eine Stadtloggia markiert den Zugang zum Generationenhaus. Der gläserne Windfang führt in ein offenes Foyer. Von dort aus ergeben sich Blickbeziehungen in die oberen Geschosse und in den Garten. So lässt sich die Durchlässigkeit und Komplexität des Gebäudes leicht erfahren. Zudem sind alle Details und Übergänge behinderten- und kindgerecht ausgeführt.
Die öffentlichen Bereiche wie das Café, Beratungsstellen und Veranstaltungsräume liegen im Erdgeschoss.
Im ersten Obergeschoss, das über eine breite Rampe erschlossen wird, befindet sich eine Kindertagesstätte für 120 Kinder. Die neun zweigeschossigen Kinderhäuser bilden den vorgelagerten Südtrakt. Jedes Kinderhaus hat über einen durchgehenden vorgestellten Balkon Zugang zum Garten.

Seniorenwohnungen

Die übrigen Geschosse des Haupthauses beherbergen zehn Seniorenwohngemeinschaften. Vorgelagerte Laubengänge schützen die Wohnungen vor dem Verkehrslärm der nördlich gelegenen Hauptstraße. Jede Einheit verfügt über einen eigenen Eingang, einen Vorraum, ein Bad und einen Wohnraum. Jeweils zwei Bewohner nutzen gemeinsam eine zwischen die Einzelzimmer geschaltete Küche mit Essbereich sowie einen kleinen Wintergarten, der sich nach Süden orientiert.

Konstruktion

Die verschiedenen Nutzungen des Hauses zeichnen sich auch in der Materialwahl und der Fassadengestaltung ab. Der Wohnriegel ist in Massivbauweise erstellt und wird von Sichtbeton und Glas geprägt. Die Wände der Laubengänge und Treppenhäuser sind rot akzentuiert. Die Außenwände sind mit dem, in diesem Quartier üblichen Vormauerklinker verkleidet. Das rückwertige Gebäude ist in einer Holzständerkonstruktion ausgeführt und im Inneren ganz mit Holz ausgestattet. Eine vorgelagert Stahlkonstruktion dient als Rankgerüst und Befestigung für den Sonnenschutz.

Gebäudedaten

Nutzung:	Servicezentrum, Kindertagesstätte Betreutes Wohnen
Wohnungen:	10 Seniorenwohngemeinschaften mit jeweils 90 m² Wohnfläche
Erschließung:	Mittelflur, Laubengänge
Lichte Raumhöhe:	2,5 m
Konstruktion:	Stahlbeton, Holzständerkonstruktion
Bruttorauminhalt:	20 000 m³
Bruttogeschossfläche:	5200 m²
Nettonutzfläche:	4200 m²
Grundstücksfläche:	3900 m²
Baukosten:	8,5 Mio. EUR
Finanzierung:	Stiftung
Planungs- und Bauzeit:	1998–2001

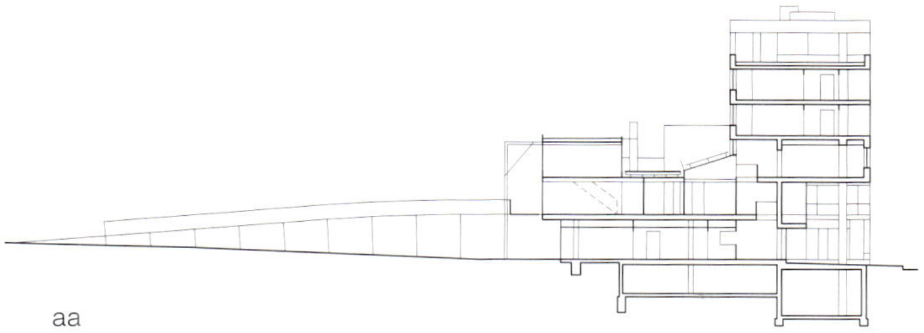

aa

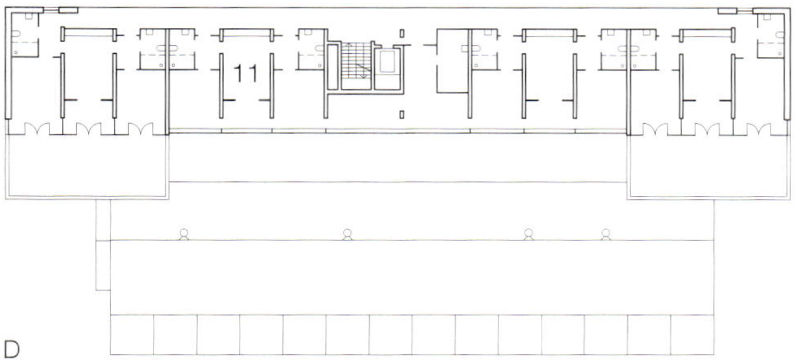

D

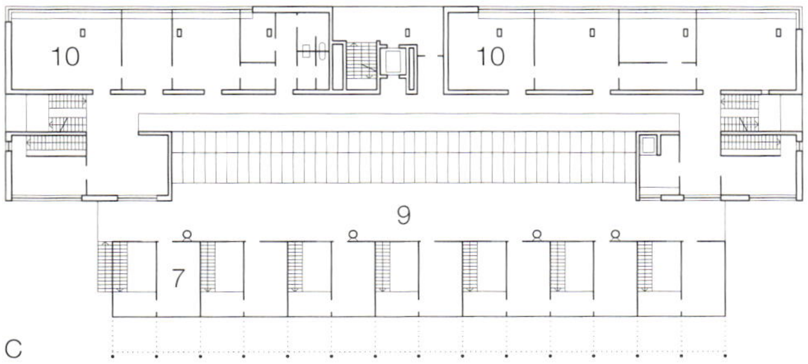

C

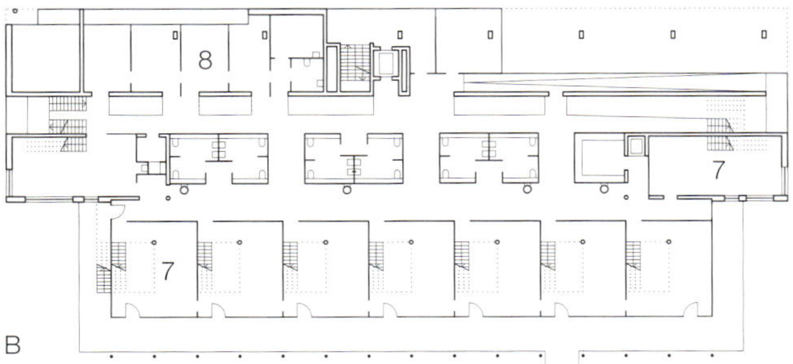

B

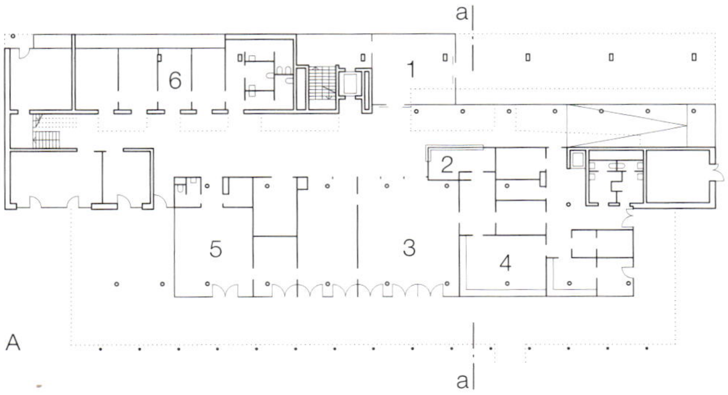

A

Lageplan
Maßstab 1:2500
Schnitt • Grundrisse
Maßstab 1:750

A Erdgeschoss
B 1. Obergeschoss
C 2. Obergeschoss
D 3. Obergeschoss

1 Foyer
2 Infobar
3 Caféteria
4 Küche
5 Gymnastikraum
6 Servicebüro
7 Kindergruppe
8 Schlafraum
9 Dachterrasse
10 Gruppenraum
11 Seniorenwohngemeinschaft

Grundriss Seniorenwohngemeinschaft
Maßstab 1:200

1 Laubengang
2 Eingang
3 Bad
4 Wohnen
5 Küche
6 Wintergarten

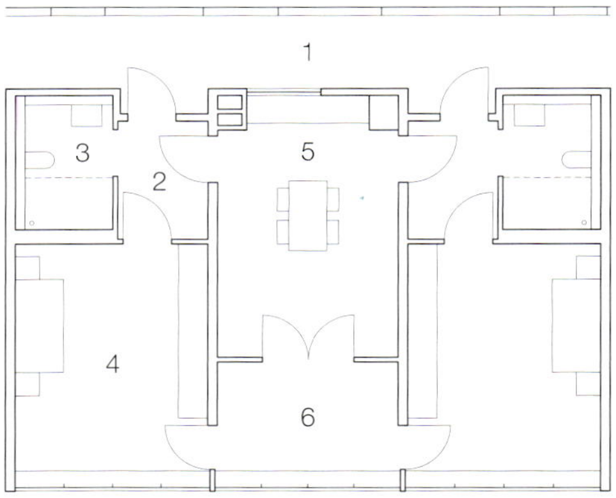

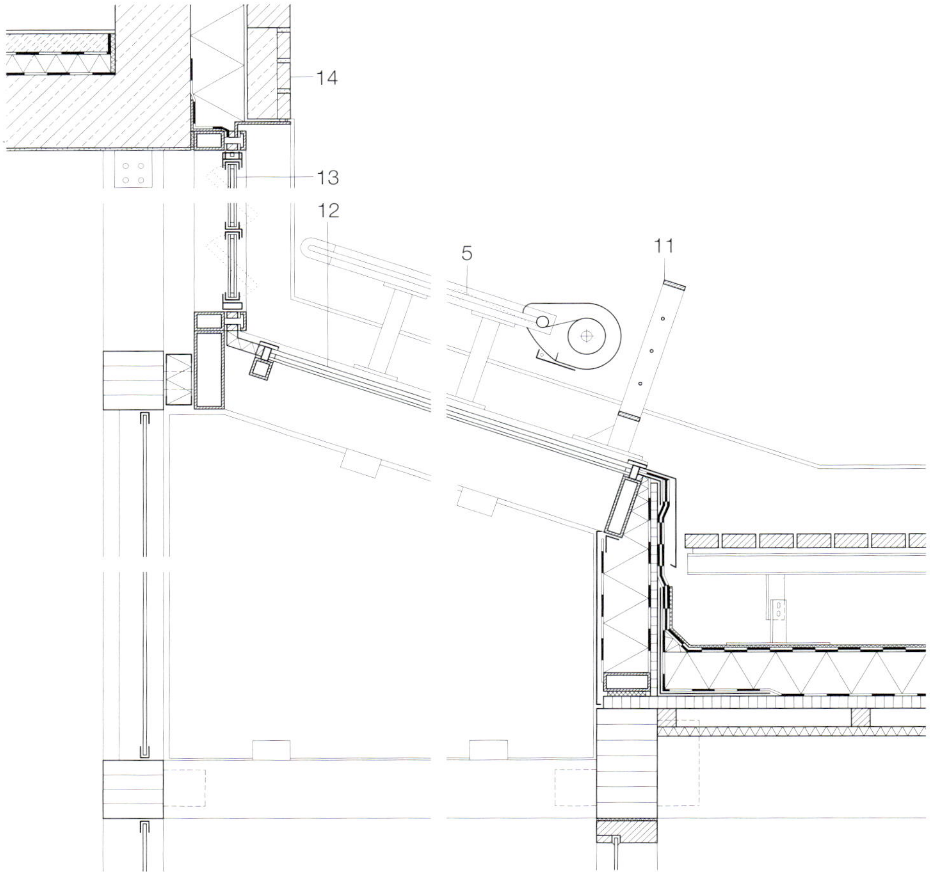

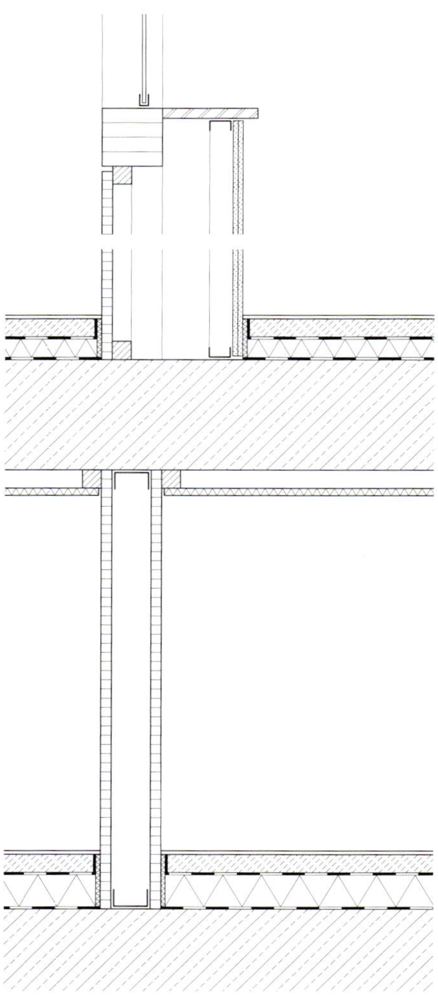

Vertikalschnitt
Maßstab 1:20

1 Dachaufbau:
Bohlen Douglasie 89/38 mm
Kantholz auf Metallunterkonstruktion
Gummigranulatmatte 10 mm
Bitumenbahn zweilagig
Wärmedämmung mit Gefälle
Dampfsperre Bitumenschweißbahn
Trennlage Bitumendachbahn
Spanplatte 36 mm, Lattung 50 mm
Holzwolle-Akustikplatte 25 mm
Brettschichtholzbalken 200/240 mm
2 Regenfallrohr Stahl verzinkt Ø 114 mm
3 Stahlprofil IPE 100 mm
4 Stahlprofil HEA 120 mm
5 Führungsschiene Sonnenschutz
6 Wandaufbau Rückgebäude:
Schalung Rotzeder 24 mm
Lattung 35 mm, Konterlattung 35 mm
Unterspannbahn diffusionsoffen
Holzständerwand 140 mm,
dazwischen Wärmedämmung
Dampfbremse, Furniersperrholz 20 mm
7 Holzfensterrahmen mit Isolierverglasung
8 Gitterrost
9 Bohlen Douglasie 89/38 mm
10 Bodenaufbau:
Linoleum 10 mm, Trockenestrich 30 mm
Trennlage PE-Folie
Trittschalldämmung 50 mm
Dampfbremse PE-Folie
Stahlbeton 300 mm
11 Kletterschutz Stahlprofil ⏥ 60/10 mm
12 Isolierverglasung
13 Lüftungslamellen
14 Wandaufbau:
Vormauerklinker 115 mm
Hinterlüftung 10 mm, Dämmung 140 mm
Stahlbeton 200 mm

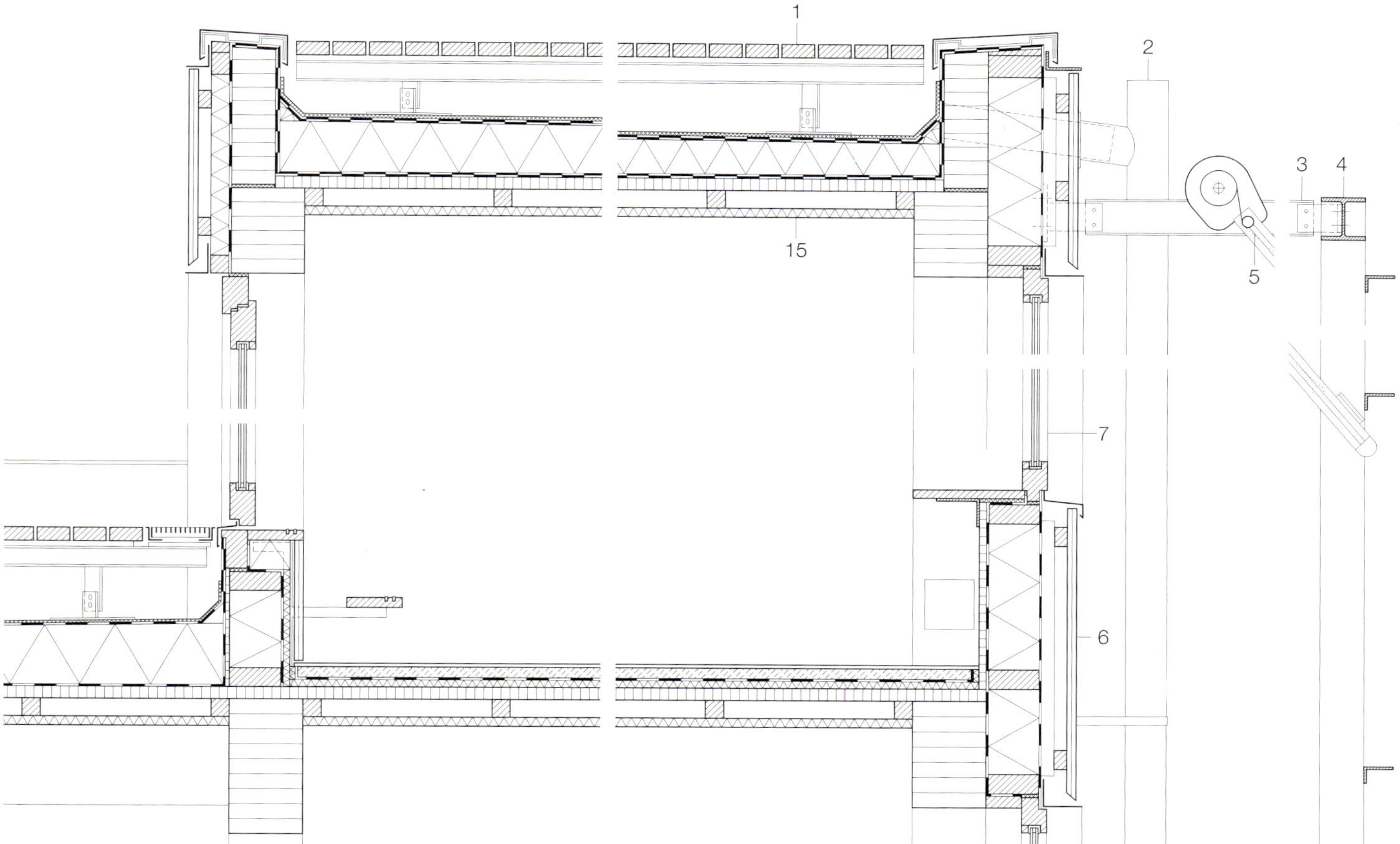
1
2
3
4
5
15
7
6

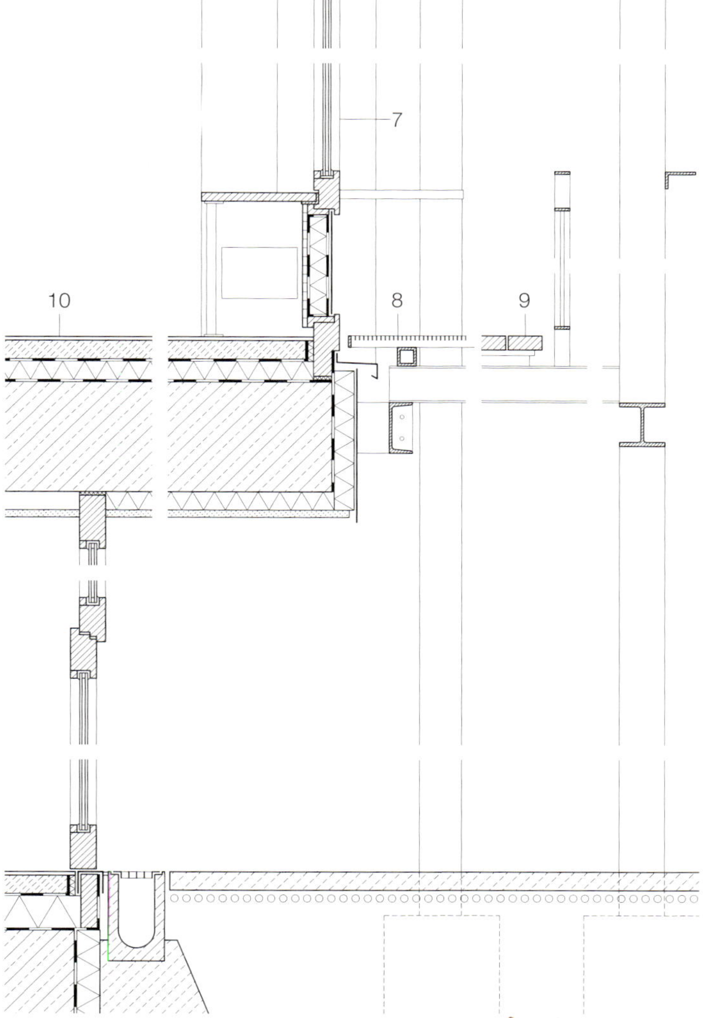
7
10
8
9

Generationenwohnbau in Wien

Architekten: Franziska Ullmann und Peter Ebner, Wien

Quartierszentrum mit öffentlichen Nutzungen
30 betreute Wohnungen
12 Minilofts für temporäres Wohnen

»Wir nehmen unsere Eltern mit«, so lautet das Motto des Generationenwohnbaus im Süden Wiens. Mit einem dichten Gewebe aus Geschäften, Praxen und unterschiedlichen Wohnungstypen für alle Generationen übernimmt das Gebäude die Funktion des Quartierszentrums.

Städtebauliches Umfeld

Mit ihrem Rahmenplan, der eine fünf- bis siebengeschossige Blockrandbebauung vorsieht, vermitteln die Architekten zwischen großen Terrassenhochhäusern aus den 70er Jahren auf der gegenüberliegenden Straßenseite und einem öffentlichen Park, der im Süden anschließt. Ein zweiteiliger straßenbegleitender Bürobau schirmt das Wohngebiet von der vielbefahrenen Straße ab. Der fünfgeschossige Generationenwohnbau ist von der Straße zurückversetzt, sodass ein öffentlicher Vorplatz entsteht, der den Eingang zum Quartier markiert. Angrenzend sind verschiedene Geschäfte angeordnet, um die fußläufige Grundversorgung der Bewohner zu ermöglichen. Ein Café ergänzt den Treffpunkt und bespielt im Sommer den Platz.
Der Block umschließt einen halbprivaten Innenhof. Offene Treppenhäuser in den Gebäudeecken bilden Zäsuren, schaffen Durchblicke und tragen zur Durchlüftung bei. Durchgesteckte Geschosswohnungen, Maisonetten, betreute Wohnungen für Ältere und Minilofts für temporäres Wohnen sind auf der Innenhofseite durch Laubengänge erschlossen und konsequent zu den belebten Freiräumen hin orientiert.

Minilofts mit speziellem Ausbau

Das 1. Obergeschoss beherbergt im westlichen Flügel Arztpraxen. Der höhere Installationsgrad erfordert hier eine Geschosshöhe von über drei Meter. Diese zusätzliche Raumhöhe kommt auch den kleinen Appartements auf der gegenüberliegenden Seite zugute, die zum temporären Wohnen für pflegende Angehörige der Bewohner oder Studenten zur Verfügung stehen. Die knappe Grundfläche wird durch ein speziell entworfenes Einbaumöbel optimal ausgenutzt. Die Küchenzeile steht auf einem 72 cm hohen Holzpodest, dessen seitliche Absturzsicherung zugleich als Regal dient, und unter dem tagsüber das Bett mitsamt der Bettdecke verschwindet. Vom Podest aus hat der Bewohner durch die großflächige Verglasung gute Sicht ins Grüne, sowie durch ein Oberlichtfenster im Bad auf den Laubengang.

Betreute Wohnungen

In den Obergeschossen sind die Wohnungstypen paarweise angeordnet. Die Laubengänge zonieren holzverkleidete Erker, in denen die Küchen untergebracht sind. Durch kleine Eckfenster hat man einen guten Überblick über den Erschließungssteg. In den privaten Nischen dazwischen befinden sich die Wohnungstüren, zusätzlich bildet ein 45 cm breiter Gitterroststreifen einen psychologischen Abstandshalter vor den Fenstern. Die Grundrisse der Wohnungen selbst sind offen gestaltet, um selbst bettlägrige Bewohner möglichst direkt am Leben in der Wohnung zu beteiligen. Außerdem können die Bewohner bei Bedarf die Betreuungsleistungen des Roten Kreuzes in Anspruch nehmen, das im Haus untergebracht ist.

Gebäudedaten

Nutzung:	Läden, Café, Büros, Praxen, Wohnen
Wohnungen:	30x betreute Wohnung (51,46 m²)
	12x Miniloft (31,39 m²)
	6x Maisonette (98,65 m²)
	26x 2-Zimmer-Wohnung (54,72 m²)
	13x 3-Zimmer-Wohnung (78,81 m²)
Erschließung:	Laubengang
Lichte Raumhöhe:	3,65 m (EG)
	3,15 m (1. OG)
	2,76 m (2.–5. OG)
Konstruktion:	Stahlbeton
Bruttorauminhalt:	34312 m³
Bruttogeschossfläche:	2040 m²
Wohnnutzfläche:	4905 m²
Grundstücksfläche:	6000 m²
Baukosten:	800 EUR/m² Nutzfläche (ohne Untergeschosse)
Bauzeit:	1998–2001

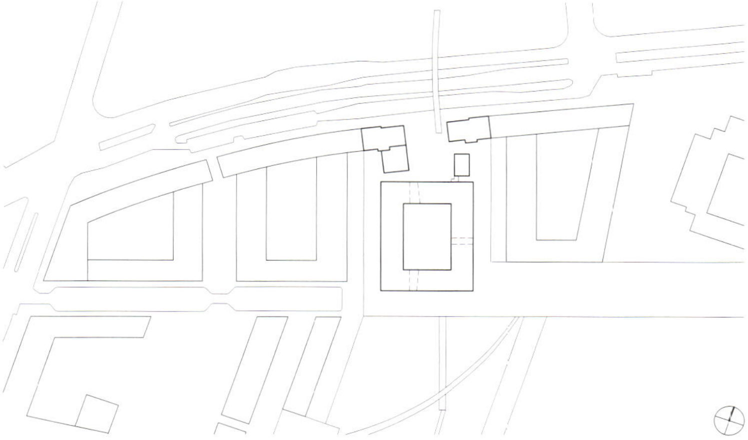

Lageplan
Maßstab 1:4000

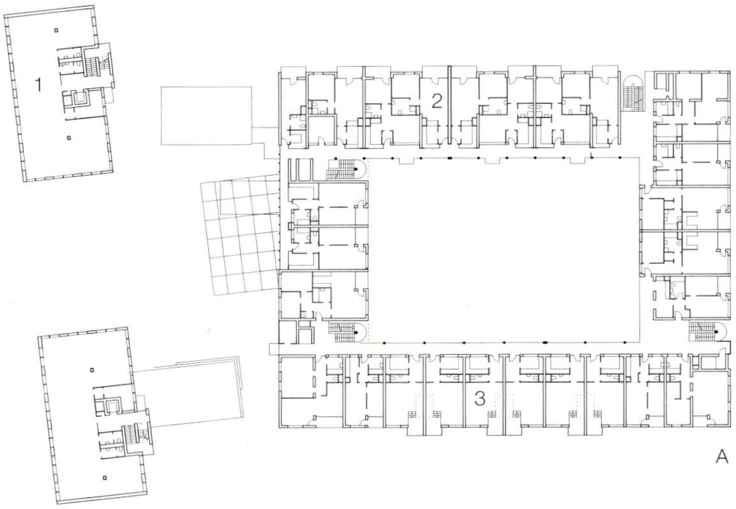

A

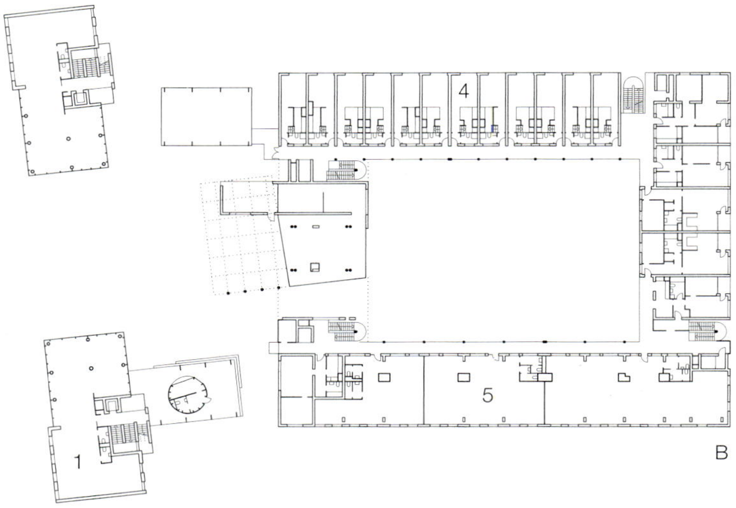

B

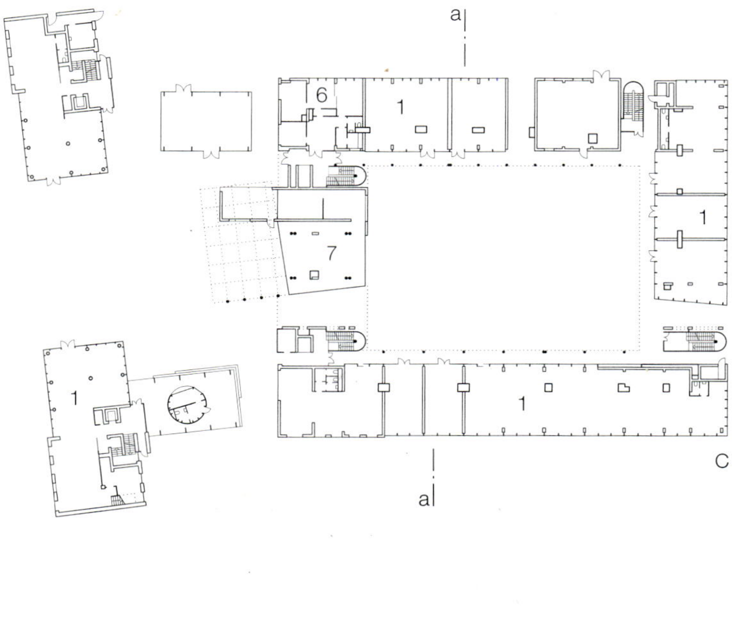

C

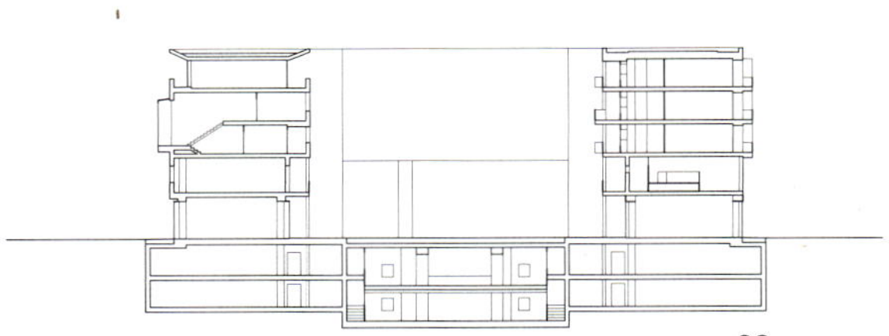

aa

Grundrisse • Schnitt
Maßstab 1:1000
Wohnungsgrundrisse
Maßstab 1:200
A 2. Obergeschoss
B 1.Obergeschoss
C Erdgeschoss

1 Büro (OG)/Geschäft (EG)
2 Betreute Seniorenwohnung
3 Familien-Maisonette
4 Temporäres Wohnen
5 Arztpraxis
6 Rotkreuzstation
7 Café

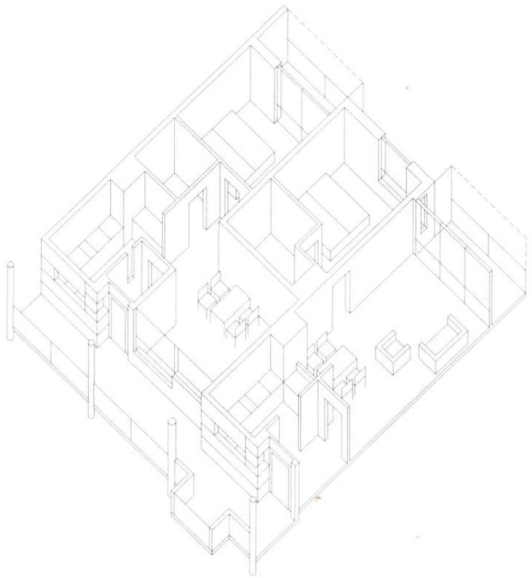

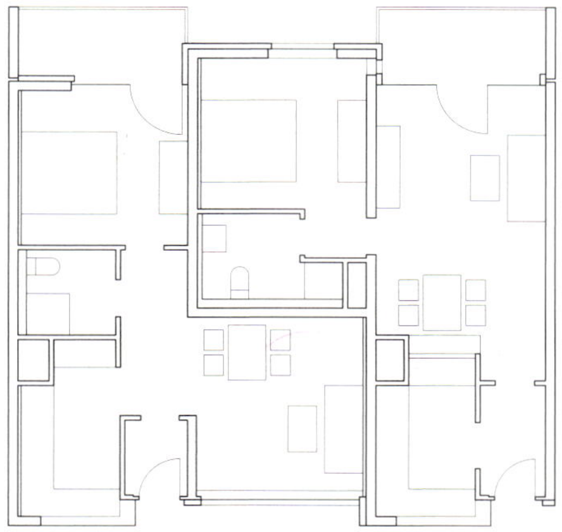

2

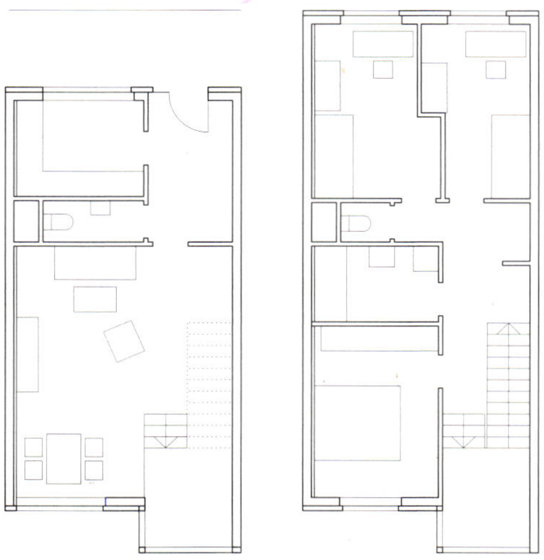

3

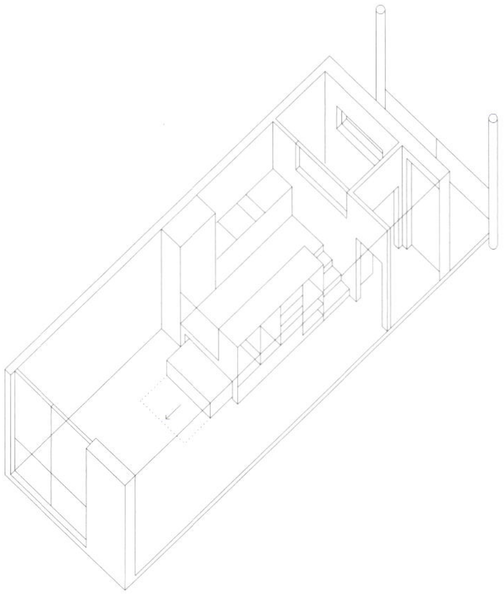

Isometrie Miniloft
Grundrissvarianten Einbaumöbel
Maßstab 1:200

Schnitt • Küchenerker/Laubengang
Maßstab 1:20

4

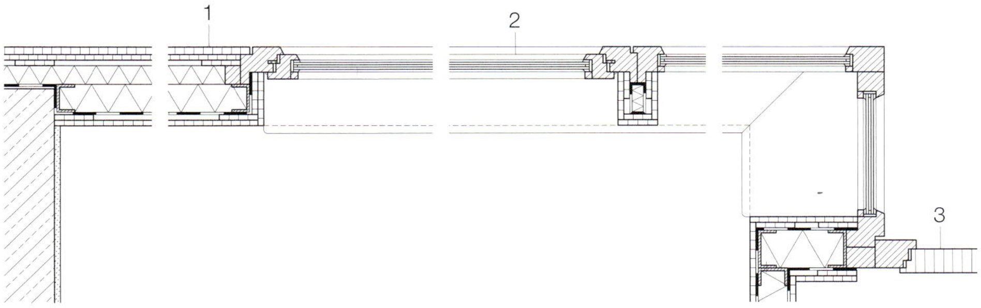

1 Wandaufbau:
Sperrholz Birke wasserfest verleimt 20 mm
Calciumsilikatplatte 15 mm
Calciumsilikatstreifen 15 mm
Holzlattung 50/40 mm, dazwischen
Wärmedämmung Mineralfaser 50 mm
Stahlprofil [40/75 mm, dazwischen
Wärmedämmung Mineralfaser 75 mm
Dampfsperre
Calciumsilikatstreifen 15 mm
Calciumsilikatplatte 15 mm
2 Isolierglas in Holzrahmen
3 Wohnungseingangstür
4 Kunststoffdichtbahn zweilagig
5 Wetterschenkel Edelstahl
6 Bodenaufbau Küche:
Parkett 18 mm
Estrich 55 mm, Dampfsperre
Trittschalldämmung 30 mm
Ausgleichsschicht 25 mm
Stahlbeton 200 mm
7 Faserzementplatte 15 mm
8 Laubengang
Betonfertigteil 190 mm

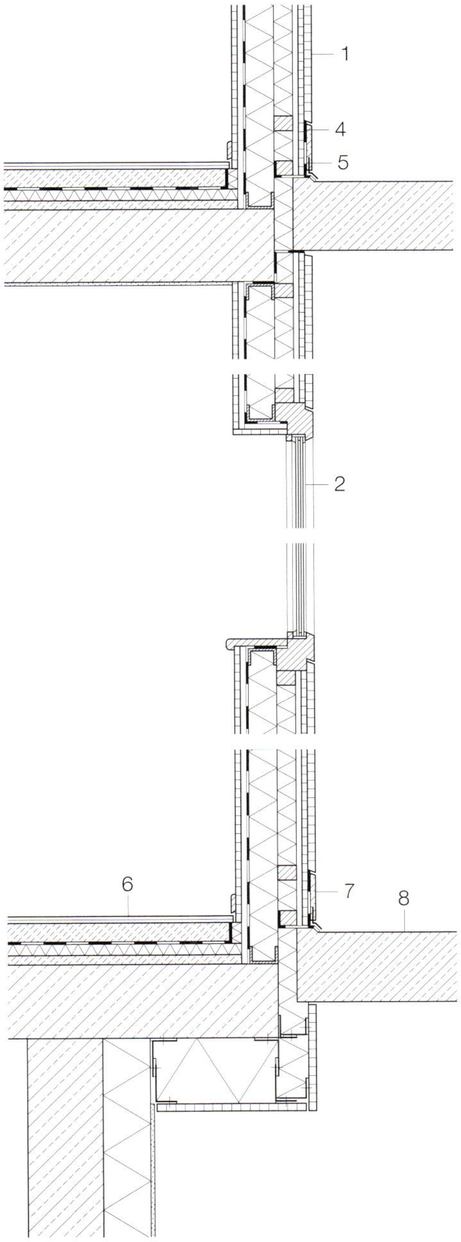

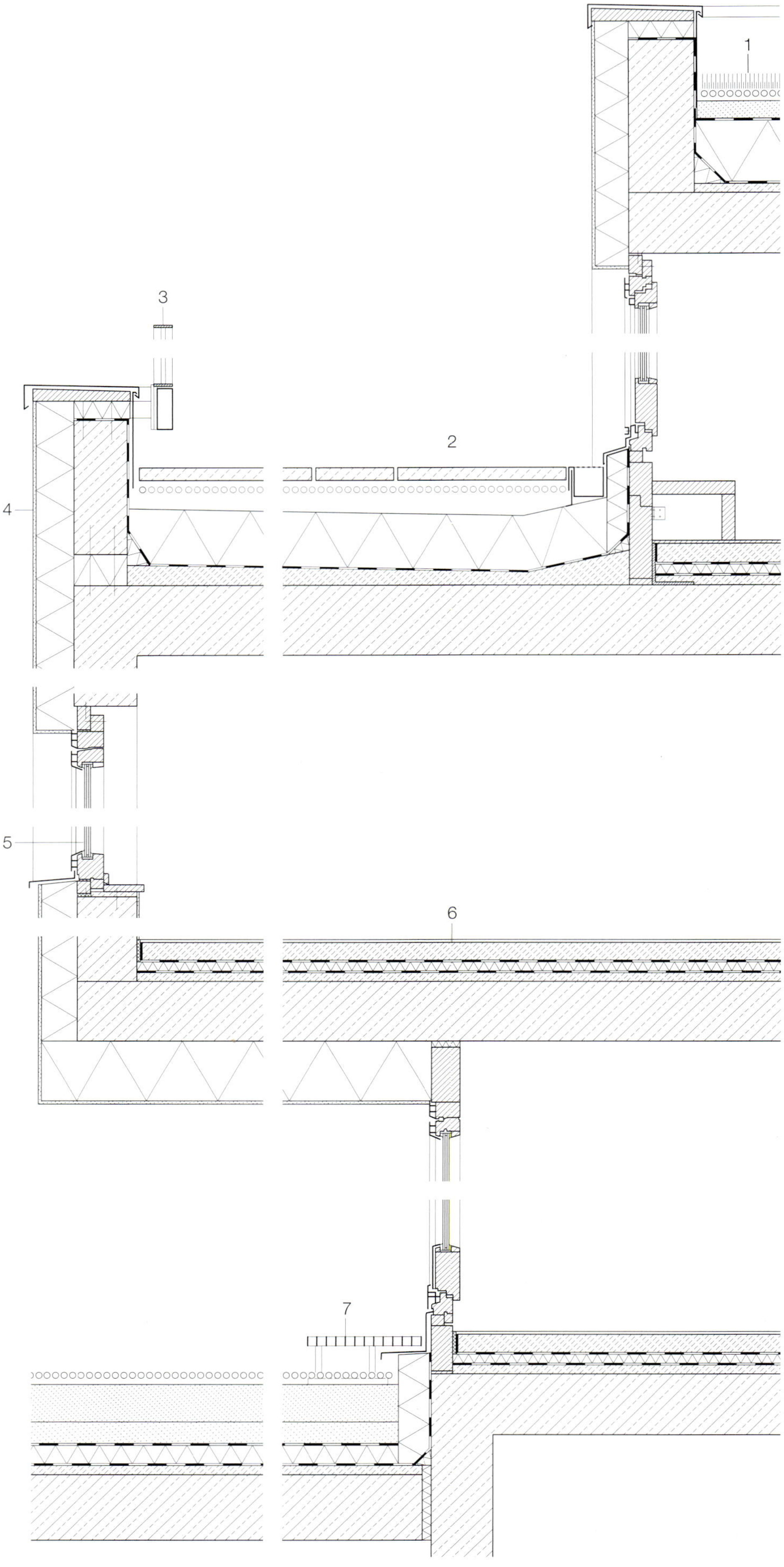

Vertikalschnitt
Maßstab 1:20

1 Dachaufbau:
Vegetationsschicht 100 mm
Filtervlies, Drainageschicht 10 mm
Trennlage, Wurzelschutz
Abdichtung Bitumenbahn
3-lagig 20 mm
Wärmedämmung 200 mm
Dampfsperre 10 mm
Dampfdruckausgleichsschicht 10 mm
Gefällebeton min. 30 mm
Stahlbetondecke 200 mm
2 Dachterrassenaufbau:
Waschbetonplatten 40 mm
Kiesbett 30 mm, Vlies
Wärmedämmung 180 mm
Abdichtung Bitumenbahn 3-lagig 20 mm
Gefällebeton min. 30 mm
Stahlbetondecke 200 mm
3 Brüstung Flachstahl ▭ 4 mm
4 Wärmedämmverbundsystem:
Silikatputz mit transparenter glitzernder
Beschichtung 12 mm
Wärmedämmung Mineralfaser 120 mm
Stahlbeton 200 mm
5 Isolierverglasung
6 Bodenaufbau:
Spannteppich 2,5 mm
Zementestrich 60 mm
Trennlage
Trittschalldämmung 30 mm
Dampfbremse
Schüttung 37 mm
Stahlbetondecke 200 mm
7 Trittstufe Gitterrost

Umbau eines Kaufhauses in Eschweiler

Architekten: BeL, Köln

Barrierefreies Wohnen im ehemaligen Kaufhaus
Funktionsraum, Gewerbe, Gastronomie
gemeinsame Dachterrasse
Senioren-Wohngemeinschaft
Jede Wohnung besitzt einen eigenen Innenhof

Das Warenhaus wird 1899 als Consum-Anstalt in Eschweiler gegründet. Nach den Zerstörungen des Zweiten Weltkriegs baut der Architekt Hellmuth Müller das Gebäude an gleicher Stelle neu auf. In Anlehnung an die Formensprache der Kaufhäuser von Erich Mendelsohn entwirft er ein viergeschossiges Gebäude in Stahlbetonskelettbauweise mit offenen Verkaufsgeschossen. Auffälligstes Merkmal ist die in den Obergeschossen gerundete Gebäudeecke.

Nutzungskonzept

Im Rahmen des Umbaus werden in den vier Geschossen jeweils andere Funktionen untergebracht. Während das Erdgeschoss weiterhin dem Einzelhandel vorbehalten bleibt, ist im ersten Obergeschoss ursprünglich ein öffentlicher Aufenthaltsraum mit gastronomischer Ausstattung – das »städtische Wohnzimmer« – vorgesehen. Er soll den Bewohnern und der Öffentlichkeit zur Kommunikation dienen, heute wird allerdings ein Teil dieser Fläche als Büro genutzt.
Im zweiten und dritten Obergeschoss profitieren bis zu acht Wohnungen von der zentralen Lage, einer 35 m langen Südfassade und den 3,6 m hohen Räumen. Die Bewohner sind ältere Menschen, die ihren Lebensschwerpunkt in die städtische Umgebung verlegen und die Vorteile eines barrierefreien Wohnens genießen wollen. Hierzu bietet das Gebäude neben einem Aufzug breite Erschließungsflure, die nach den Bewegungsradien eines Rollstuhls geformt sind. Innerhalb der Wohnungen sind alle Räume stufen- und schwellenlos zu erreichen, zudem sind die Türen 1,0 m breit und die Bäder großzügig mit bodenebenen Duschen gestaltet, um ein selbständiges Wohnen zu erleichtern.

Individuelles Wohnen und Gemeinschaft

Eingestellte Sanitärkerne und schieb- oder drehbare Wandelemente zonieren die fließenden Grundrisse, um die Offenheit der historischen Tragstruktur zu erhalten. Gleichzeitig ermöglichen sie eine große Flexibilität der möglichen Nutzungen.
Im zweiten Obergeschoss befinden sich eine rollstuhlgerechte Wohnung und eine 210 m² große Wohngemeinschaft für sechs Senioren. Fünf private Zimmer, vier Einzel- und ein Doppelzimmer, mit jeweils eigenem Bad sind um einen 80 m² großen gemeinsamen Wohnbereich mit drei Innenhöfen gruppiert.
Auch die anderen Wohnungen erhalten ihren eigenen Innenhof. Die Freisitze sind in das Betonskelett eingeschnitten und bis auf die Flurwand mit der Brandschutzeingangstür allseitig raumhoch verglast; drei weitere Fenstertüren verbinden den Wohnraum mit dem Hof. Diese Zwischenräume gewährleisten nicht nur mehrseitige Belichtung und Belüftung, sondern schaffen eine differenzierte Privatsphäre für die Bewohner. Es entsteht ein vor Blicken geschützte Zone, die als halböffentlicher Vorgarten oder introvertierter Patio benutzt werden kann.
Zusätzlich erschließen Treppe und Aufzug eine fast 100 m² große gemeinschaftliche Terrasse auf dem Dach, die einen schönen Ausblick auf die Innenstadt Eschweilers bietet.

Lageplan Maßstab 1:4000
Schnitt • Grundrisse Maßstab 1:500

A 3. Obergeschoss
B 2. Obergeschoss
C 1. Obergeschoss

1 Funktionsraum, Gastronomie und Gewerbe
2 Wohngemeinschaft für 6 Senioren
3 rollstuhlgerechte Wohnung
4 behindertengerechte Wohnung
5 privater Hof
6 gemeinschaftliche Dachterrasse
7 Fläche für Einzelhandel

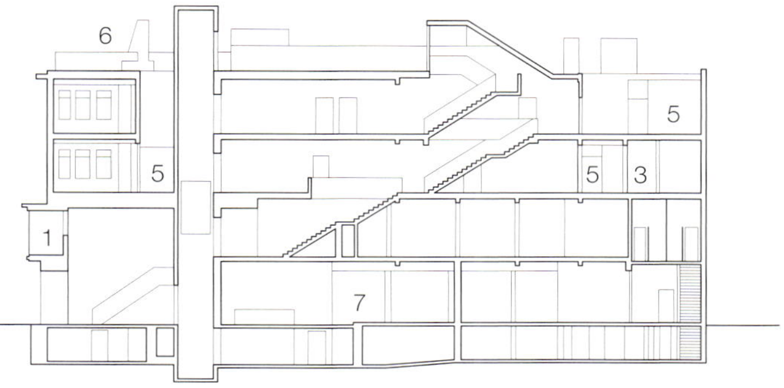

aa

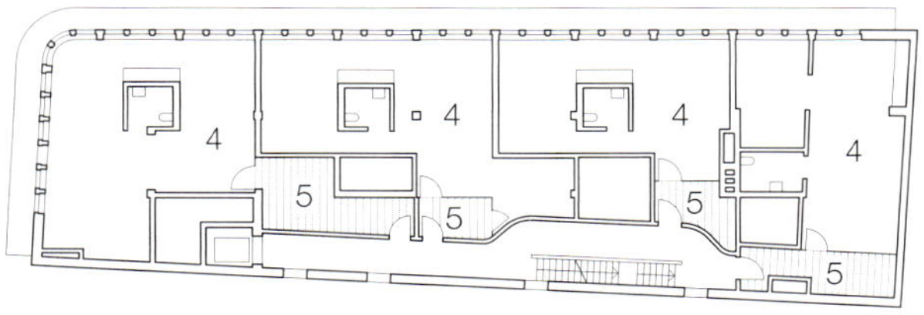

A

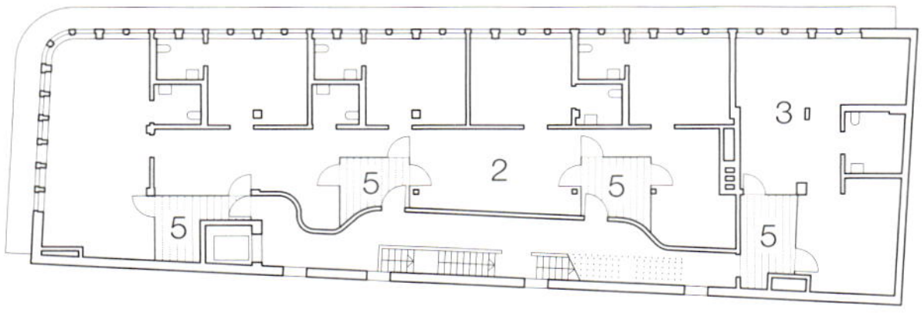

B

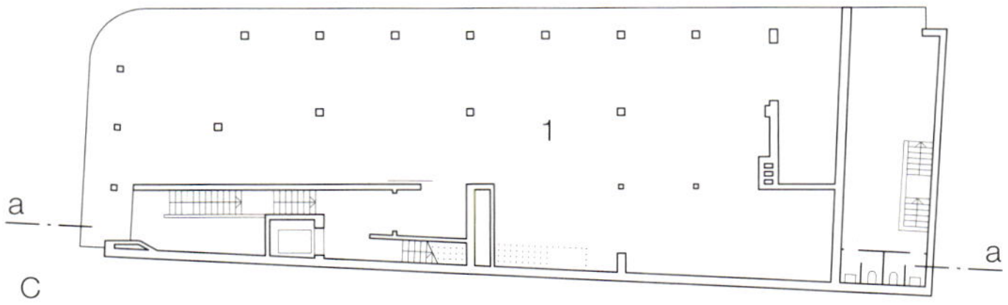

C

Gebäudedaten

Nutzung:	Einzelhandel, barrierefreie Wohnungen
Wohneinheiten:	2. OG: Wohngemeinschaft für 6 Senioren 210 m² + 3x 8 m² Hof , barrierefrei 67 m² + 8 m² Hof, rollstuhlgerecht 3. OG: 4x Wohnung 56–78 m² + Höfe 5–15 m², barrierefrei
Erschließung:	Vierspänner
Lichte Raumhöhe:	3,6 m
Konstruktion:	Stahlbetonskelettbauweise
Bruttorauminhalt:	7338 m³
Bruttogeschossfläche:	2314 m²
Nutzfläche:	1465 m² (1330 m² Nutzfläche innen + 135 m² Nutzfläche außen): Einzelhandel 320 m² + 155 m² Lager- und Sozialräume Funktionsraum 330 m² Wohnen 525 m² + 70 m² Höfe Dachterrasse 65 m²
Grundstücksfläche:	442 m²
Baukosten:	1,2 Mio. EUR incl. Steuern
Bauzeit:	07/2005–05/2006

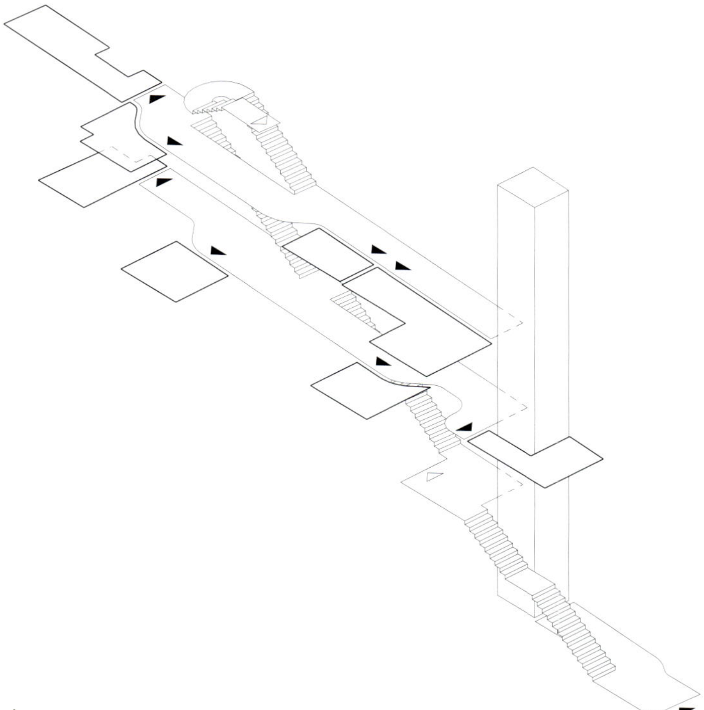

A

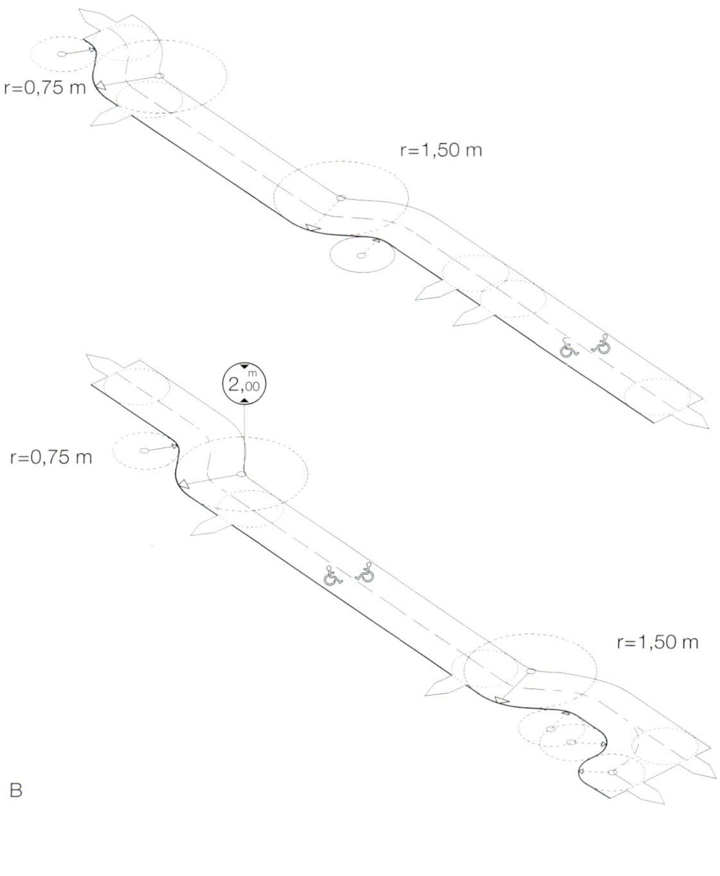

B

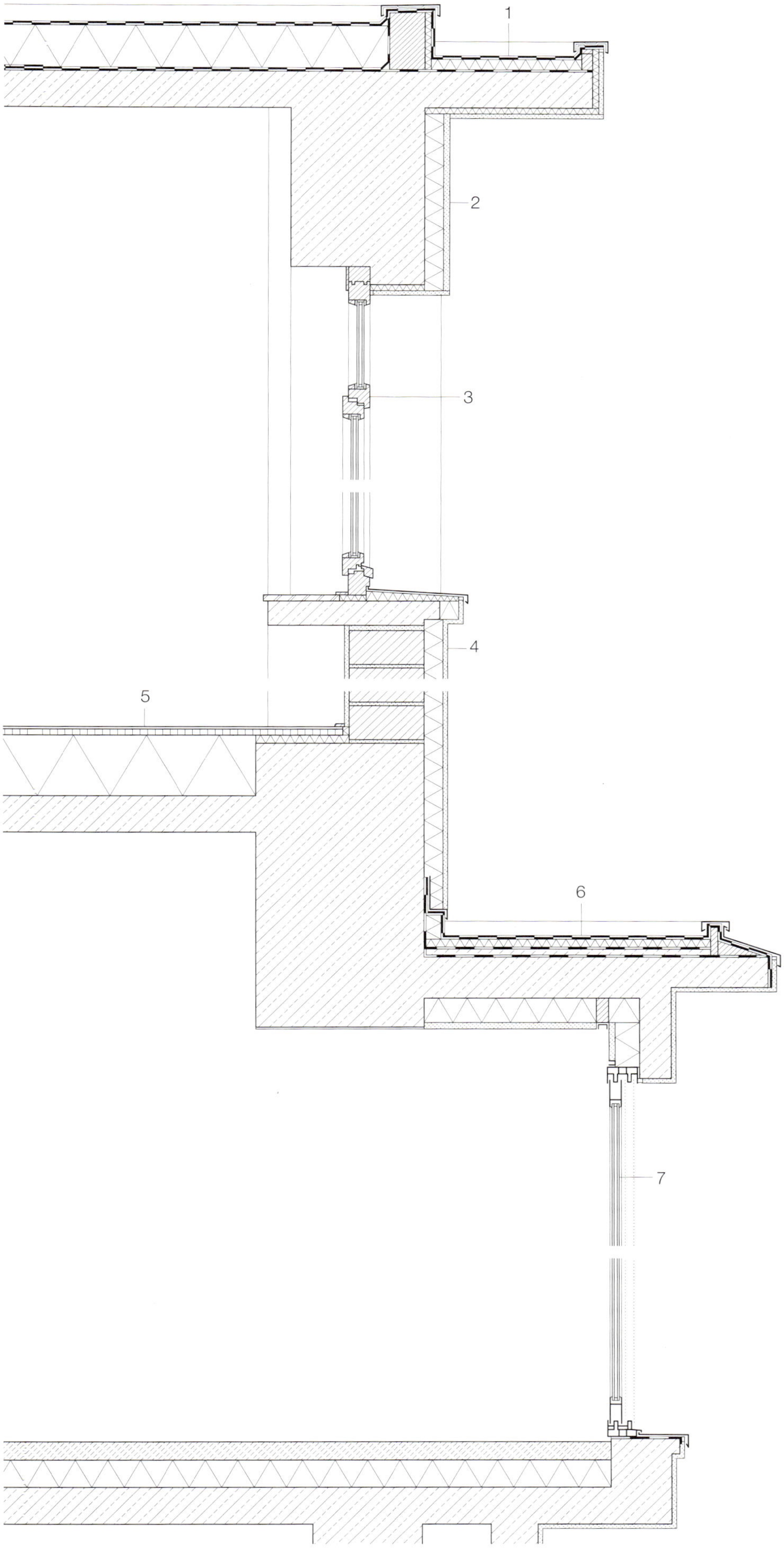

Axonometrien

A Die Erschließung erfolgt über eine einläufige Treppe entlang der Brandwand und einen Aufzug

B Die Erschließungsflure sind nach den Bewegungsradien eines Rollstuhls bemessen; Wendekreise in den Wohnungen und auf dem Flur formen den horizontalen Erschließungsraum

Vertikalschnitt
Maßstab 1:20

1 Auskragung:
Dachabdichtung
Dämmung Hartschaum 40 mm
Dachabdichtung Bestand
Stahlbetondecke Bestand 120 mm
Dämmung EPS 20 mm
Außenputz 15 mm
2 Aufbau Sturz:
Außenputz 20 mm
Wärmedämmung EPS 60 mm
Außenwand Stahlbeton 430 mm
3 Holzfenster mit Sonnenschutz-Isolierverglasung
4 Aufbau Brüstung:
Außenputz15 mm
Wärmedämmung EPS 60 mm
Ziegel 240 mm
Innenputz 15 mm
Heizkörpernische
5 Bodenaufbau:
Bodenbelag Parkett 8 mm
Spanplatte 19 mm
Dämmung Mineralfaser 203 mm
Stahlbetondecke Bestand 120 mm
6 Dachaufbau:
Dachabdichtung
Dämmung Hartschaum 30 mm
Dampfsperre
Gefälleestrich 30 mm
Dachabdichtung Bestand
Stahlbeton 130 mm
Dämmung 80 mm
Putz 20 mm
7 Schiebefenster Aluminium mit Sonnenschutz-Isolierverglasung

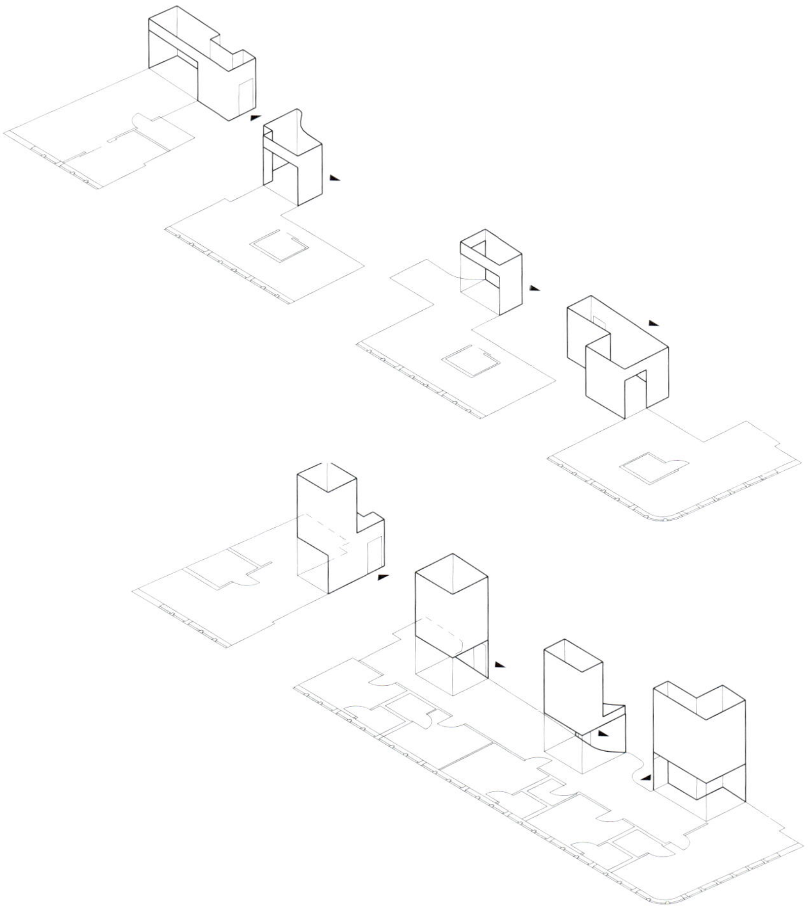

Axonometrie

Jede Wohnung besitzt einen geschützten, privaten Innenhof. Die Erschließung der Wohnungen erfolgt vom Hausflur durch den eigenen Innenhof in die Wohnung. Die Wohngemeinschaft für sechs Senioren im zweiten Obergeschoss besitzt drei Höfe und somit Zugänge. Die Höfe sind schwellenlos zu erreichen.

Detailschnitte Maßstab 1:5

1 Bodenaufbau Flur:
Estrich, Terrazzo gewaschen 60 mm
Dämmung Mineralfaser 170 mm
Stahlbetondecke Bestand 120 mm
2 Dampfsperre 10mm
3 Kantholz 100/120 mm
4 Abdeckblech
5 Brandschutzeingangstür Stahl
mit absenkbarer Dichtung
6 Bodenaufbau Innenhof:
Bodenbelag Holz (Bankirai) 28 mm
Lagerholz 60/62 mm
Betonplatten 400/400/4 mm
Betonausgleichsschicht
Bautenschutzmatte
Dachabdichtung
Gefälledämmung 80 mm
Dampfsperre
Stahlbetondecke Bestand 120 mm
7 Bodenaufbau Wohnung:
Bodenbelag Parkett 8 mm
Spanplatte 19 mm
Dämmung Styropor 203 mm
Stahlbetondecke Bestand 120 mm
8 Wohnungstür Holz,Glas
9 Schwelle Aluminium

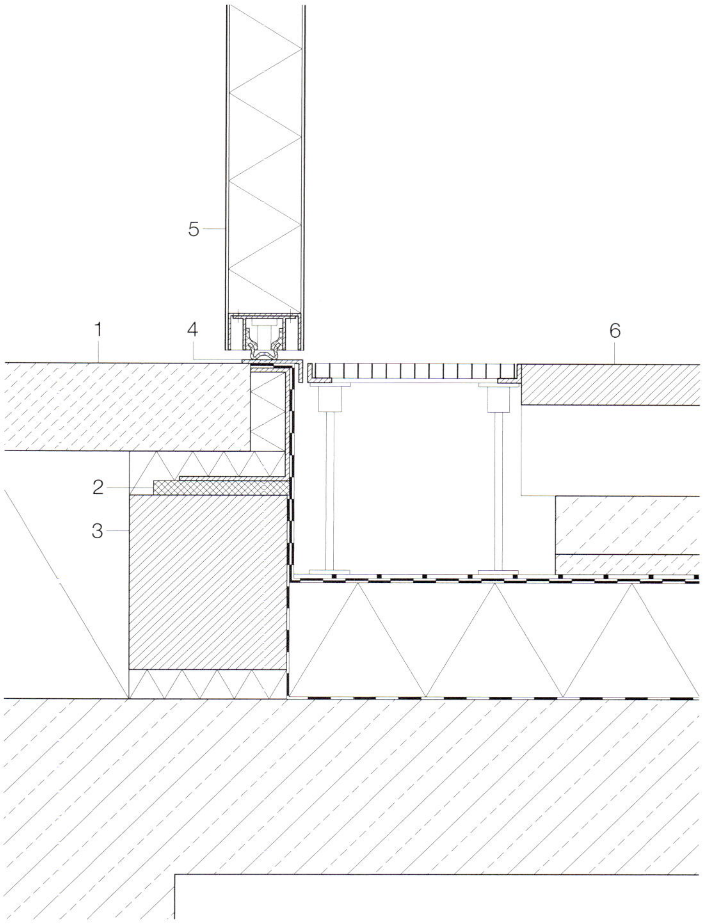
5
1
4
6
2
3

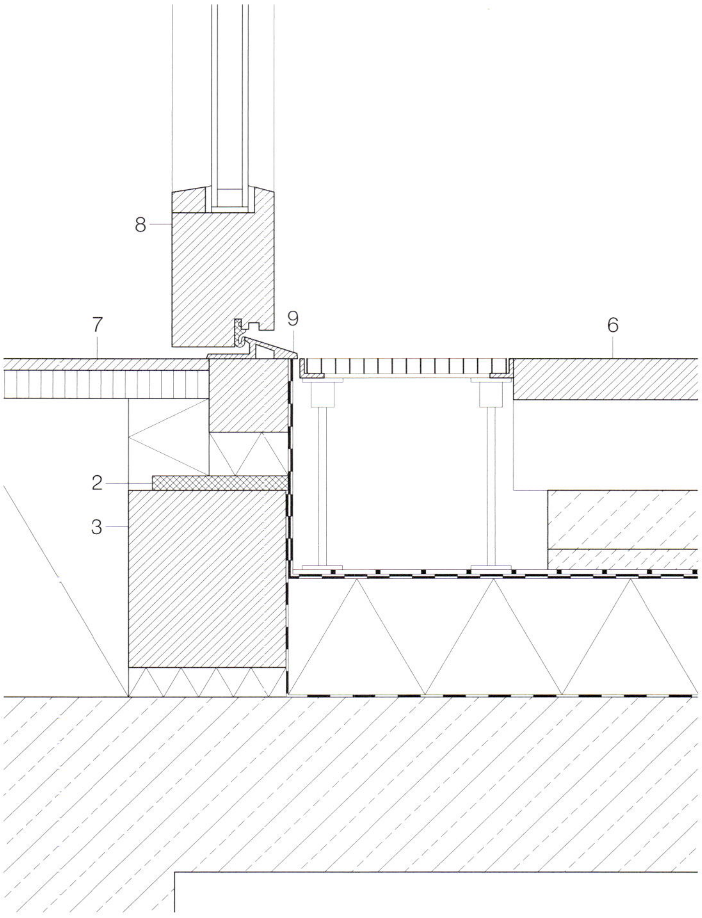
8
7
9
6
2
3

Gemeindezentrum in Stuttgart

Architekten: Lederer + Ragnarsdóttir + Oei, Stuttgart

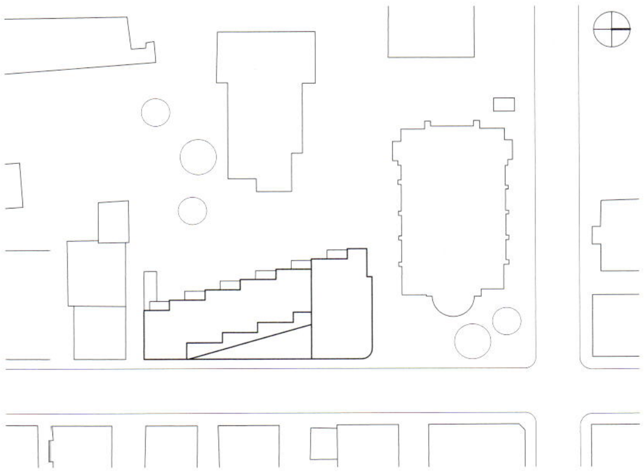

Lageplan
Maßstab 1:1500

Öffentliche Nutzung im Erdgeschoss
Barrierefreie und rollstuhlgängige Wohnungen in den Obergeschossen
Temporäres Wohnen für Pflegepersonal

Schon aus der Ferne macht die Anfang des 20. Jahrhunderts erbaute St. Antoniuskirche im Stuttgarter Stadtteil Zuffenhausen mit ihrem Glockenturm auf sich und das benachbarte Gemeindezentrum aufmerksam. Anstelle früherer Wohnbauten beherbergt es im Erdgeschoss öffentliche Funktionen, wie den Gemeindesaal, einen Eine-Welt-Laden und die Büros der Sozialstation, in den Etagen darüber sind 12 Wohnungen untergebracht, die speziell auf die Bedürfnisse älterer Menschen abgestimmt sind.

Städtebaulicher Kontext

Der Sakralbau prägt mit dem Halbrund seines Chors den Straßenraum und findet sein formales Pendant im abgerundeten Treppenturm des südlich angrenzenden Gemeindezentrums. Der Platz zwischen beiden Gebäuden bildet einen öffentlichen Treffpunkt. Während das Gemeindezentrum im Erdgeschoss die Straßenflucht in Nord-Südrichtung schließt, tritt der Baukörper in den oberen Etagen zurück und bildet einen offenen Winkel zur Straße. Seine Ziegelfassaden heben sich farblich kaum von der Kirche und den drei- bis viergeschossigen Nachbarbauten ab. Durch seine differenzierte Kubatur ermöglicht der Neubau spannungsreiche Ausblicke auf die Kirche und erhält wichtige Blickbeziehungen im Stadtraum, dabei übertrifft er seine profanen Nachbarn in Größe und Volumen leicht, ohne sie zu dominieren.

Organisation

Hinter dem großzügigen Eingang befinden sich im Erdgeschoss das Foyer und der sich zum Garten öffnende Gemeindesaal. Über einen Flur gelangt man zu den Büros der Sozialstation. Die Vertikalerschließung der Wohngeschosse erfolgt vom Windfang aus mit einer zweiläufigen Treppe und einem rollstuhlgerechten Aufzug. Von dort tritt man auf zwei offene Laubengänge. Die überdachte Aufweitung zwischen Treppenturm und Wohnungstüren dient dabei als Treffpunkt für die Bewohner einer Etage. Durch die getreppte Anordnung der Wohnungen entlang des Laubengangs entstehen außerdem kleine, geschützte Sitznischen direkt vor den einzelnen Wohnungen.
Pro Stockwerk reihen sich eine rollstuhlgängige und fünf barrierefreie Wohnungen. Die Appartements direkt gegenüber des Treppenhauses sind rollstuhlgerecht ausgestattet und bieten in Küche sowie Bad ausreichend Bewegungsflächen für einen Rollstuhlfahrer. Nachfolgend gruppieren sich vier barrierefreie Appartements. Ihre übereck angeordneten Küchenfenster bieten einen guten Blick auf den Laubengang und die Kirche im Hintergrund. Am gegenüberliegenden Ende des Laubengangs befindet sich jeweils eine barrierefrei ausgestattete Zweizimmerwohnung.
Alle Wohnräume öffnen sich mit raumhohen Fenstern und Fenstertüren nach Westen. Fenstertüren ermöglichen den schwellenfreien Zugang zu den Balkonen, die in den rückwärtigen Grünbereich kragen.
Im dritten Obergeschoss befinden sich eine Hausmeisterwohnung und ein Appartement, das Gästen oder Pflegepersonal bei Bedarf zur temporären Nutzung zur Verfügung steht.

Gebäudedaten

Nutzung:	Gemeindesaal, Sozialstation, Eine-Welt-Laden, Wohnungen
Wohnungen:	2× 1-Zimmer-Wohnungen rollstuhlgerecht (48 m²) 8× 1-Zimmer-Wohnung barrierefrei (43 m²) 2× 2-Zimmer-Wohnung barrierefrei (52 m²) 1× Hausmeisterwohnung (95 m²) 1× Appartement für Pflegepersonen (32 m²)
Erschließung:	Laubengang
Lichte Raumhöhe:	2,45 m (OG)–2,80 m (EG)
Konstruktion:	Stahlbeton
Bruttorauminhalt:	5986 m³
Nutzfläche:	1177 m³
Grundstücksfläche:	3980 m²
Baukosten:	2,65 Mio. EUR
Finanzierung:	Kirchlicher Träger
Bauzeit:	1999–2001

Schnitte • Grundrisse
Maßstab 1:400

1 Gemeindesaal
2 Sozialstation
3 1-Zimmer-Wohnung (rollstuhlgerecht)
4 Apartment (barrierefrei)
5 2-Zimmer-Wohnung (barrierefrei)
6 Hausmeisterwohnung
7 Appartement für Pflegepersonal

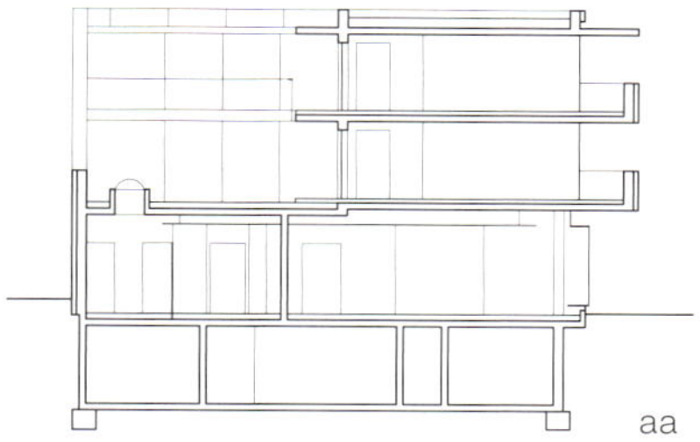

aa

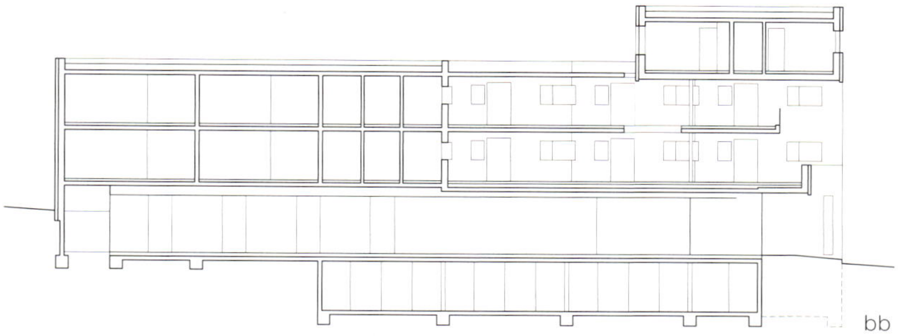

bb

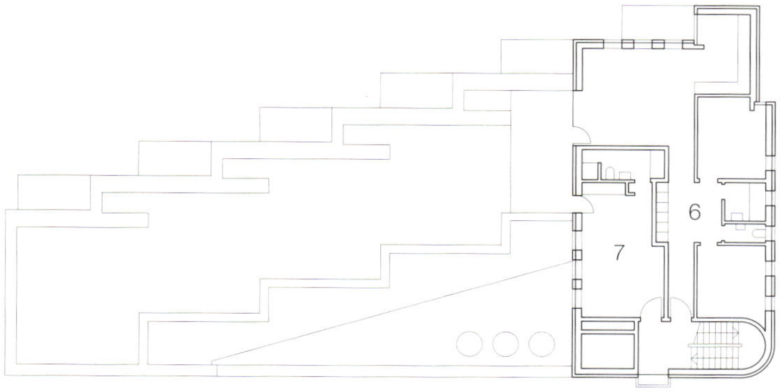

3. OG

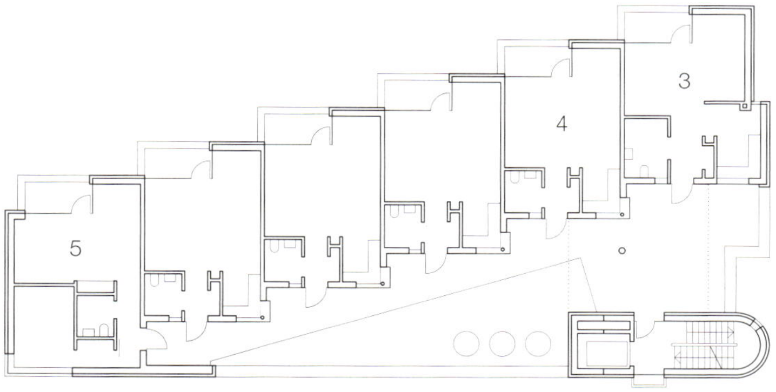

1. OG

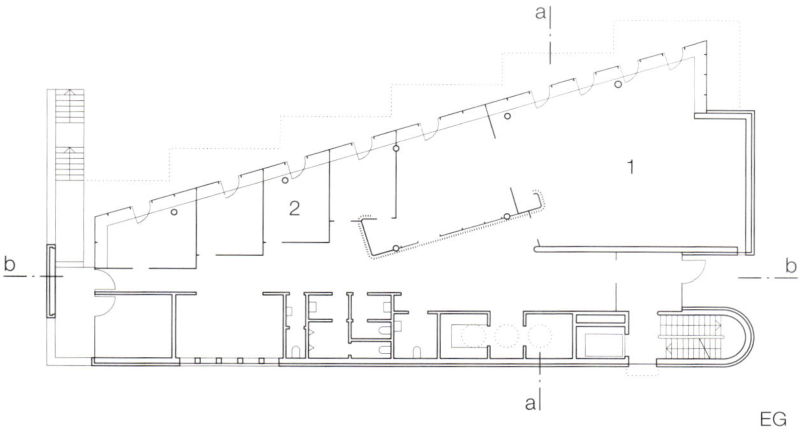

EG

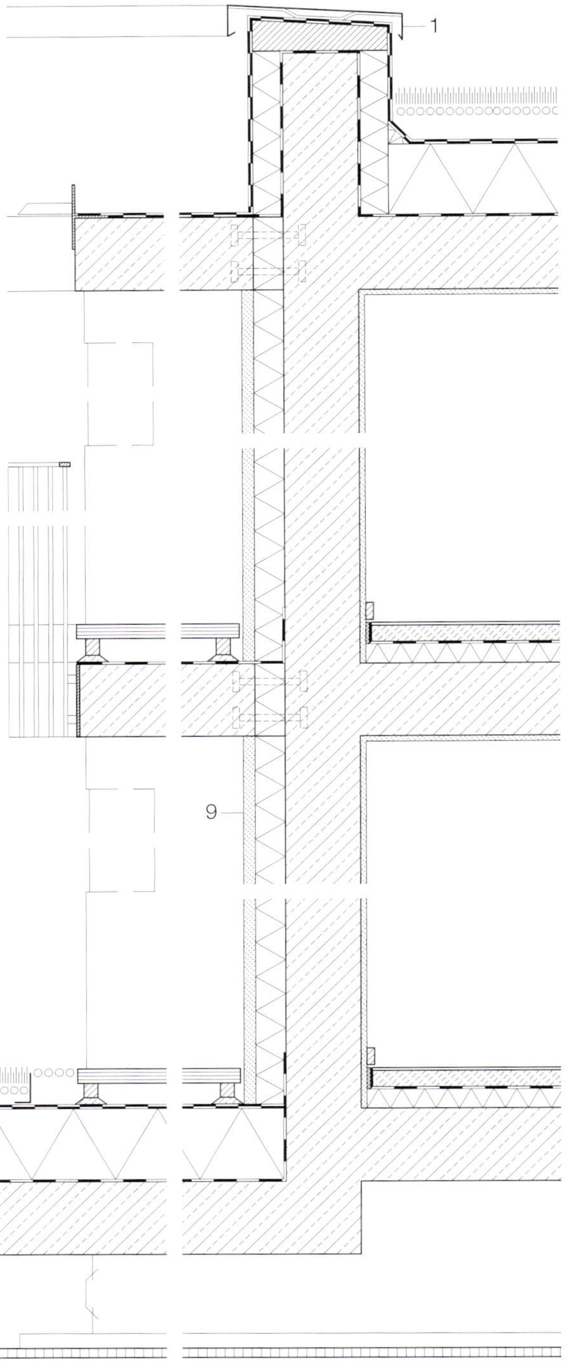
1
9

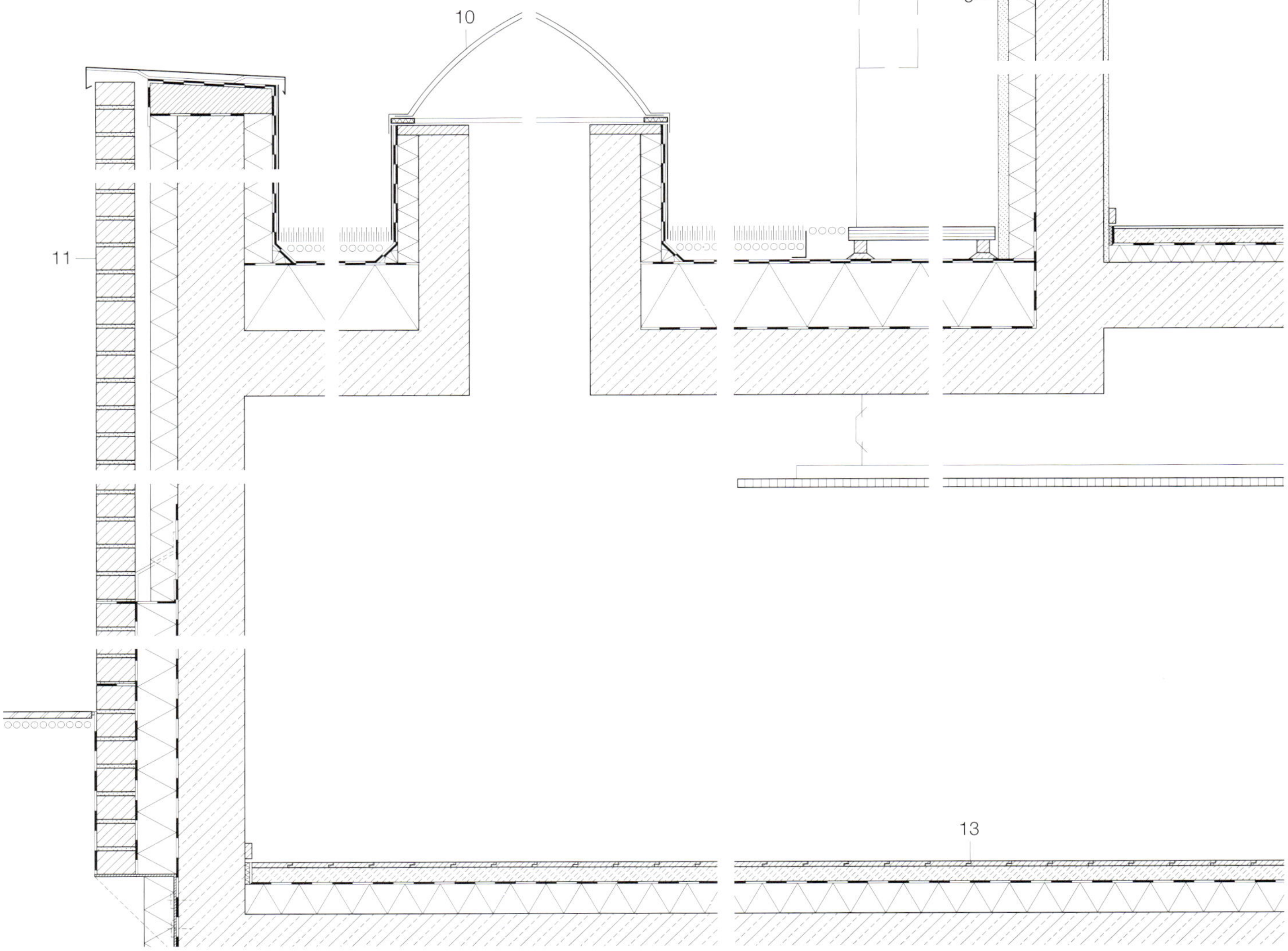
10
11
13

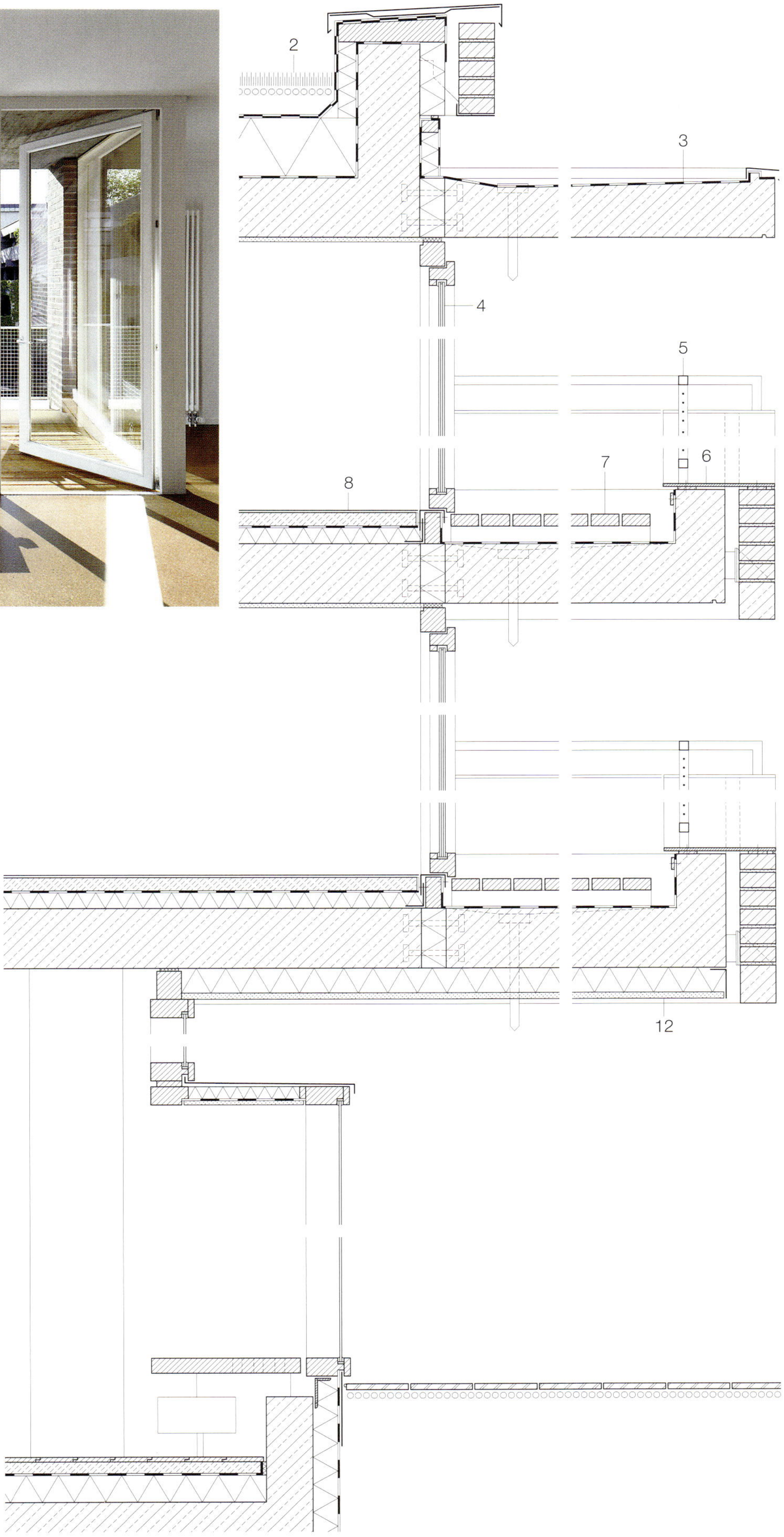

Fassadenschnitt
Maßstab 1:20

1 Attikaabdeckung
Titanzink 0,7 mm, Dichtungsbahn
Holzbohle 60 mm
2 Dachaufbau:
extensive Begrünung 120 mm
Abdichtung Bitumenbahn zweilagig,
obere Lage wurzelfest
Wärmedämmung Hartschaum 190 mm
Dampfsperre Bitumenbahn
Stahlbeton 200 mm
Innenputz 15 mm
3 Balkonabdeckung:
Abdichtung Bitumenbahn zweilagig
Stahlbeton 170–200 mm
4 Isolierglas in Holzrahmen
5 Handlauf
Stahlprofel ◻ 30/30/3 mm
6 Abdeckung Stahlblech 8–10 mm,
feuerverzinkt und schwarz beschichtet
7 Holzrost Douglasie
8 Bodenaufbau Obergeschoss:
Kork 2,5 mm, Estrich 45 mm
Trennlage, Trittschalldämmung 45 mm
Stahlbeton 200 mm
Innenputz 15 mm
9 Wandaufbau:
Wärmedämmverbundsystem 150 mm
Stahlbeton 200 mm
Innenputz 15 mm
10 Lichtkuppel dreischalig Acrylglas Ø 1300 mm,
auf Holztafel geschraubt
11 Wandaufbau:
Vormauerziegel 290/115/52 mm
Wärmedämmung Mineralfaser 80 mm
Hinterlüftung 45 mm
Stahlbeton 200 mm
12 Wärmedämmverbundsystem 100 mm
13 Bodenaufbau Erdgeschoss:
Lamellenparkett 16 mm
Estrich 45 mm
Wärme-/Trittschalldämmung 90 mm
Stahlbeton 200 mm

Seniorenresidenz in Zürich

Architekten: Miller & Maranta, Basel

»Kollektivhaus« mit Hotelcharakter
Wohnungen für selbstständiges Wohnen
Pflegebereich mit Aussicht im Dachgeschoss
Öffentliches Café im Erdgeschoss

Wie ein Hotel empfängt die Seniorenresidenz Bewohner und Besucher: Ein gefasster Vorplatz leitet in den holzverkleideten Empfangsbereich mit Rezeption, Café und Kaminzimmer. Das Café holt die Öffentlichkeit ins Haus, vielfältige gemeinschaftlich genutzte Bereiche und informelle Kommunikationsflächen helfen das tägliche Leben der Bewohner abwechslungsreich zu gestalten, da es sich zu einem großen Teil im Haus und der nächsten Umgebung abspielt.

Städtebauliche Struktur

Die polygonale Grundrissfigur des sechsgeschossigen Neubaus übernimmt eine Mittlerrolle im heterogenen Städtebau des Viertels Altstetten. Ein Gebäuderiegel verbindet zwei kompakte Bauteile im Norden und Süden. Die Einschnürung nimmt nach Südosten den Vorplatz auf, der zugleich den Abschluss einer Fußgängerpassage bildet, während rückseitig ein ruhiger, privater Gartenhof entsteht. Die Nordfassade reiht sich in die Bebauung einer vielbefahrenen Einfallstraße.

Brüstungsbänder aus sandgestrahltem Ortbeton, dem die Beimischung von Jurakalk einen warmen, hellen Farbton verleiht, gliedern die Fassaden. Im Kontrast dazu stehen die verspringenden, dunkelbraun gefassten Fensterbänder.

Innere Großzügigkeit

Das Erdgeschoss beherbergt die Gemeinschaftsräume. Die Pflegeabteilung ist im zurückgesetzten Dachgeschoss untergebracht: 18 Einzelzimmer umfassen hufeisenförmig einen Aufenthaltsraum mit vorgelagerter Dachterrasse. In den vier Stockwerken dazwischen sind kleine Wohnungen für selbstständige Bewohner untergebracht. Ein Mittelflur erschließt pro Wohngeschoss 17 unterschiedliche Einheiten, im Bereich der Treppenhäuser weitet sich der Gang zu Sitzecken mit Blick auf den Eingangshof. Man betritt die Wohnungen, hauptsächlich Zweizimmerwohnungen mit Bad und Küche, über eine Diele, die mit einem eingebauten Wandschrank ausgestattet ist. Ein Zimmerpaar ist durch den Küchenbereich verbunden, sodass durch Öffnen von Schiebetüren eine fließende Raumfolge entsteht. Geschosshohe Fenstertüren verbinden die Innenräume barrierefrei mit dem Freisitz. Zudem geben großflächige Fenster mit tiefen Fensterbrettern auf Sitzhöhe den Blick in die Umgebung frei.

Gebäudedaten

Nutzung:	Geschosswohnungen
	Pflegestation, Café
Wohnungen:	8× 1-Zimmer-Wohnung (26 m²)
	56× 2-Zimmer-Wohnung (47–51 m²)
	4× 3-Zimmer-Wohnung (59 m²)
	18× Pflegezimmer (19–25,5 m²)
Erschließung:	Mittelflur
Lichte Raumhöhe:	2,55 m (Obergeschosse)
	3,50 m (Erdgeschoss)
Konstruktion:	Stahlbeton
Bruttorauminhalt:	30 843,5 m³
Bruttogeschossfläche:	9289 m²
Grundstücksfläche:	2811 m²
Baukosten:	798 CHF/m³
Bauzeit:	2004–2006

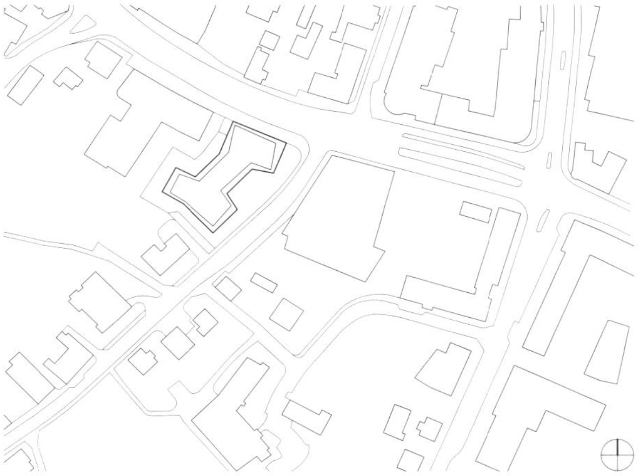

Lageplan
Maßstab 1:4000

Schnitte
Grundrisse
Maßstab 1:500

A Dachgeschoss
B Obergeschoss
C Erdgeschoss

1 Pflegezimmer
2 Aufenthaltsraum
3 Stationszimmer
4 3-Zimmer-Wohnung
5 1-Zimmer-Wohnung
6 2-Zimmer-Wohnung
7 Sitznische
8 Speisesaal
9 Büro
10 Fitnessraum
11 Hobbyraum
12 Friseur
13 Waschsalon
14 Sitzungsraum
15 Bibliothek
16 Eingang
17 Café
18 Vorplatz
19 Gartenhof

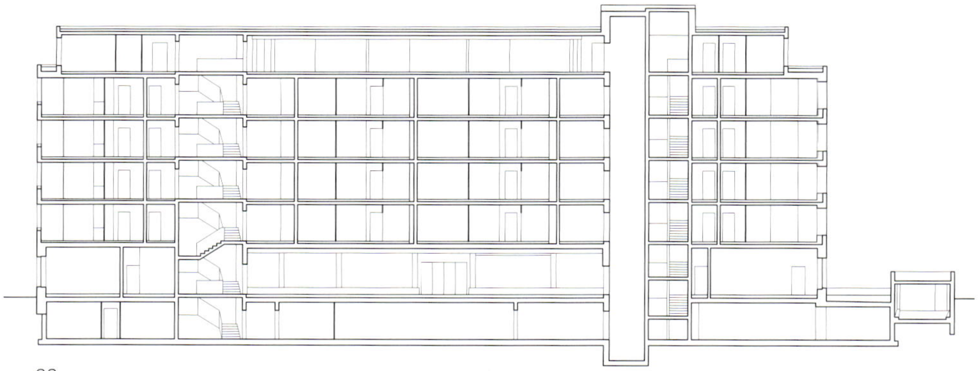

aa

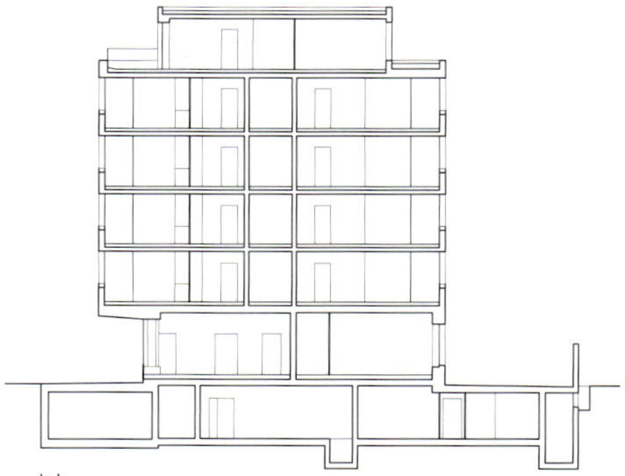

bb

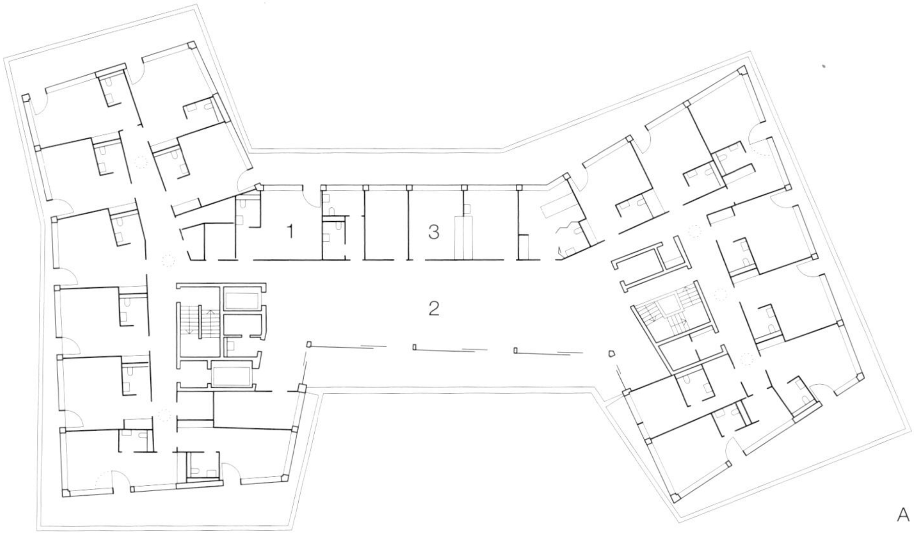

A

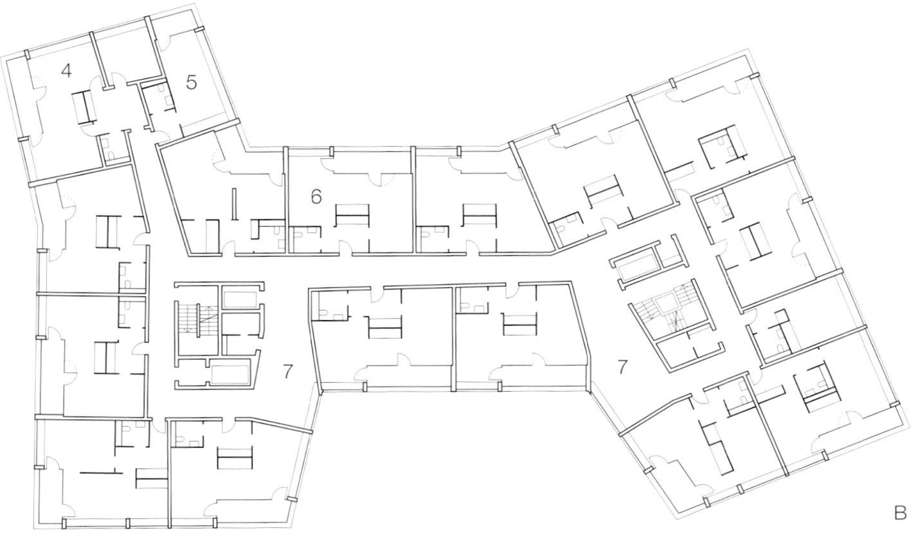

B

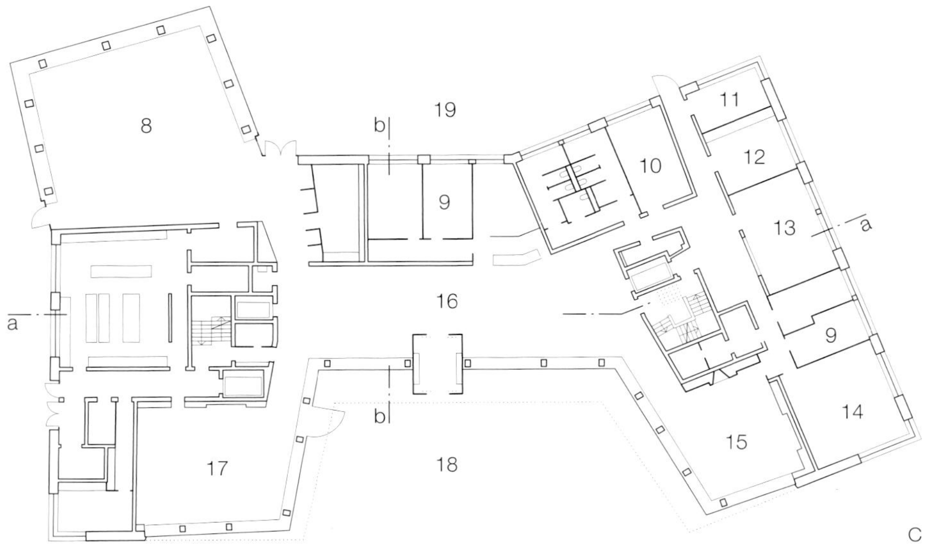

C

Schnitte
Grundrisse
Wohnung 4. OG
Maßstab 1:200

1 Zimmer (16,8 m²)
2 Küche (6,4 m²)
3 Loggia (6,8 m²)
4 Zimmer (17,8 m²)
5 Eingang (5,6 m²)
6 Bad (3,0 m²)

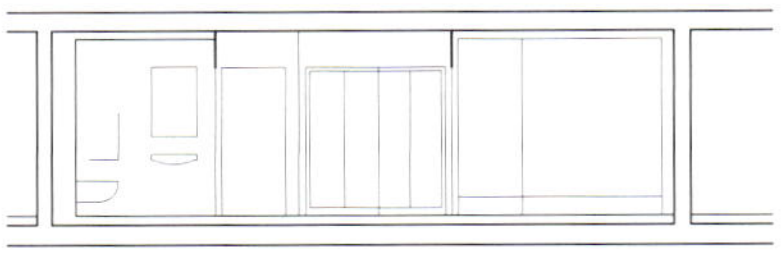

aa

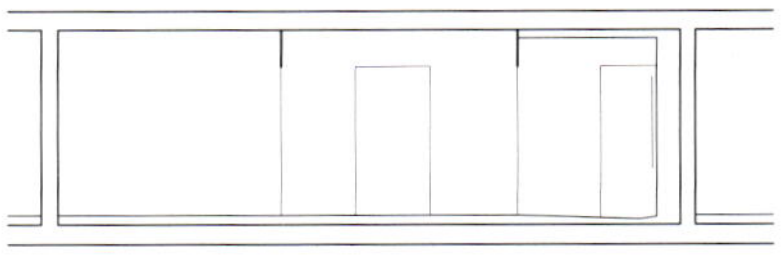

bb

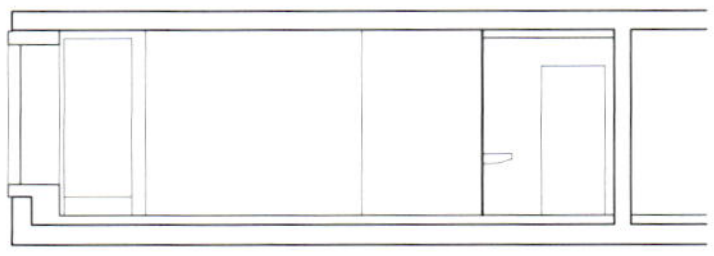

cc

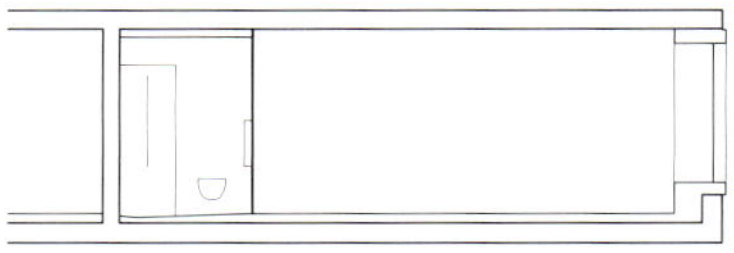

dd

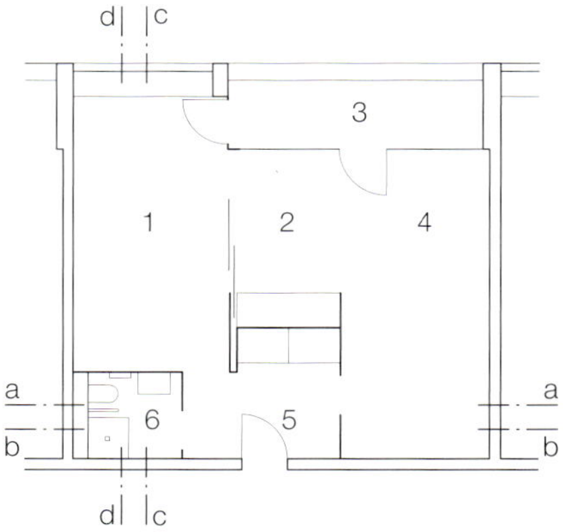

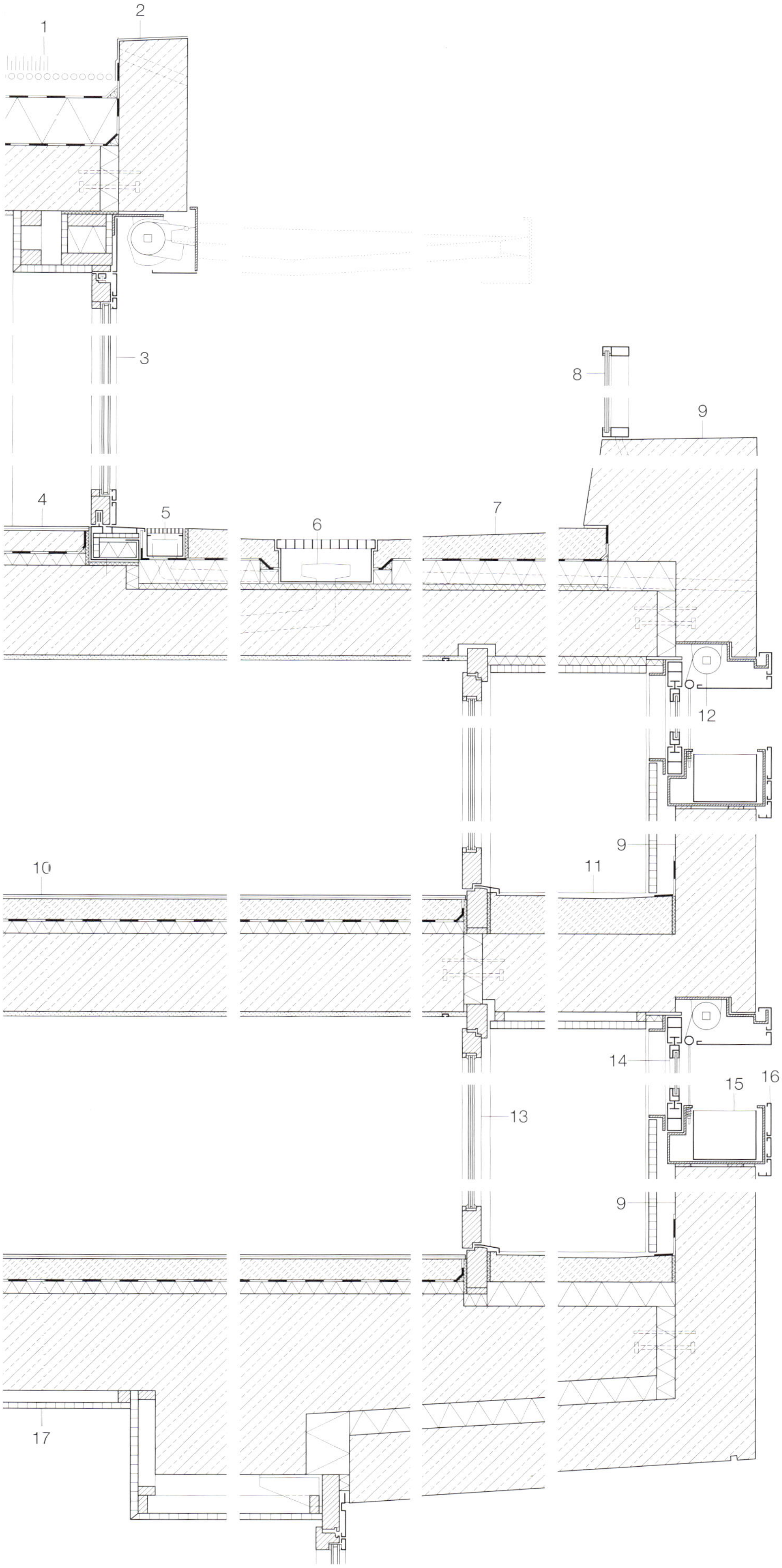

Fassadenschnitt
Pflegeabteilung • Wohngeschosse
Maßstab 1:20

1 Dachaufbau:
Substratschicht 80 mm, Schutzschicht
Wurzelschutzfolie, Trennlage
Abdichtung Bitumenbahn zweilagig
Wärmedämmung Hartschaum 160 mm
Dampfsperre, Stahlbeton 220 mm
2 Flüssigabdichtung Polyurethan besandet
3 Schiebetür
Isolierverglasung in Holz-Aluminiumrahmen
4 Bodenaufbau Aufenthaltsraum:
Parkett Eiche 14 mm
Estrich 76 mm, Trennlage
Trittschalldämmung 40 mm
Stahlbeton 300 mm
Innenputz 15 mm
5 Notüberlauf integriert in Rinne, Austritt Kernbohrung in Betonbrüstung
6 Bodeneinlauf
7 Bodenaufbau Dachterrasse:
Gefälleestrich gefärbt 60–90 mm
Trennlage
Dichtungsbahn Bitumen zweilagig
Wärmedämmung Schaumglas 80 mm
Trittschalldämmung 20 mm
Stahlbeton 220 mm
Wärmedämmung 30 mm
Untersicht MDF-Platte Ulme furniert 21 mm
8 Glasbrüstung 2× VSG 6 mm in
Stahlprofil 30/85 mm
9 Stahlbeton mit Jurakalk-Beimischung
10 Bodenaufbau Zimmer:
Parkett Eiche 14 mm
Estrich 76 mm, Trennlage
Trittschalldämmung 40 mm
Stahlbeton 260 mm, Innenputz 15 mm
11 Bodenaufbau Loggia:
Gefälleestrich gefärbt 80–90 mm
Stahlbeton 260 mm
Untersicht MDF-Platte Ulme furniert 21 mm
12 Senkrechtmarkise
13 Tür Isolierglas in Holzrahmen
14 Loggiaverglasung Falt-Schiebeelemente
15 Balkonkasten Aluminium 3 mm
16 Strangpressprofil Aluminium anodisiert, geschliffen 3 mm
17 Deckenverkleidung Halle:
Akustikplatte mit Mikroperforierung
Oberfläche Ulme furniert 20 mm auf
Lattung 70 mm

Seniorenresidenz Multengut bei Bern

Architekten: Burkhalter Sumi Architekten, Zürich

Drei unterschiedliche Wohnungstypen und Pflegezimmer für verschiedene Arten des Wohnens Zahlreiche Gemeinschaftsräume

Zwischen zwei 90 m langen, parallelen Riegeln fällt der Blick auf das herrschaftliche Gut, das diesem Anwesen in Muri bei Bern seinen Namen gibt. Die beiden Gebäude der Seniorenresidenz Multengut, der Haupt- und der Wohntrakt, sind im Kellergeschoss über einen Gang zu einer Einheit verbunden. Ebenerdig dient der gefasste Innenhof der Ankunft und dem Aufenthalt. Die vertikale Erschließung befindet sich jeweils in der Mitte der Riegel.

Das Wohnen

Der Wohntrakt besteht aus vier identischen Geschossen mit überwiegend 2,5-Zimmer-Wohnungen, in denen ältere Menschen selbständig leben können. Das erste Obergeschoss des Haupttrakts enthält die Pflegeabteilung, darüber liegen weitere Wohnungen.
Drei Wohnungstypen stehen zur Auswahl. Der Typ I ist durch Wandscheiben unterteilt und in Streifen organisiert, die Raumabfolgen schaffen. Beim Typ II gliedert der zentrale Kern aus Garderobe, Bad und Küche den offenen Grundriss. Die Eckwohnungen, Typ III, sind größer und stellen eine Mischung der beiden Typen dar.
Jede Wohnung besitzt ein kleines Fenster zum Etagenflur, welches Blickkontakte mit Nachbarn erlaubt und Anonymität entgegenwirkt. Mit großen Schiebetüren und dazwischen liegenden Blumenfenstern öffnen sich die Wohnungen nach außen. Rote, deckenhohe Schränke unterteilen die Balkone und schaffen persönliche Bereiche. Zusätzlich kann ein Sonnenschutz bis auf die Brüstung herabgelassen werden, so dass der Balkon zu einem geschützten Freibereich wird. Die Lattung der überhöhten Brüstung weist im oberen Abschnitt größere Abstände auf und ermöglicht den Ausblick auch im Sitzen. Abgesenkte Vorgärten schützen die Privatheit der ebenerdigen Wohnungen und gleichen das abfallende Gelände aus.

Die Gemeinschaftsbereiche

Im Erdgeschoss des Haupttrakts reihen sich die Gemeinschaftsräume aneinander. Die Glasfassade mit großen Kastenfenstern und eine Terrasse erstrecken sich über die gesamte Gebäudelänge. Durch die durchlaufende abgehängte Lochblechdecke und den Parkettfußboden, der sich auf der Terrasse in einem gleich gerichteten Holzrost fortsetzt scheinen Innen- und Außenraum zu verschmelzen.
Die erhöht liegende Terrasse wird vom Innenhof über drei Stufen oder über Rampen erreicht.
Im Untergeschoss stehen den Bewohnern Wellnesseinrichtungen zur Verfügung.

Farbkonzept

Die Gestaltung der Seniorenresidenz mit kräftigen Farben soll der veränderten Wahrnehmung im Alter gerecht werden.
Die Treppenhäuser sind blau beleuchtet und somit problemlos aufzufinden. Die Etagenflure sind in Rot gehalten, und an den Wänden hängen in jedem Geschoss unterschiedliche Fotografien zur Orientierung.
Bei den Balkonen steht die himmelblau gestrichene Deckenuntersicht im Kontrast zu der vertikalen Gliederung durch die roten Schränke.

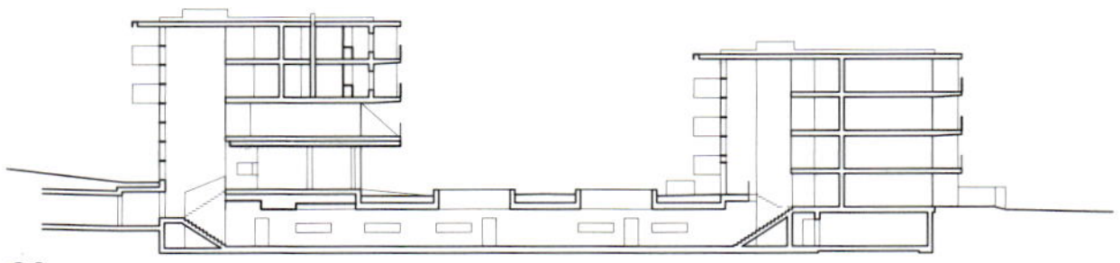

aa

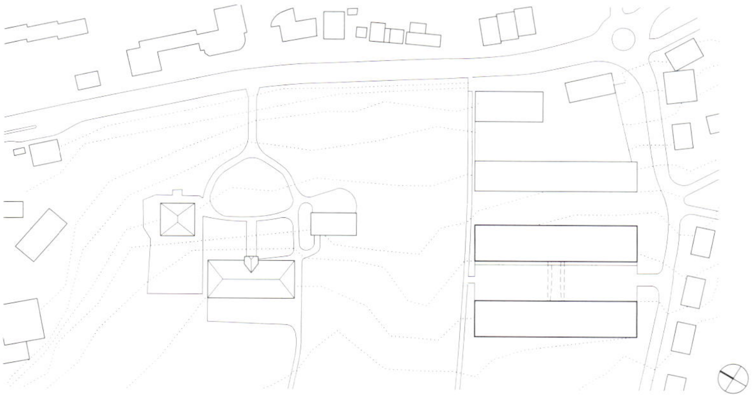

Lageplan	Gebäudedaten		Lichte Raumhöhe:	3,2 m EG
Maßstab 1:4000	Nutzung:	98 Wohnungen		2,4 m OG
Schnitt		26 Pflegezimmer		2,7 m UG
Maßstab 1:1000	Wohnungen:	24× 3,5-Zimmer-Eckwohnung	Konstruktion:	Stahlbeton
		4× 3,5-Zimmer Schichttyp	Bruttorauminhalt:	51 200 m^3
		44× 2,5-Zimmer Schichttyp	Nutzfläche:	10 851 m^2
		22× 2,5-Zimmer Kerntyp	Grundstücksfläche:	8700 m^2
		4× 1,5-Zimmer Kerntyp	Baukosten:	28,9 Mio. CHF
	Erschließung:	Mittelflur	Bauzeit:	2002–2004

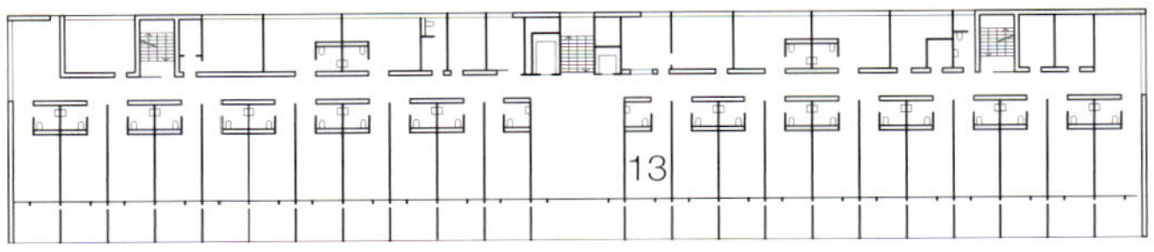

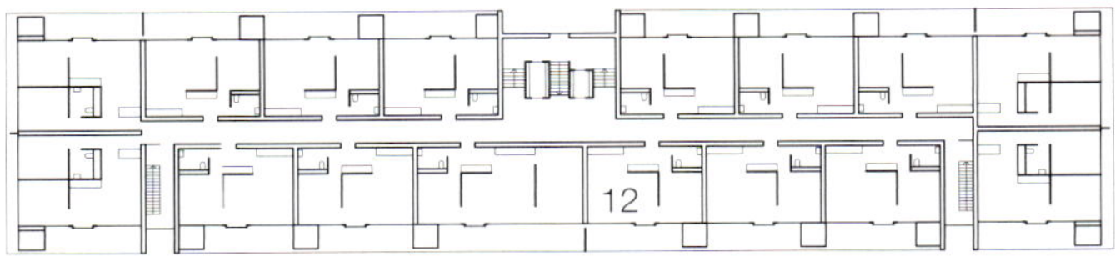

A

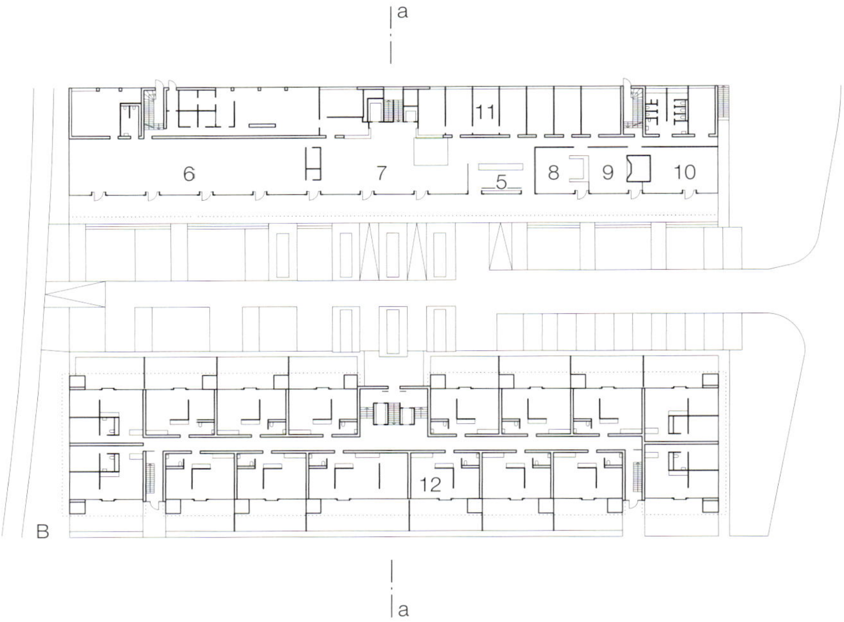

B

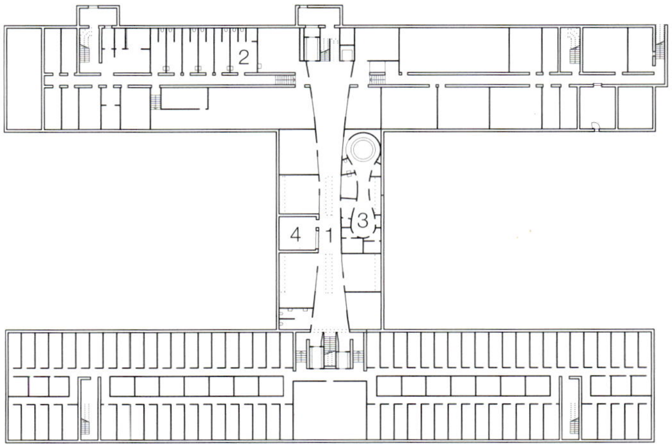

C

Grundrisse
Maßstab 1:1000

Wohnungstypen Grundrisse
Maßstab 1:200

A 1. Obergeschoss
B Erdgeschoss
C Untergeschoss
D Pflegezimmer
E 2,5-Zimmer Typ I
F 2,5-Zimmer Typ II
G 3,5-Zimmer Typ III

1 Verbindungsgang
2 Umkleiden
3 Wellnessbereich
4 Musikzimmer
5 Eingang
6 Speisesaal
7 Lounge
8 Bibliothek
9 Kaminzimmer
10 Vortragsraum
11 Verwaltung
12 Wohnungen
13 Pflegezimmer

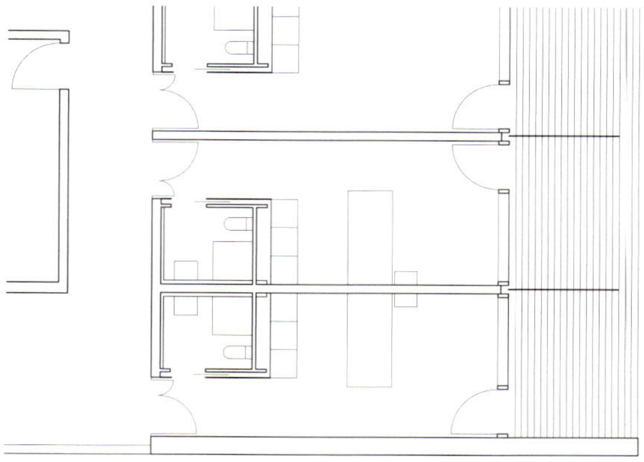

D

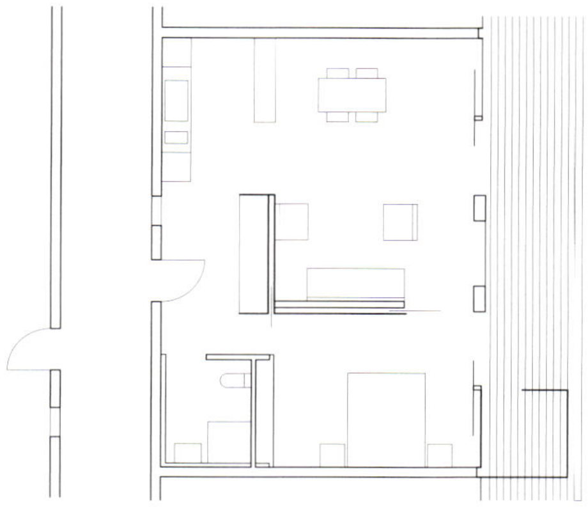

E

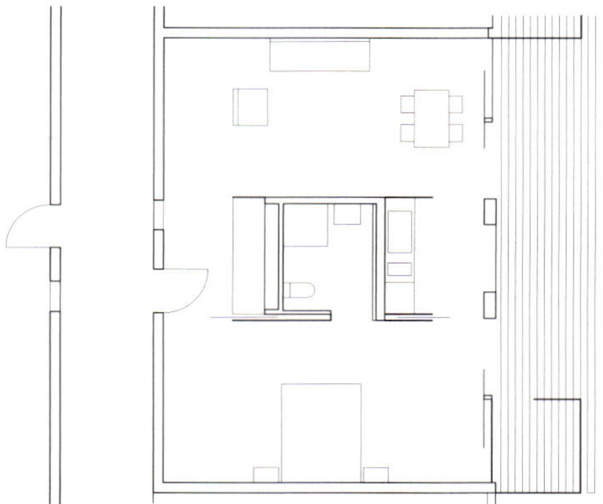

F

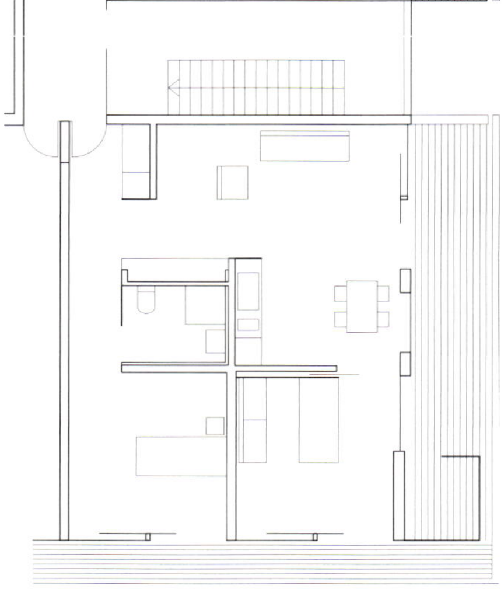

G

Vertikalschnitt • Detail Blumenfenster
Maßstab 1:20

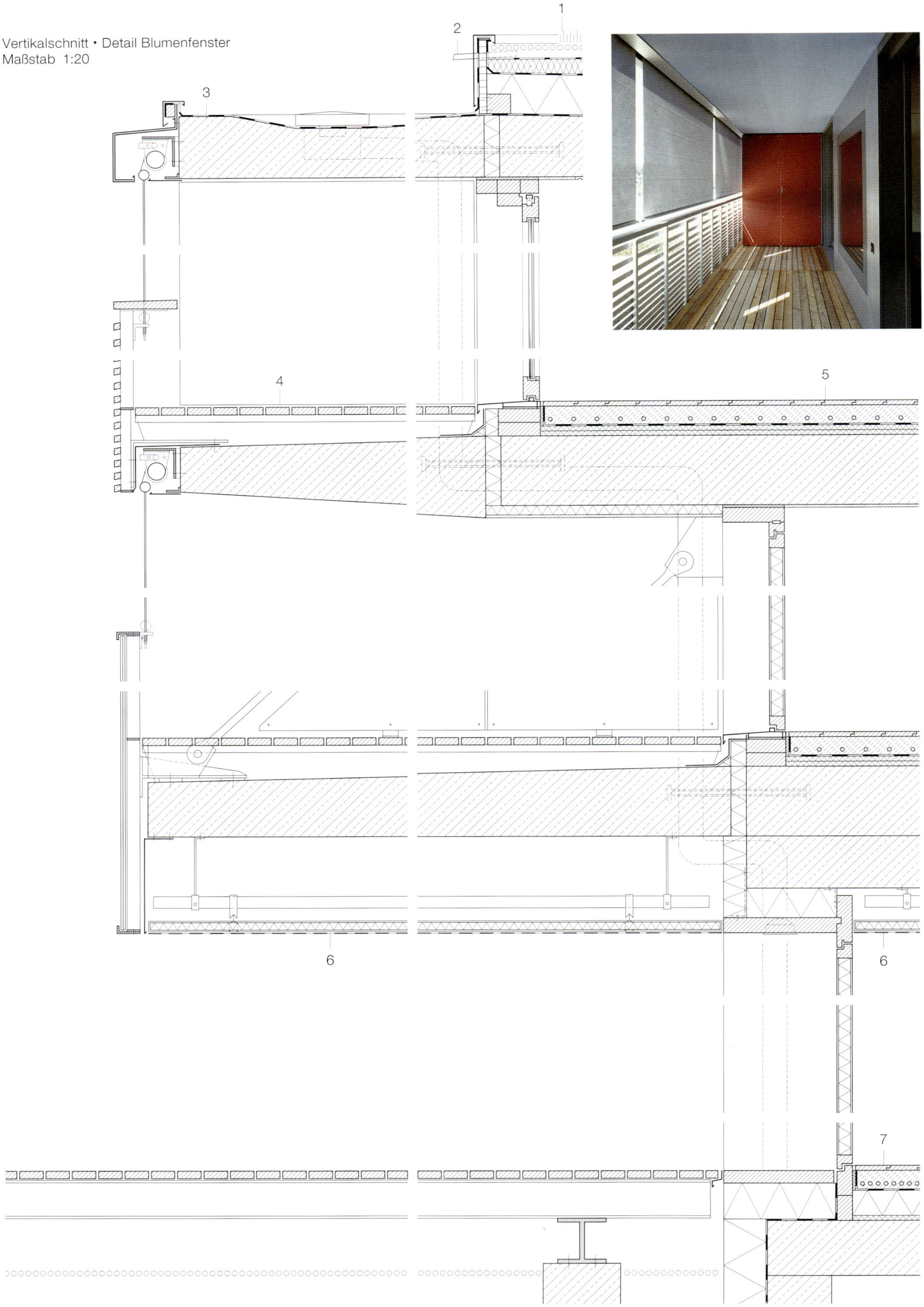

1 Dachaufbau:
extensive Begrünung, Substrat
Filtervlies, Drainagematte,
Abdichtung Bitumenbahn
Wärmedämmung PU-Schaum 160 mm
Dampfsperre bituminös, Stahlbeton 220 mm
Grundputz Gipsglattstrich 10 mm
2 Notüberlauf Titanzinkblech □ 30/100/250 mm
3 Abdichtung Bitumenbahn
Vordach Ortbeton im Gefälle 200–250 mm
4 Bodenaufbau Balkon:
Holzrost Lärche 90/30 mm, Fugen 5 mm
Unterkonstruktion Holz
Stahlbeton im Gefälle 180–330 mm
Untersicht gestrichen
5 Bodenaufbau Wohnungen:
Parkett 20 mm, Heizestrich 80 mm
Trennlage PE-Folie,
Wärmedämmung 20 mm
Trittschalldämmung 20 mm
Stahlbeton 220 mm, Glattstrich 1 mm
6 Akustikdecke Feinstahllochblech verzinkt
1 mm, Loch Ø 40 mm, Hinterlage Mineralwolle in PVC-Folie schwarz 50 mm
7 Bodenaufbau Erdgeschoss:
Parkett Eiche 20 mm, Heizestrich 80 mm
Trennlage PE-Folie
Wärmedämmung Hartschaum 100 mm
Trittschalldämmung 20 mm
Stahlbeton 220 mm
8 Aufbau Blumenfenster:
Holzverkleidung, silber gestrichen
Kantholz 30/30 mm, dazwischen Hinterlüftung
Beton-Fertigteil mit integrierter Wärmedämmung Hartschaum
9 Glastablar VSG 6 mm
10 Isolierverglasung in Holzrahmen grau gestrichen

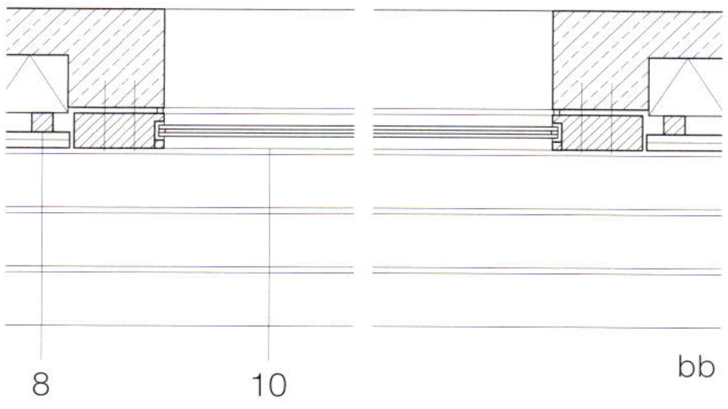

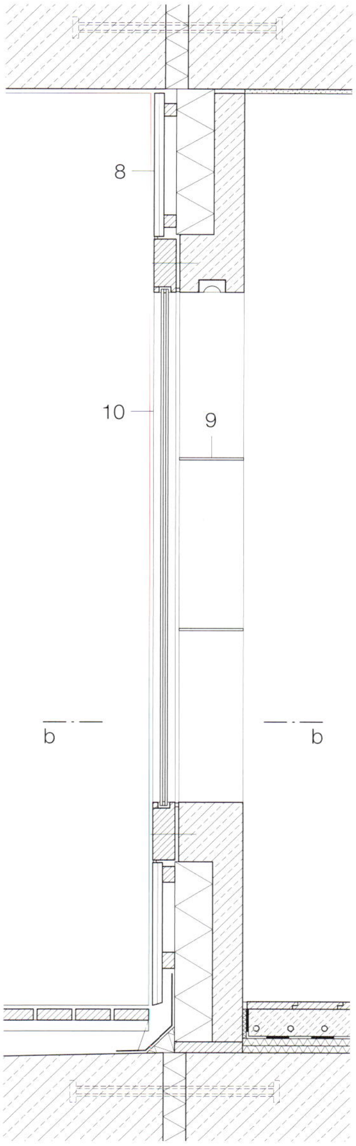

Wohnanlage und Tagespflege in Alicante

Architekt: Javier García-Solera Vera, Alicante

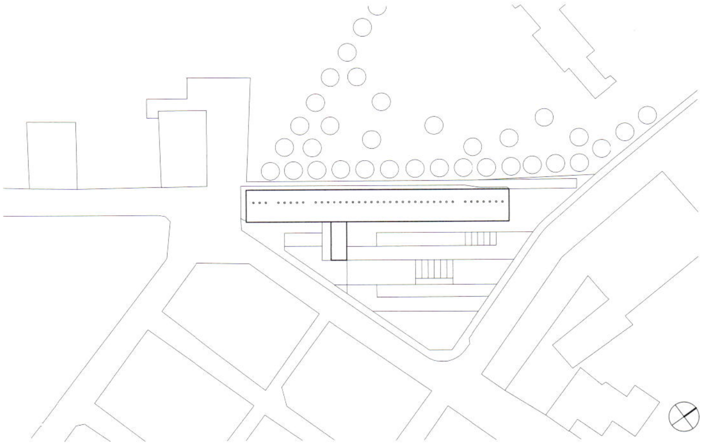

Wohnungen für ein selbstständiges Leben Tagespflege und Gemeinschaftsräume Laubengang als verbindendes Element

Wie ein Tableau scheint der Wohnbau knapp über dem Grün zu Füßen des Krankenhauses im Norden von Alicante zu schweben. Der langgestreckte, flache Riegel grenzt, eingebettet in einen großen, sanft ansteigenden Hang, an einen kleinen Pinienwald. Während der Bebauungsplan für das dreieckige Grundstück eine sechsgeschossige Bebauung vorsah, dominiert im realisierten Entwurf der Architekten eine städtische Parklandschaft und erfüllt den Wunsch der Nachbarschaft nach einem Erholungsraum.
Der zweigeschossige Baukörper ist 140 Meter lang, fast 18 Meter tief, erhebt sich aber nur 3,30 m über das Parkniveau.

Die durchlaufenden Betonaufkantungen der Dach- und Bodenplatte unterstreichen die markante Horizontalität des Baukörpers. Zugleich markieren zurückgesetzte Schotten die rigide Struktur der Anlage. Rückwärtig bildet ein schmaler, hofartiger Außenraum den Zugang zu den Stellplätzen und Abstellräumen im Erdgeschoss, das teilweise in das Gelände eingegraben ist. Ein Durchgang führt zum Querriegel, der sich mit raumhohen Glaswänden in den Park hinausschiebt und die Tagespflege sowie Gemeinschaftsräume beherbergt. Die Erschließung der 39 schmalen Wohneinheiten im Obergeschoss, von denen drei rollstuhlgerecht ausgestattet sind, erfolgt über einen im Süden vorgelagerten Laubengang. Wie auf einem langen Laufsteg, der zum Flanieren einlädt, treffen sich hier die Nachbarn, sodass kein Bewohner vereinsamt. Die einzelne Wohnung betritt man über eine gedeckte Loggia mit einer schattigen Sitzbank. Hinter einer raumhohen Verglasung erstreckt sich ein etwa 12 m tiefer Innenraum, den ein eingestellter Sanitärkubus zoniert: Das Wohnzimmer mit einer Küchenzeile orientiert sich nach Süden, während sich der Schlafraum mit einem kleinen, privaten Balkon zum ruhigen Pinienhain nach Norden öffnet.

Gebäudedaten

Nutzung:	Altenwohnen, Tagespflege, Gemeinschaftsräume
Wohnungen:	36× 2-Zimmer-Wohnung (40 m²)
	3× 2-Zimmer-Wohnung rollstuhlgerecht (40 m²)
Erschließung:	Laubengang
Lichte Raumhöhe:	2,8 m (EG), 2,5 m (OG)
Konstruktion:	Stahlbeton
Bruttorauminhalt:	7490 m³
Bruttogeschossfläche:	2674 m²
Grundstücksfläche:	4979 m²
Baukosten:	2,19 Mio. EUR
Fertigstellung:	2005

Lageplan
Maßstab 1:4000
Grundrisse
Querschnitt
Maßstab 1:1000

1 Gemeinschaftsraum
2 Tagespflege
3 Stellplätze
4 Abstellraum

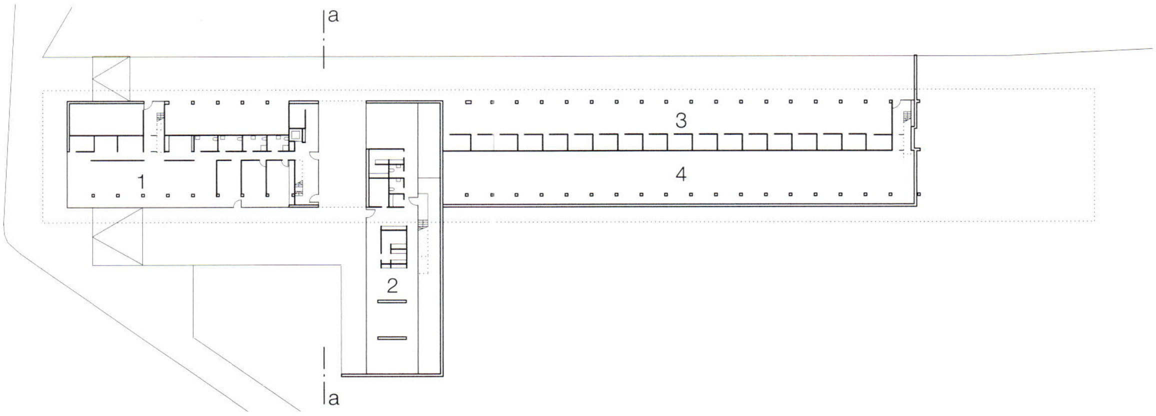

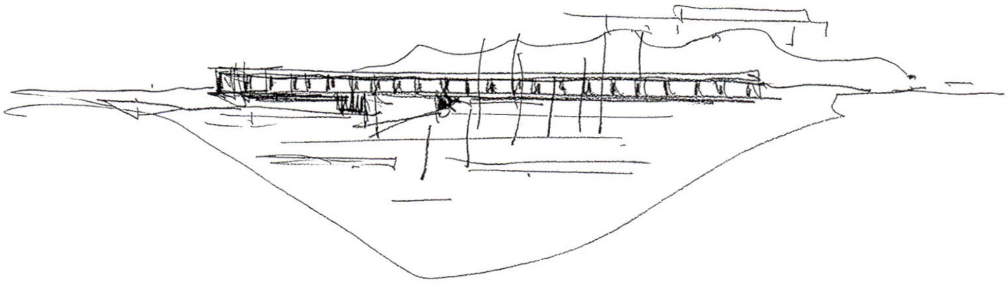

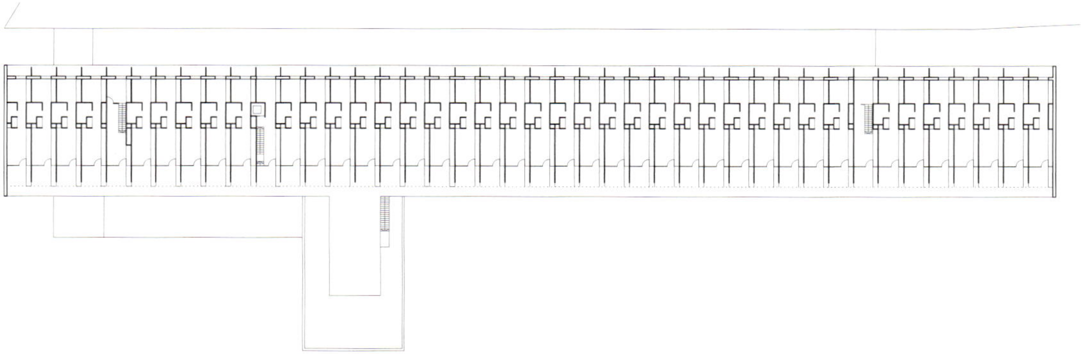

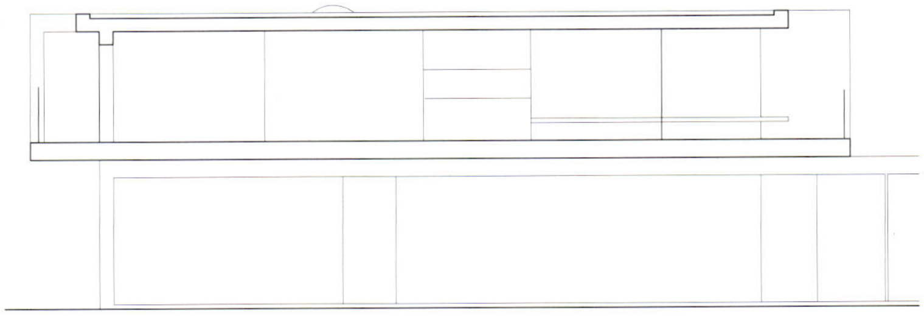

aa

Querschnitt
Wohnungsgrundrisse
Maßstab 1:200

1 Schlafzimmer (8,5 m²)
2 Bad (4,5 m²)
3 Wohnzimmer (21,0 m²)

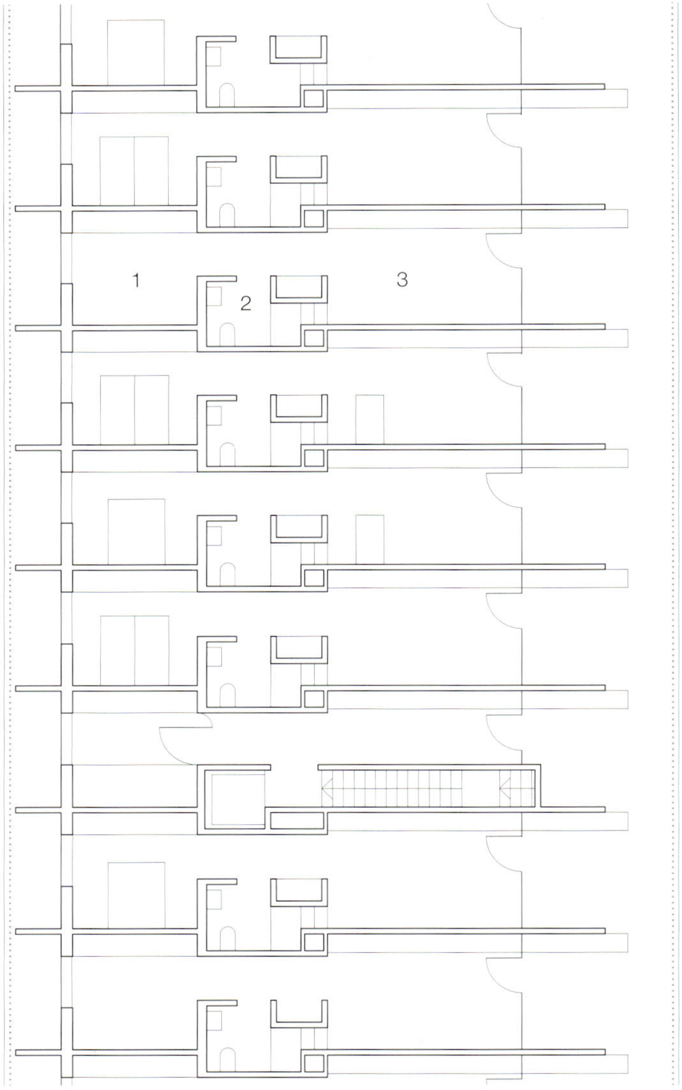

Wohnhochhaus in Rotterdam

Architekten: Arons en Gelauff architecten, Amsterdam

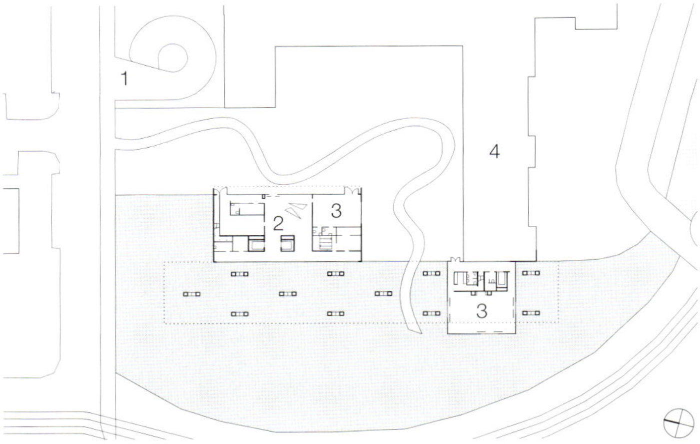

Gedrehte und gespiegelte Baukörper
104 rollstuhlgerechte Wohnungen
Dreidimensionale und farbige Glasfassade

Das Hochhaus mit 104 Seniorenwohnungen fällt auf in IJsselmonde, einem Stadtteil Rotterdams. Seine Formensprache und Farbgestaltung lassen kaum einen Rückschluss auf die Funktion zu. Ein Hochhaus mit 17 Geschossen und ein Riegel, der auf V-Stützen 11,4 m über einer Wasserfläche zu schweben scheint, spiegeln die veränderten Anforderungen der Generation 55+ an das Wohnen wider.

Städtisches Umfeld

Die Siedlung IJsselmonde wurde in der Nachkriegszeit als Gartenstadt geplant. Um das bislang fehlende Stadtzentrum zu schaffen, wurde ein Masterplan entwickelt, der den Neubau von 340 Häusern, darunter einige Hochhäuser in der Nähe eines bestehenden Einkaufszentrums, vorsieht. Das Wohnhochhaus ist mit einem bestehenden Schwesternheim verbunden, das medizinische Versorgung und Hilfspersonal stellt. Durch einen großzügigen Freibereich führt ein geschwungener, asphaltierter Weg, der einfach befahren oder begangen werden kann. Er reicht bis zur Wasserfläche, wo sich unter dem Riegel ein Gemeinschaftsraum befindet.

Gedrehte Gebäudestruktur

Die beiden Gebäudeteile mit fast identischen Abmessungen sind gegeneinander verdreht angeordnet. Ihre Grundrisse sind einhüftig organisiert und gespiegelt. In ihrer Schnittstelle weiten sich die Flure zu einer Kommunikationszone.
Ein Achsmaß von 9,8 m erlaubt großzügige Wohnungsgrundrisse, die künftige Veränderungen ermöglichen. In den Wohnungen kann neben Schlaf- und Wohnzimmer, Küche und Bad ein weiterer Raum abgetrennt werden. Alle Wohnungen sind rollstuhlgerecht und haben einen speziellen Abstellplatz im Flur. Zudem gibt es im Erdgeschoss neben der Eingangshalle Raum zum Einstellen von Gehhilfen und Rollstühlen.

Spiel der Fassaden

Die Baukörper haben den Grundrissen entsprechend zwei unterschiedliche Fassaden. Die geschosshoch verglasten Flurfassaden leuchten durch farbige Folien in den Gläsern in 200 Schattierungen von Gelb bis Rot. Die Balkonfassade hingegen ist zurückhaltend in der Farbe, aber auffällig in ihrer dreidimensionalen Form. Die Balkonplatten und Trennwände mäandern in jedem Geschoss gegenläufig. Verstärkt wird der bewegte Eindruck durch das geschwungene Geländer.

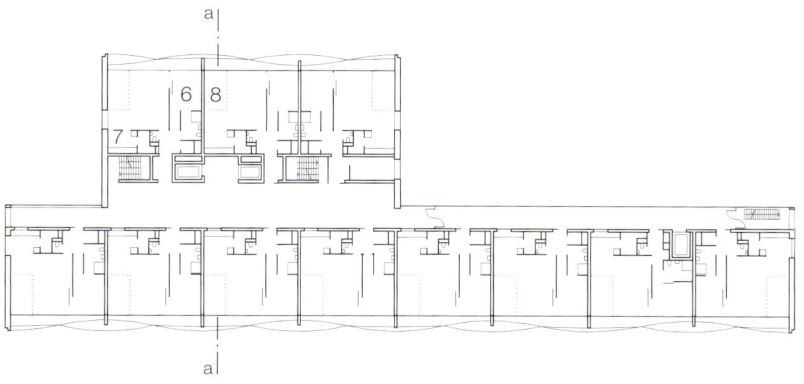

Grundriss Erdgeschoss
Maßstab 1:1500
Grundriss Normalgeschoss • Schnitt
Maßstab 1:750

1 Tiefgaragenzufahrt
2 Eingangshalle
3 Gemeinschaftsraum
4 Schwesternheim (Bestand)
5 Wohnzimmer
6 Schlafzimmer
7 Küche
8 Zusätzlich abtrennbarer Raum

Gebäudedaten

Nutzung:	Seniorenwohnanlage
Wohneinheiten:	104 Wohnungen
Erschließung:	Mittelflur, einhüftig
Lichte Raumhöhe:	2,6 m
Konstruktion:	Stahlbeton
Bruttorauminhalt:	47 232 m^3
Bruttogeschossfläche:	15 678 m^2
Wohnnutzfläche:	11 924 m^2
Grundstücksfläche:	4167 m^2
Bebaute Fläche:	1577 m^2
Baukosten:	15,1 Mio. EUR
Bauzeit:	2001–2006

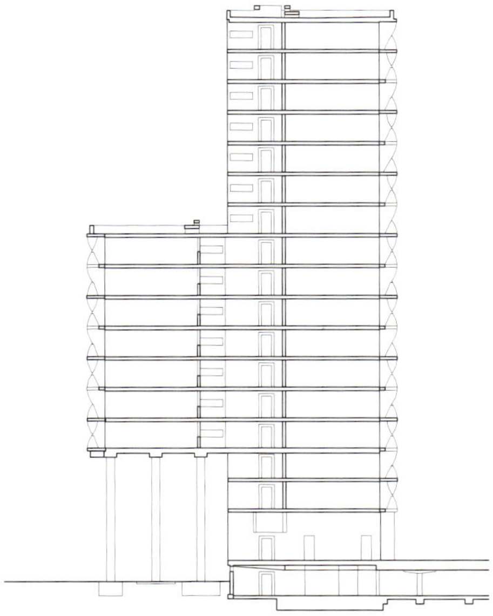

aa

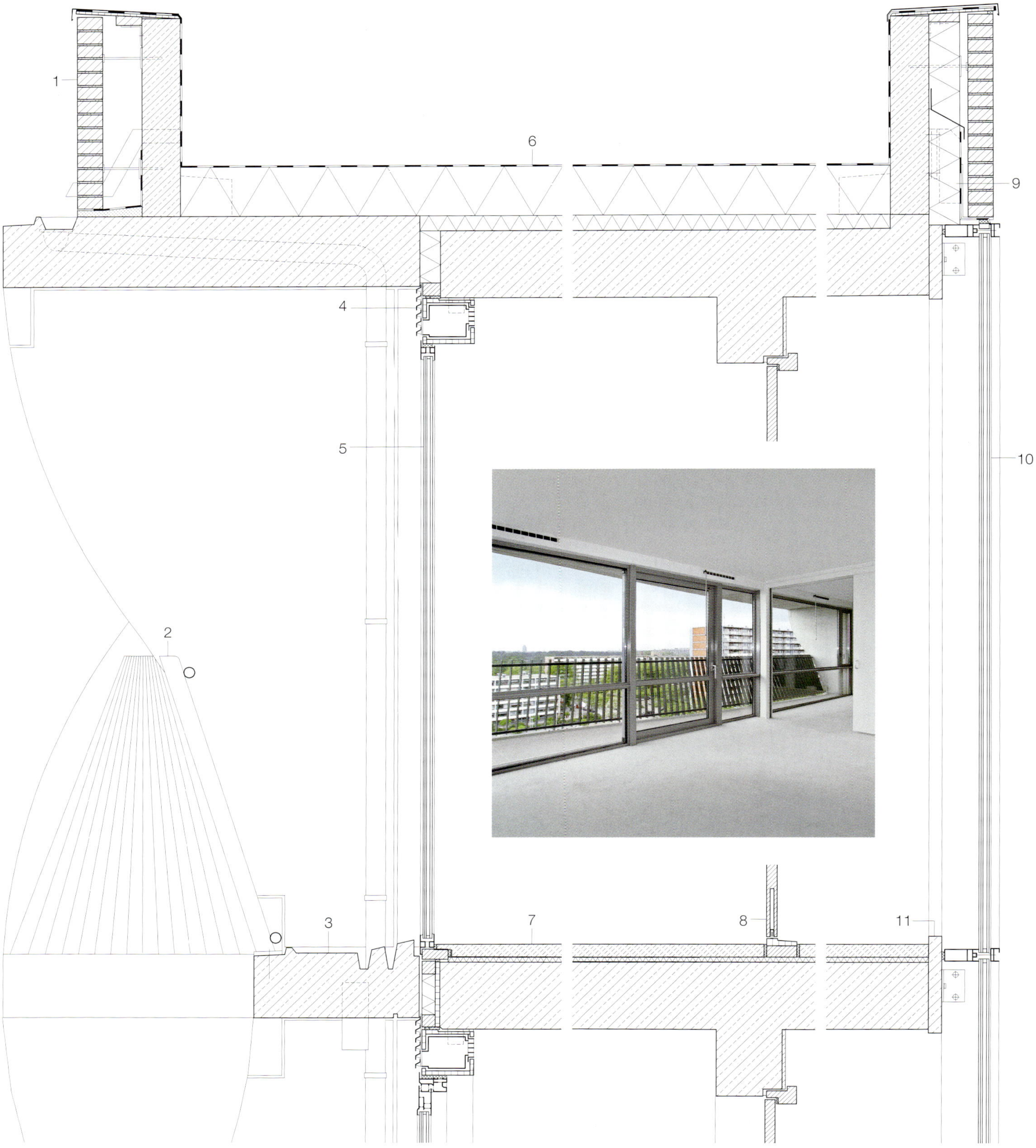

Vertikalschnitte Maßstab 1:20

1 Aufbau Attika:
Mauerwerk 100 mm
Hinterlüftung 152 mm
Beton-Fertigteil 150 mm
2 Geländer doppelt gekrümmt aus
Flachstahl ▭ 70/4 mm
Handlauf Stahlrohr Ø 40 mm
3 Balkonplatte Beton-Fertigteil 250 mm
4 Lüftungslamellen Aluminium
5 Isolierglas in Aluminiumrahmen
6 Dachaufbau:
Dichtungsbahn
Wärmedämmung 235 mm
Stahlbetondecke 270 mm
7 Bodenaufbau:
Estrich 50 mm
Trittschalldämmung 20 mm
Stahlbetondecke 270 mm
8 Wohnungseingangstür Holz
9 Auflager Konsolanker
10 Glasfassade:
ESG photokatalytisch beschichtet
VSG mit farbiger Polyvinylbutyral-Folie
11 Abschluss Geschossdecke
Beton-Fertigteil 50/370 mm

Alterswohnungen in Domat/Ems

Architekt: Dietrich Schwarz, Domat/Ems

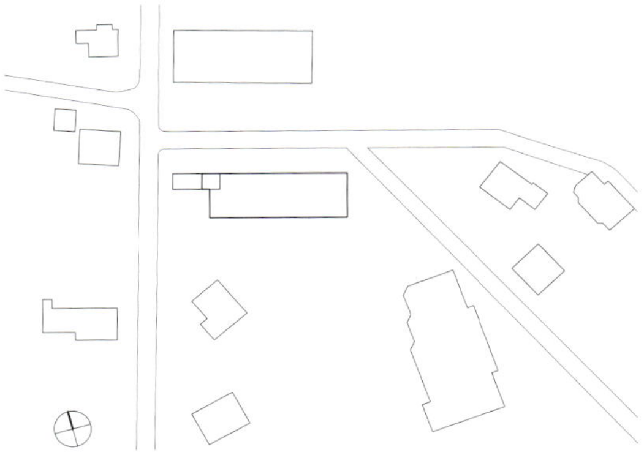

Offene Grundrisse für selbstständiges Wohnen
Gemeinschaftlicher Kommunikationsbereich
Solarfassade mit Latentwärmespeicher-Modulen

Das vierstöckige Wohngebäude liegt neben dem Altenheim am südlichen Ortsrand von Domat/Ems im Schweizer Kanton Graubünden. Es ergänzt dessen Angebot für Senioren, die selbstständig wohnen und bei Bedarf den Pflegeservice mitnutzen. Im Norden prägen große, liegende Fensteröffnungen den grau verputzten Kubus, während die vollständig verglaste Südfassade den Blick in die Bündner Berglandschaft frei gibt.

Kompakte Gebäudestruktur

Der Grundriss ist in drei Schichten organisiert: Nach Norden bildet die Erschließung eine Pufferschicht, die zugleich als Kommunikationsraum dient. Versetzt angeordnete Kaskadentreppen verknüpfen die Stockwerke und erzeugen einen fließenden Raumeindruck. Allgemeine Verkehrsflächen und individuelle Aufenthaltszonen überlagern sich, sodass sich zahlreiche Kontaktmöglichkeiten für die Bewohner ergeben. Seitlich ist ein rollstuhlgängiger Aufzug integriert. Pro Etage werden fünf Zweizimmer-Wohnungen mit 57 m² Wohnfläche erschlossen. Alle 20 Wohnungen sind durchgesteckt und geschossweise gespiegelt angeordnet. Küche und Essplatz sind durch ein großes Brandschutzfenster der eigenen Aufenthaltszone und dem allgemeinen Treppenhaus zugewandt, sodass Kontakt nach außen möglich ist. Im Süden belichtet ein loggiaartiger Fensterraum, der als Wintergarten oder offener Freisitz dient, Wohn- und Schlafzimmer. Schiebetüren schaffen schwellenlose Raumbezüge. Anstelle eines Kellerabteils verfügt jede Wohnung über einen Abstellraum auf der Etage.

Der Wohnungsbau ist privat finanziert, wobei im Baurecht die Miethöhe festgelegt ist. Innerhalb des engen Kostenrahmens ist es gelungen, ein energiesparendes Haus zu errichten.

Solarenergienutzung

Die Konstruktion des Gebäudes besteht aus Stahlbetondecken und 12–18 cm starkem Kalksandstein-Mauerwerk. Die 20 cm dick gedämmten Außenwände sorgen mit dafür, dass der Schweizer Minergie-Standard erreicht wird.

Die schachbrettartig gegliederte Südfassade ist als Solargewinnfassade konstruiert. Vor den Schlafräumen sind eigens entwickelte transluzente dreischichtige Isoliergläser angeordnet: Ein Prismenglas im ersten Scheibenzwischenraum reflektiert die steil einfallende Sommersonne, während die flacher stehende Wintersonne den Sonnenschutz passiert. Im zweiten Scheibenzwischenraum ist ein Salzhydrat als latenter Wärmespeicher in grau eingefärbten Polycarbonat-Stegplatten eingeschlossen, das durch die Sonneneinstrahlung schmilzt und die Energie aufnimmt. Beim Abkühlen gibt das Speichermedium die Wärme zeitversetzt an den Innenraum wieder ab. Die höhere Oberflächentemperatur der Innenfläche steigert die Behaglichkeit. Über eine Bauteilaktivierung der Decken werden die Räume im Winter zusätzlich beheizt und im Sommer gekühlt. Neben dem zu öffnenden Fensterraum versorgt eine Lüftungsanlage die Wohnungen mit Frischluft. Unterstützt durch eine Solaranlage auf dem Flachdach werden Brauch- und Heizwasser durch zwei getrennte Wärmepumpen erhitzt. Die gesamte Haustechnik hierfür ist in drei kompakten Räumen im obersten Geschoss angeordnet.

Gebäudedaten	
Nutzung:	Geschosswohnungen
Wohnungen:	20x 2-Zimmer-Wohnung (57 m²)
Maßnahmen:	Abstellraum jeder Wohnung zugeordnet
Erschließung:	Laubengang
Lichte Raumhöhe:	2,46 m
Konstruktion:	Stahlbeton
Bruttorauminhalt:	6050 m³
Nutzfläche:	1680 m²
Grundstücksfläche:	1233 m²
Baukosten:	3,9 Mio. CHF
Finanzierung:	privat finanziert
Bauzeit:	9/2003–11/2004

Lageplan
Maßstab 1:2500

Schemaschnitte
Solargewinn-Fassade
A Sommersonne, Einfallswinkel > 40°: Totalreflexion der Sonnenstrahlung
B Wintersonne, Einfallswinkel < 35°: Schmelzen des Latentwärmespeicher-Materials ver ustfreier Durchgang der Sonnenstrahlung und Wärmeabstrahlung nach innen
C Wärmespeicherkapazität des Latentwärmespeicher-Materials mit einer Schmelztemperatur von ca. 23°C

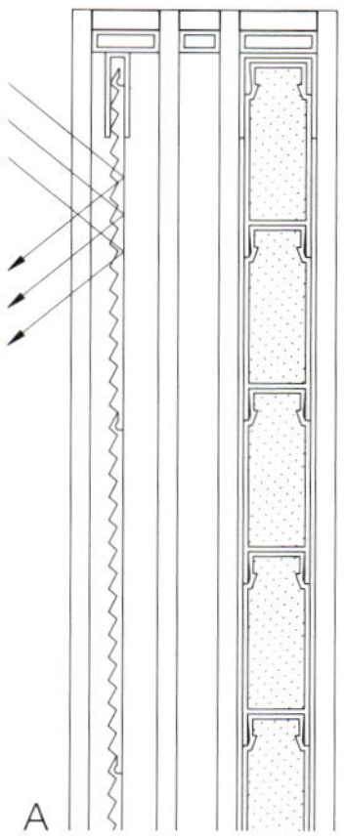

A

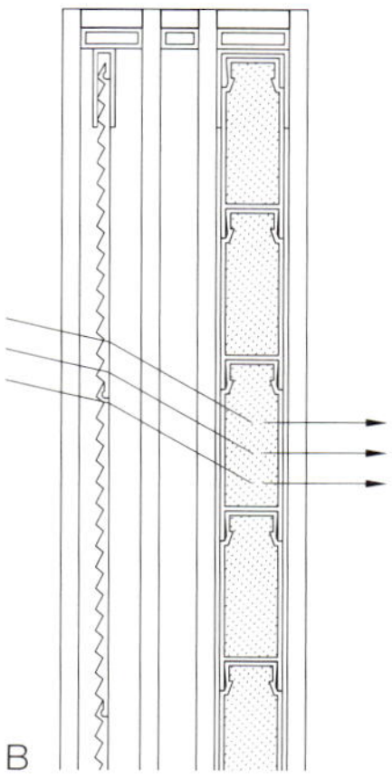

B

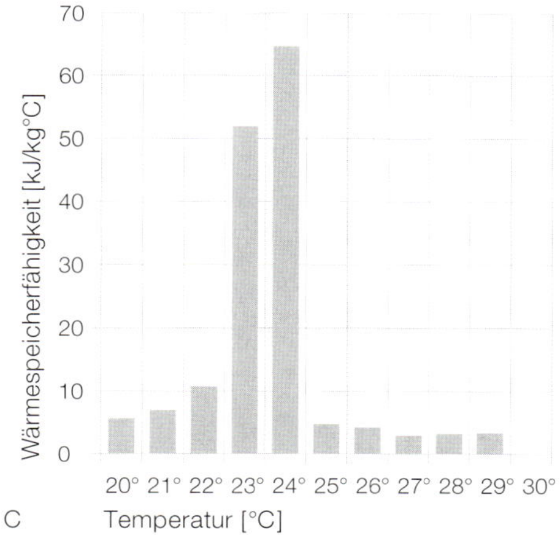

C

Schnitte
Grundrisse
Maßstab 1:500
A 2. Obergeschoss
B 1. Obergeschoss
C Erdgeschoss

1 Zimmer
2 Loggia
3 Wohnzimmer
4 Küche
5 Abstellraum
6 Aufenthalt

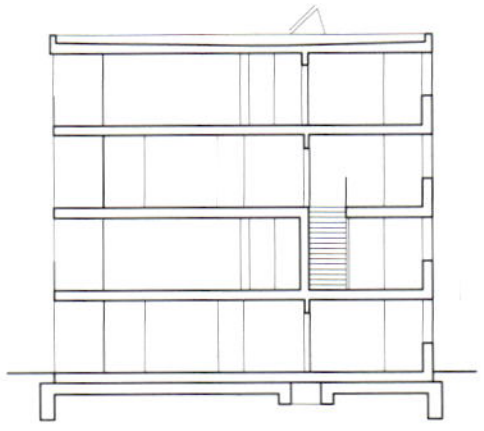

aa

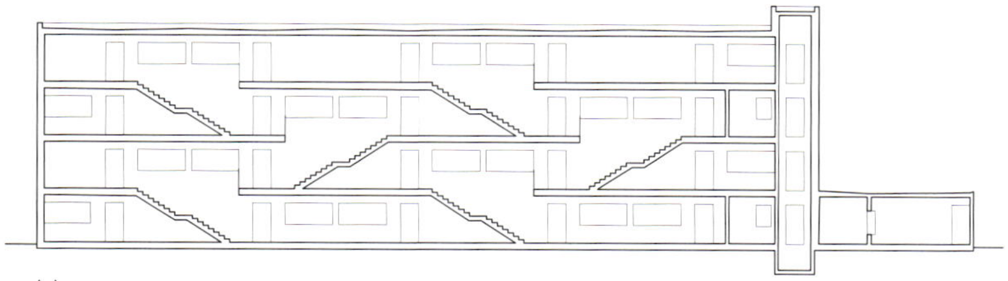
bb

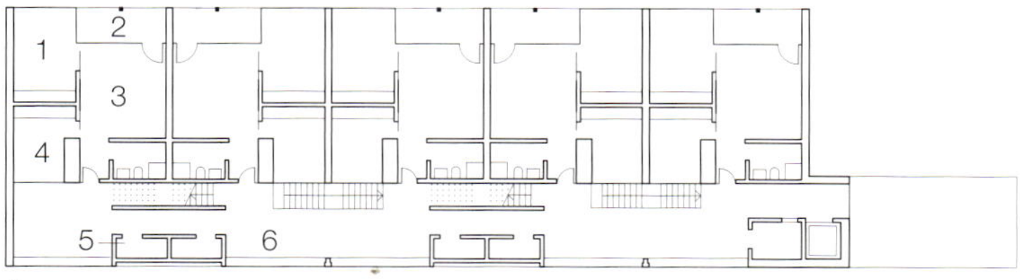
1
2
3
4
5
6
A

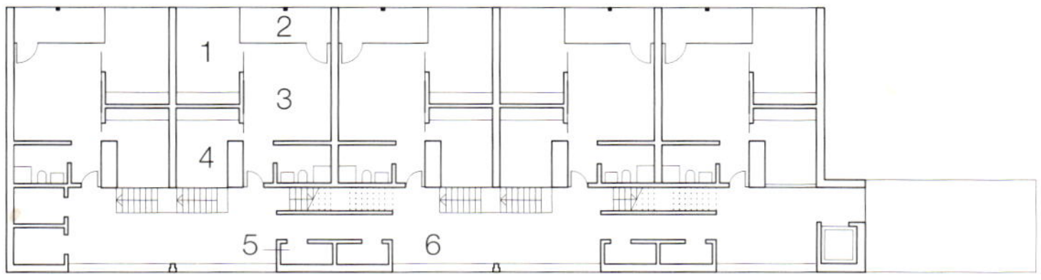
1
2
3
4
5
6
B

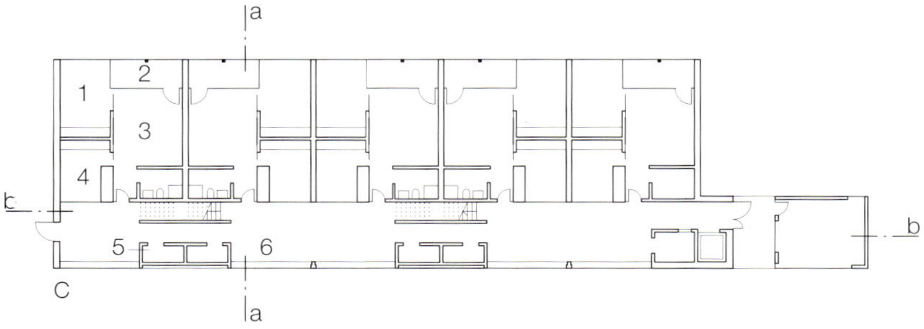
a
1
2
3
4
5
6
b
b
C
a

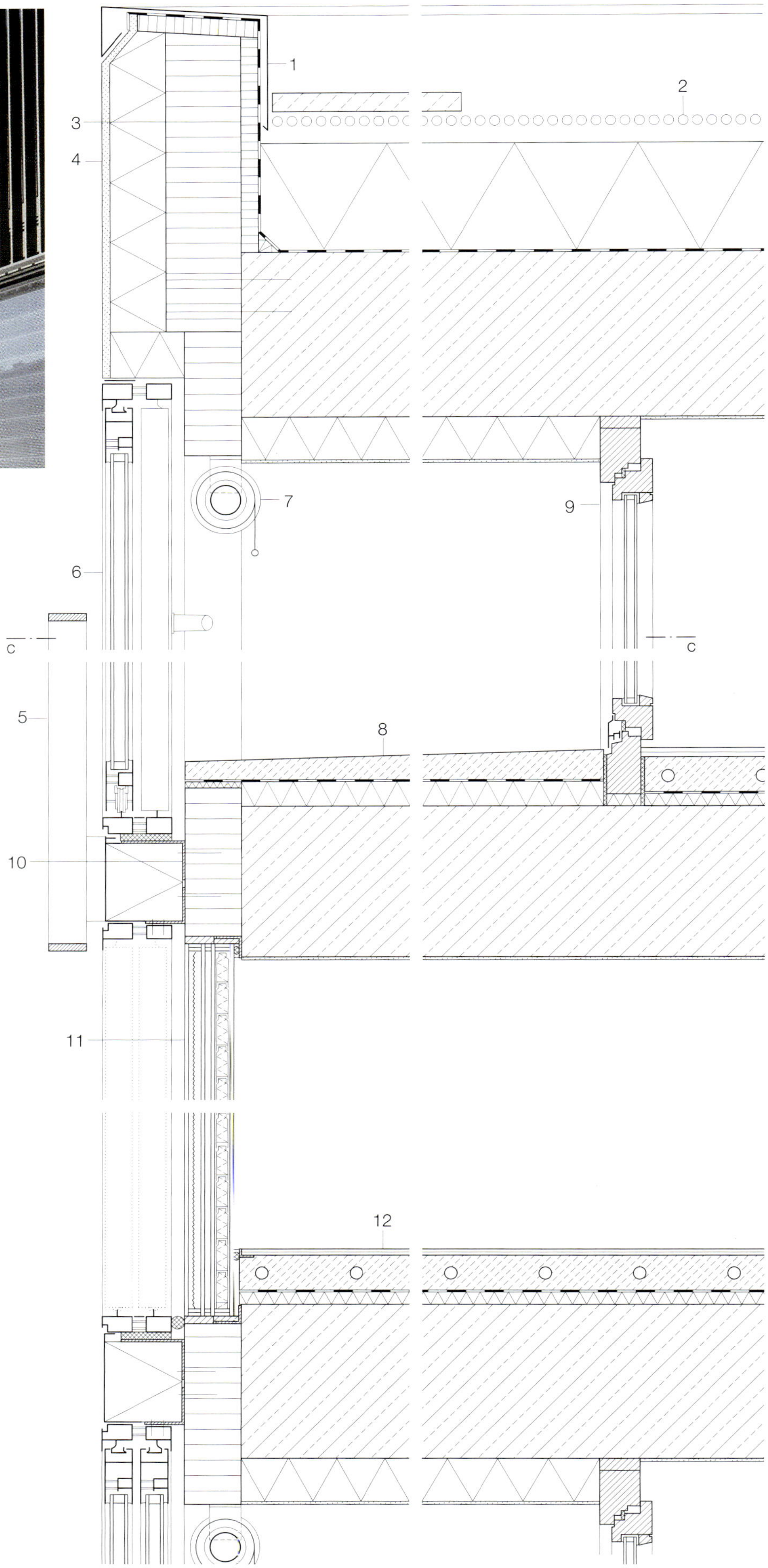

Vertikal- und Horizontalschnitt Südfassade
Maßstab 1:10

1 Attikaabdeckung
Blech pulverbeschichtet 1,5 mm
2 Dachaufbau:
Kies 80 mm
Dichtungsbahn Polymerbitumen zweilagig
Unterspannbahn Polypropylenvlies
Wärmedämmung,
Polystyrol-Hartschaum 180 mm
Dampfsperre, Voranstrich
Stahlbeton 330 mm
Gipsputz 5 mm
3 BSH wasserfest verleimt 490/120 mm
4 Wärmedämmverbundsystem 90 mm
5 Geländer:
Flachstahl ▭ 60/12 mm
6 Schiebefenster Wintergarten zweiteilig
Wärmeschutzverglasung ESG 5 mm + SZR 18 mm + ESG 5 mm
in Aluminiumrahmen
7 Sonnenschutz Senkrechtmarkise
8 Bodenaufbau Wintergarten:
Kunstharzfließbelag 3 mm
Gefälleestrich min. 33 mm, Trennlage
Trittschalldämmung 40 mm
Stahlbeton 250 mm
Gipsputz 5 mm
9 Öffnungsflügel
Isolierglas in Holzrahmen
lichte Breite 1000 mm
10 Aluminium-Winkel 100/65/4 mm auf
BSH wasserfest verleimt 246/87 mm
11 Solarfassade (U = 0,48 W/m²K):
ESG 6 mm +
Prismenplatte 6 mm in SZR 20 mm +
ESG 6 mm + SZR 10 mm + ESG 6 mm +
Wärmespeichermodule in SZR 24 mm +
ESG mit keramischem Siebdruck 6 mm
12 Bodenaufbau Zimmer:
Parkett 10 mm
Heizestrich 60 mm, Trennlage
Trittschalldämmung 20 mm
Stahlbeton 250 mm
Wärmedämmverbundsystem 75 mm
13 Trennwand zweischalig und
thermisch getrennt
14 Festverglasung
Isolierglas in Holzrahmen
15 Anschlag Schiebetür
16 Stütze Schweißprofil aus Edelstahl
Flansch ▭ 60/4 mm
Steg ▭ 60/12 mm
Flansch ▭ 60/3 mm

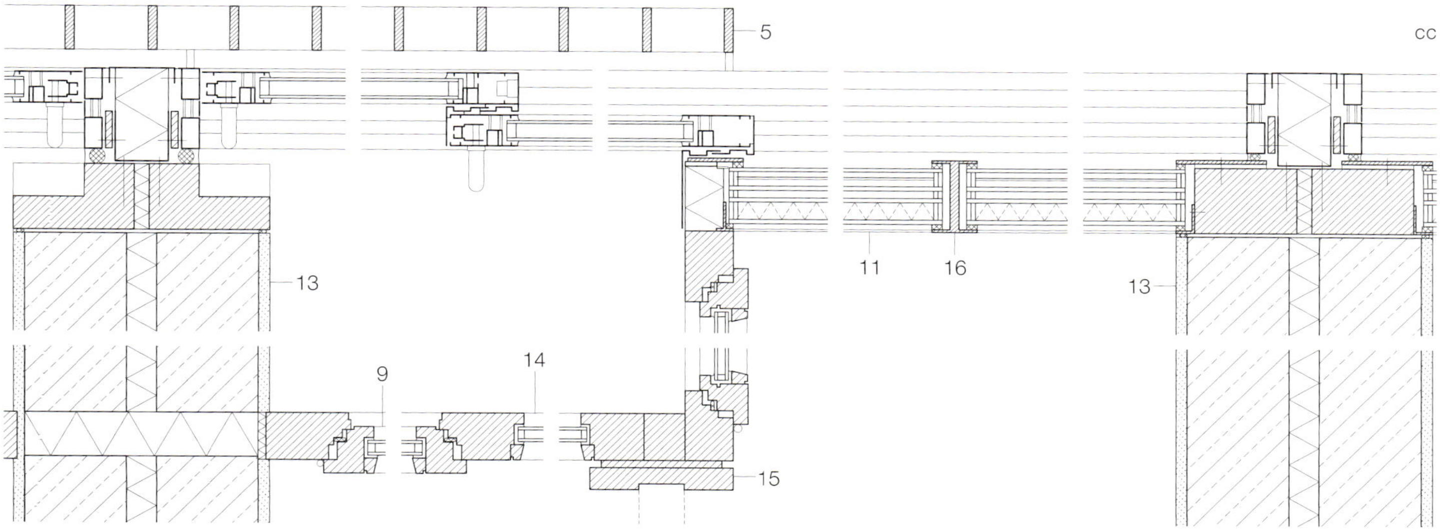
5
cc
13
11
16
13
9
14
15

Seniorenzentrum in Lich

Architekten: Pfeifer Roser Kuhn, Freiburg

Betreutes und selbstständiges Wohnen
Hausgemeinschaften für Menschen mit Demenz
Kleinteilige Struktur

Im Rahmen eines Programms des Landes Hessen zur Verbesserung der Wohn- und Lebensumstände von alten Menschen entstand das Seniorenzentrum in Lich. Leitidee der Anlage ist es, den Bewohnern, zumeist mit demenzieller Erkrankung, so viel Normalität und Eigenverantwortung wie möglich zu erhalten. Daraus entwickelte sich das Modell der Hausgemeinschaften.

Städtebaulicher Kontext

Das Seniorenzentrum liegt unmittelbar neben dem Schlosspark und ist in drei Bereiche gegliedert. Die zwei U-förmigen Gebäude nehmen die betreuten Wohngemeinschaften auf, während der Riegel, der die Anlage nach Süden hin abschließt, Appartements für selbstständiges Wohnen beherbergt. Das Zentrum bildet ein trapezförmiger Hof, zu dem sich das Café, die Hausverwaltung und eine kleine Kapelle orientieren.
In der Proportion, Anordnung und Materialität der Gebäude reagieren die Architekten auf das mittelalterliche Straßennetz und die zwei- bis dreigeschossigen Fachwerkhäuser der Stadt. Die Häuser der Wohngruppen sind in einer Mischkonstruktion aus Stahlbeton und Mauerwerk errichtet. Ihre Fassaden sind mit Lärchenholzlatten verkleidet. Der Gebäuderiegel hingegen besteht aus einem Stahlbetontragwerk und gedämmten, nicht tragenden Holzständerfassaden.
Alle Übergänge und der Ausbau sind barrierefrei ausgeführt. So gibt es z. B. unterfahrbare Arbeitsflächen in den Küchen und höhenverstellbare Badewannen in den Pflegebädern.

Hausgemeinschaften

Über ein kleines Foyer gelangt man zu den Hausgemeinschaften, die sich jeweils zum Innenhof orientieren. Jede Gruppe, in der acht Bewohner leben, ist eingeschossig organisiert. Mittelpunkt ist die geräumige Wohnküche mit angrenzender Terrasse oder Balkon. Hier spielt sich das Alltagsleben der Bewohner ab; sie werden in Aktivitäten wie Kochen, Spülen, Waschen oder Bügeln eingebunden. Die Pflegezimmer liegen in den Wohnflügeln entlang eines Mittelflurs. Festverglasungen mit niedrigen Brüstungen geben den Blick nach außen frei. Rücksprünge in den Fassaden unterstützen einen großzügigen Raumeindruck.

Seniorenwohnungen

In dem Gebäuderiegel, der über Laubengänge an der Nordseite erschlossen wird, befinden sich auf drei Geschossen 27 Appartements für selbstständiges Wohnen. Eine Nebenraumzone aus Küche und Bad bildet einen Puffer zum Laubengang. Die 2-Zimmer-Wohnungen öffnen sich über eine an den Wohnraum angrenzende Loggia direkt zum südlich gelegenen Schlosspark.

Gebäudedaten

Nutzung:	Selbstständiges und betreutes Wohnen
Selbstständiges Wohnen:	27× 2-Zimmer-Appartement (50,9 m^2)
Betreutes Wohnen:	56× Pflegezimmer (24,2 m^2), organisiert in sieben Wohngruppen mit jeweils acht Bewohnern
Erschließung:	Mittelgang, Laubengang
Lichte Raumhöhe:	2,5 m
Konstruktion:	Stahlbetondecken Mauerwerk mit Lärchenholz verschalt nicht tragende Holzständerwände
Bruttorauminhalt:	21 320 m^3
Bruttogeschossfläche:	7002 m^2
Hauptnutzfläche:	U-förmige Gebäude 2039 m^2, Riegel 1160 m^2
Grundstücksfläche:	1551 m^2
Baukosten:	9,03 Mio. EUR
Planungs- und Bauzeit:	1998–2003

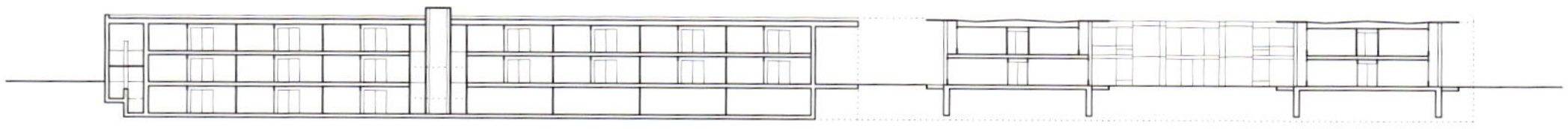

aa

Schnitt • Grundriss
Maßstab 1:1000

1 Eingangshalle
2 Gemeinschaftshof
3 Innenhof
4 Gemeinschafts-
bereich
5 Pflegezimmer
(s.S. 87)
6 Appartement
7 Verwaltung
8 Café
9 Kapelle

Pflegeheim auf der Insel Henza

Architekten: Kawai Architects/Toshiaki Kawai, Kioto

Tagespflege und Altenheim Natürliche Materialien

Auf Henza, einer kleinen japanischen Insel im Pazifik, liegt das »Long House« mit seinem Tagespflege- und Wohnangebot für ältere, pflegebedürftige Menschen. Das subtropische Klima weist dort Jahresdurchschnittstemperaturen von 22,5 °C auf. Wegen der regelmäßigen Taifune und des Mangels an natürlichem Baumaterial hat sich auf der Insel Stahlbeton als Baustoff durchgesetzt.

Zwei Funktionen unter einem Dach

Das Erdgeschoss des »Long House« ist der Tagespflege vorbehalten, während im Obergeschoss Zimmer mit insgesamt 20 Betten für die Langzeitpflege bereitstehen.
Durch den Haupteingang betritt man den großflächigen Gemeinschaftsbereich mit Café und Speisesaal sowie einen angegliederten Ruheraum mit Waschgelegenheiten.
Zum Treppenhaus mit Lift gelangt man durch einen überdachten Außenraum oder direkt über die Garagen auf der Rückseite des Gebäudes.
Ein breiter Flur in der Pflegestation fördert die Kommunikation unter den Bewohnern. Er nimmt eine ebenso große Fläche ein wie die 16 Einzel- und die zwei Doppelzimmer zusammen und steht der Gemeinschaft zur Verfügung. Abwechslungsreich gestaltete Freiflächen, gegliedert durch Wege mit verschiedenen Oberflächen und Beete erweitern den Aufenthaltsbereich auf beiden Ebenen.

Konstruktion für ein angenehmes Raumklima

Da Stahlbeton einen guten Wärmespeicher darstellt, sich dies aber in heißem Klima nachteilig auswirkt, wird die Konstruktion durch natürliche Materialien ergänzt.
Die Fassade ist hinterlüftet und mit Holz verkleidet, während im Innenraum naturbelassenes Holz der Dämmung und der Kontrolle der Luftfeuchtigkeit in den Räumen dient.
Das komplette Satteldach ist begrünt und wirkt ebenfalls dämmend, gleichzeitig speichert es die Feuchtigkeit. Zur Bewässerung wird aus einem unterirdischen Tank durch ein Verteilersystem Wasser zum Dachfirst gepumpt. Durch den stetig wehenden Wind verdunstet die Feuchtigkeit und das Stahlbetondach kühlt auf natürliche Weise unter die Temperatur der Außenluft ab. Im hohen Dachgeschoss kann die warme Luft nach oben steigen, sodass am Boden ein angenehmes Raumklima herrscht.
Außerdem besitzt jedes Zimmer eine Lüftungsklappe, ergänzt durch eine individuell regelbare Klimaanlage in der Nische vor dem Fenster.

Gebäudedaten

Nutzung:	Tagespflege, Pflegestation mit 20 Betten
Erschließung:	Einhüftig
Lichte Raumhöhe:	EG 2,43 m, OG 4,32 m
Konstruktion:	Stahlbeton
Bruttorauminhalt:	4083,2 m³
Nutzfläche:	1244 m²
Grundstücksfläche:	1425 m²
Bebaute Fläche:	834,9 m²
Baukosten:	1,17 Mio. EUR
Fertigstellung:	3/2006

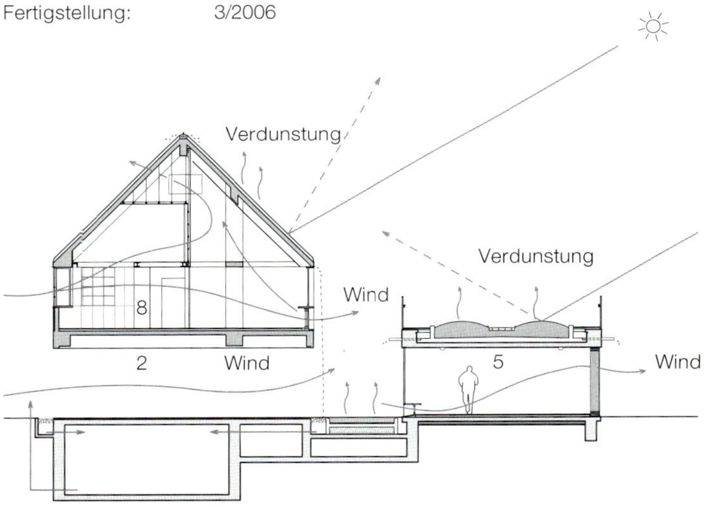

Lageplan
Maßstab 1:4000
Schnitt mit Lüftungssystem
Schnitt • Grundrisse
Maßstab 1:500

1 Vorhof
2 Stellplätze
3 Eingang
4 Café
5 Speisesaal
6 Küche
7 Ruheraum
8 Einzelzimmer
9 Doppelzimmer
10 Dachterrasse

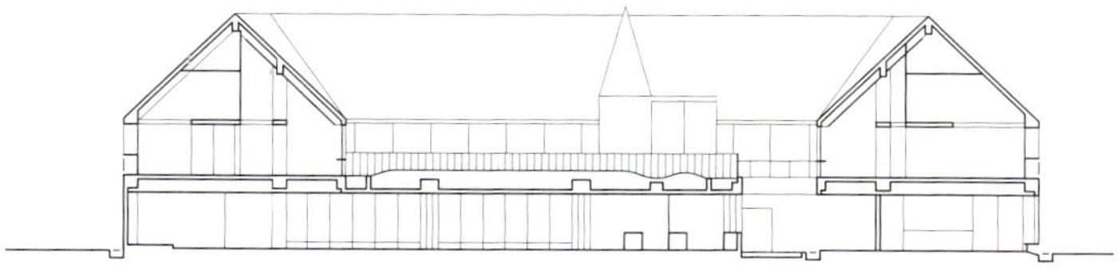

aa

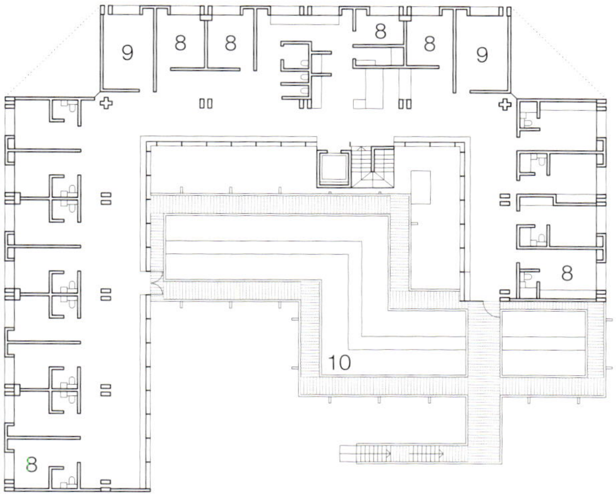

OG

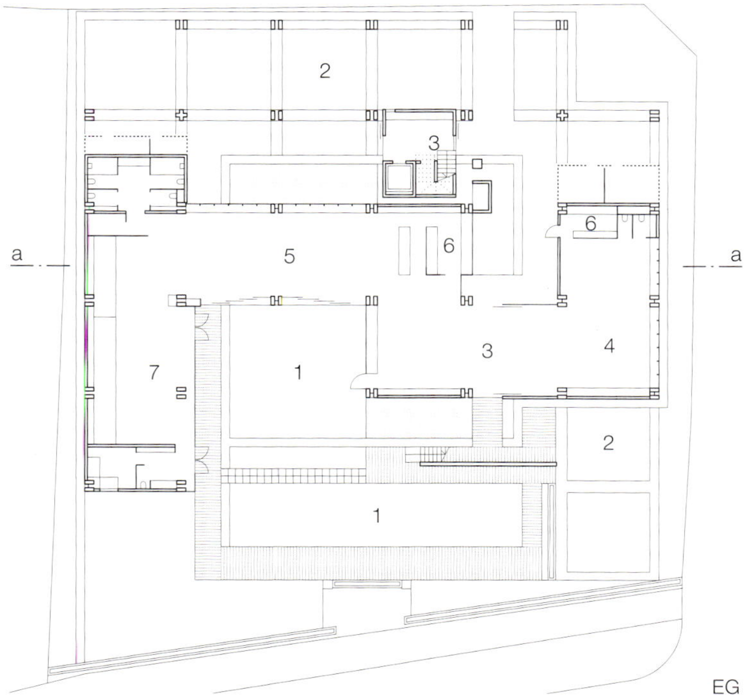

EG

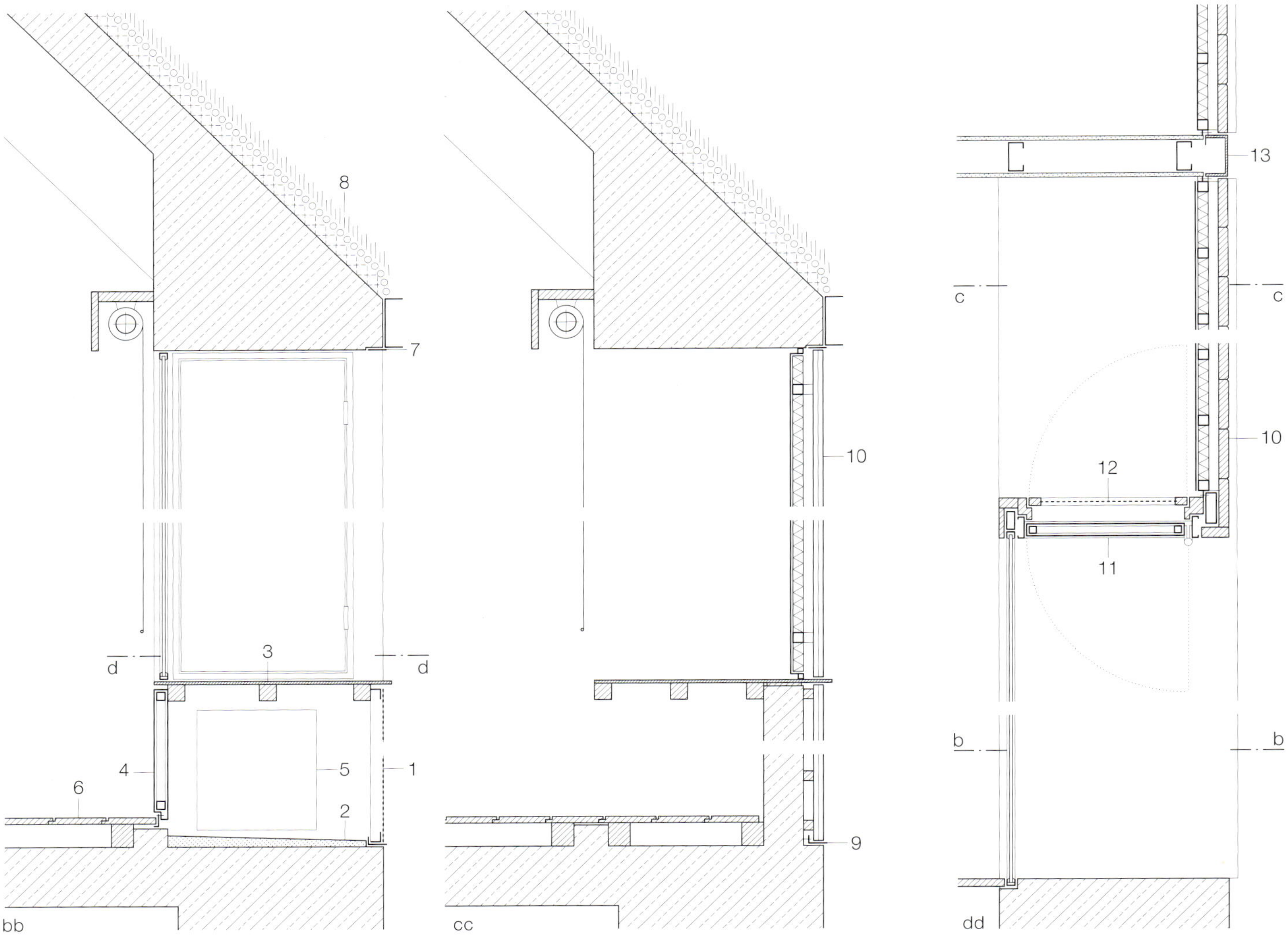

Vertikalschnitte • Horizontalschnitt
Fassade Einzelzimmer
Maßstab 1:20

1 Streckmetallgewebe
2 Mörtel wasserfest
3 Stahlblech 9 mm
4 Stahlblech zur Wartung
demontierbar 40 mm
5 Klimaanlage
6 Bodenaufbau:
Parkett 20 mm auf
Unterkonstruktion Holz 70/60 mm
Stahlbeton 180 mm
7 Flachstahl ⊏⊐ 5/80 mm
8 Dachaufbau:
extensive Begrünung
Unterlage Papier, Zellstoff vermischt
mit Grassamen 100 mm
Drahtgitter
Stahlbeton
9 Stahlblechwinkel verzinkt 0,6 mm
10 Wandaufbau:
Holzverkleidung Zeder 30 mm
Hinterlüftung, Wärmedämmung
Verkleidung Stahlblech 0,6 mm
11 Lüftungsflügel Stahlblech
12 Fliegenschutzgitter
13 Stahlprofil ⊔ 150/75/10 mm

Seniorenzentrum in Magdeburg

Architekt: löhle neubauer architekten, Augsburg

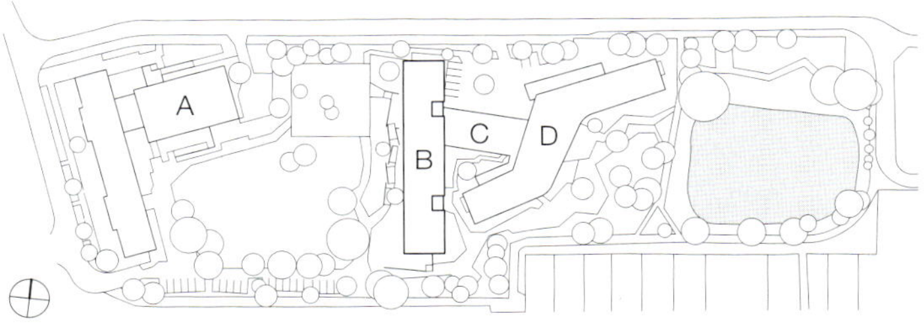

Energetische Plattenbausanierung Technische und gestalterische Maßnahmen zum Angleichen der Nutzungsstandards Erweiterungsbau mit 80 Wohnplätzen

Bewegliche Lochblechpaneele, transparente Brüstungen, aufgeglaste Fassaden – dahinter vermutet der Betrachter keinen Plattenbau. Und doch ist das umgestaltete Pflegeheim Teil eines in den 70er Jahren in Großtafelbauweise errichteten Seniorenzentrums in Magdeburg. Um den Ansprüchen an den attraktiven Standort am Neustädter See weiterhin gerecht zu werden, erarbeitete man ein umfangreiches Sanierungs- und Erweiterungskonzept.

Einheit aus Bestand und Neubau

Der westliche Baukörper der insgesamt vier Gebäude verbleibt sechsgeschossig als Wohnheim, während der östliche nach Abtrag des obersten Stockwerks einen Teil des Pflegeheims bildet. Mit dem Verbindungsbau, der die gemeinsame Verwaltung birgt, schließt die viergeschossige Erweiterung an. Durch die frei knickende Form löst sich der Neubau aus der Geometrie und bildet einen zentralen Eingangshof. Vom Foyer aus werden alle Bereiche erschlossen. Im Erdgeschoss öffnet sich der Speisesaal mit vorgelagerter Terrasse zum See. In den Obergeschossen reihen sich die Wohnräume der Bewohner an einem Wohnweg. Die Flure sind nach Norden geschosshoch verglast und weiten sich in den Knicken auf. Die in halbprivaten Nischen angeordneten Zimmereingänge erinnern dabei an Haustüren. Raumbreite Fenster in den Zimmern erlauben mit niedrigen Brüstungen auch Bettlägrigen den Blick ins Grüne.

Sanierung

Neben der energetischen Sanierung wurden beim Umbau des Plattenbaus in den Obergeschossen je zwei Zimmer zu Einheiten zusammengefasst, die sich ein natürlich belichtetes Bad und eine Ankleide teilen. Die Auslagerung der Schränke macht die Zimmer großzügiger. Durch den Rückbau einzelner Platten werden zudem die Mittelflure aufgewertet und ebenfalls natürlich belichtet. Fenster mit Wärmeschutzverglasung, Wärmedämmverbundsystem auf den Außenwänden und das neue als Warmdach ausgeführte Flachdach helfen mit, den Primärenergiebedarf von rund 127 kWh/m²a auf 85 kWh/m²a zu reduzieren.

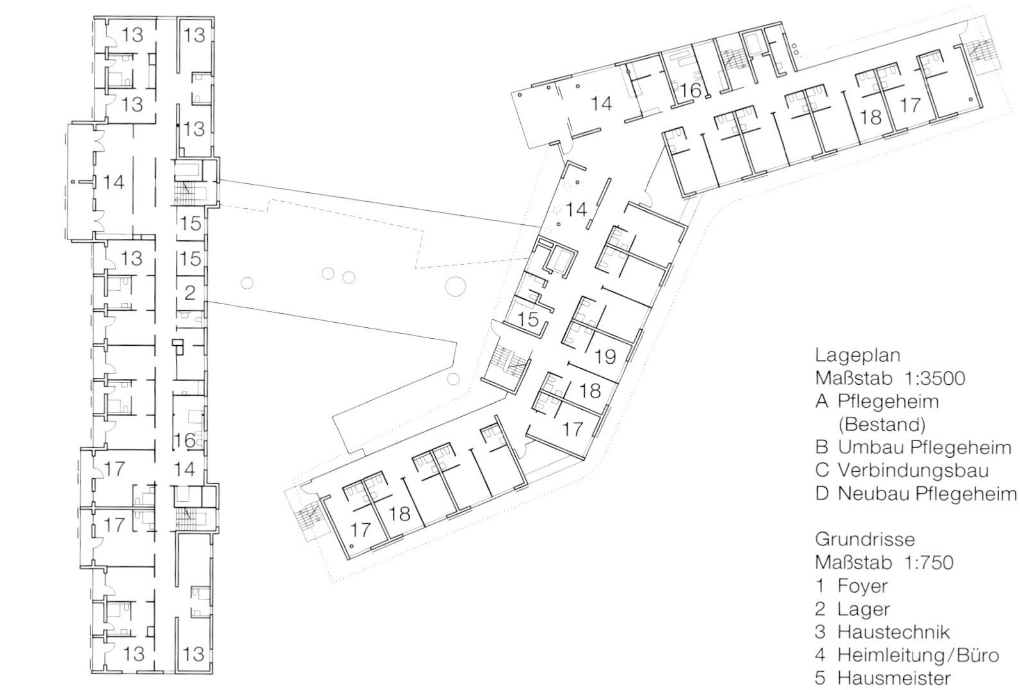

Lageplan
Maßstab 1:3500
A Pflegeheim (Bestand)
B Umbau Pflegeheim
C Verbindungsbau
D Neubau Pflegeheim

Grundrisse
Maßstab 1:750
1 Foyer
2 Lager
3 Haustechnik
4 Heimleitung/Büro
5 Hausmeister
6 Umkleide
7 Bügelraum
8 Waschkeller
9 Sozialraum
10 Schlafen
11 Wohnen
12 Kochen/Essen
13 Einbettzimmer
14 Aufenthalt
15 Schwester/Personal
16 Stationsbad
17 Zweibettzimmer
18 Einbettzimmer
19 Einbettzimmer, rollstuhlgerecht
20 Speisesaal
21 Küche
22 Aufbahrung

Gebäudedaten

Nutzung:	Altenwohn- und Pflegeheim
Wohnungen (Neubau):	6× Pflegezimmer (16,3–24,5 m²) 9× Rollstuhlzimmer (18,2 m²) 33× Einbettzimmer (16,2 m²) 15× Zweibettzimmer (24,4 m²)
Wohnungen (Umbau):	60× Einbettzimmer (17,2–21,5 m²) 10× Zweibettzimmer (27,2 m²)
Erschließung:	Einhüftig (Neubau) Mittelflur (Umbau)
Lichte Raumhöhe:	2,56 m 2,50–3,00 m (Neubau)
Konstruktion:	Stahlbeton
Bruttogeschossfläche:	4320 m² (Umbau)/4 150 m² (Neubau)
Bruttorauminhalt:	12 500 m³ (Umbau)/12 200 m³ (Neubau)
Baukosten:	6,1 Mio. EUR (Umbau) 6,2 Mio. EUR (Neubau)
Heizwärmebedarf:	75 kWh/m²a (Neubau) 85 kWh/m²a (Umbau)
Bauzeit:	1998–2003 (Neubau) 1998–2004 (Umbau)

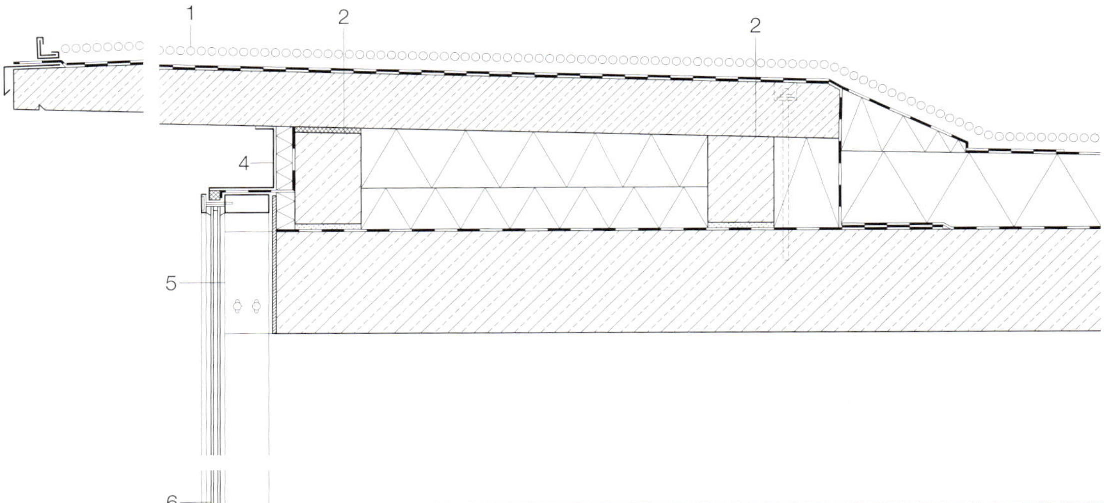
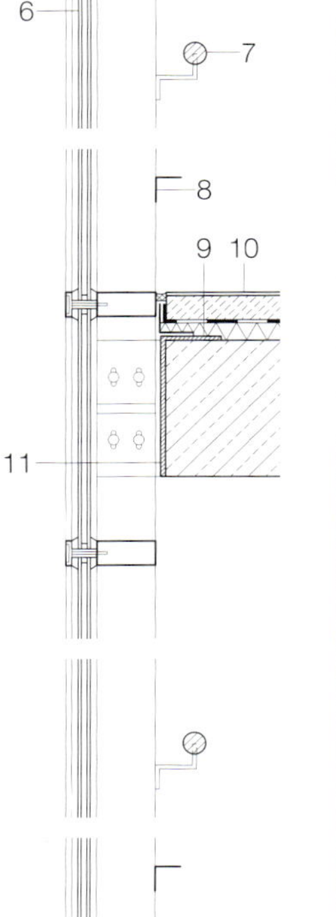
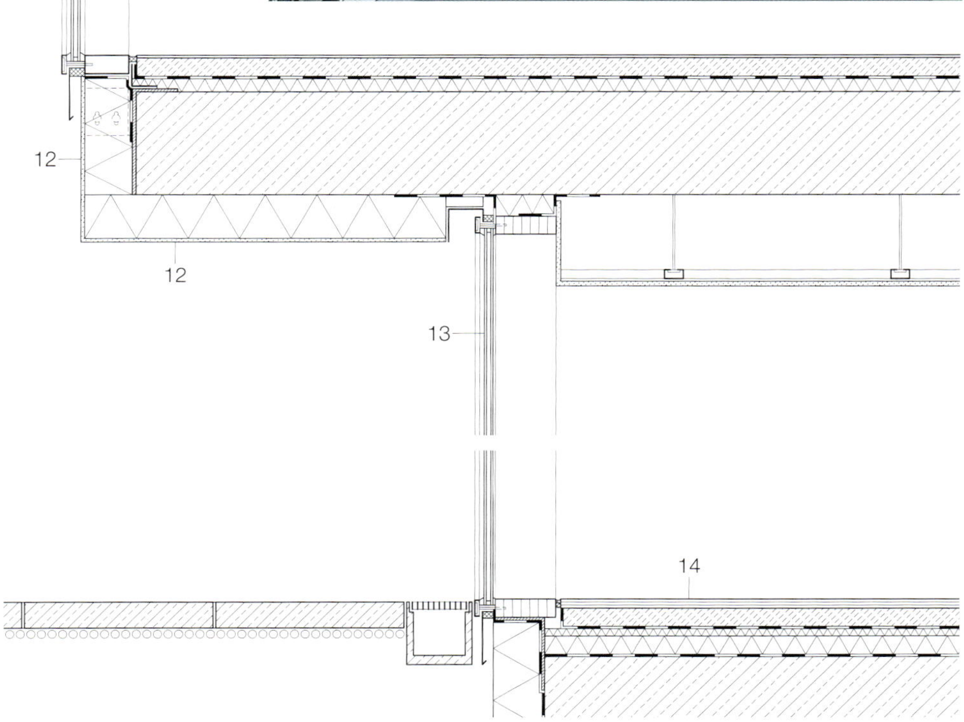

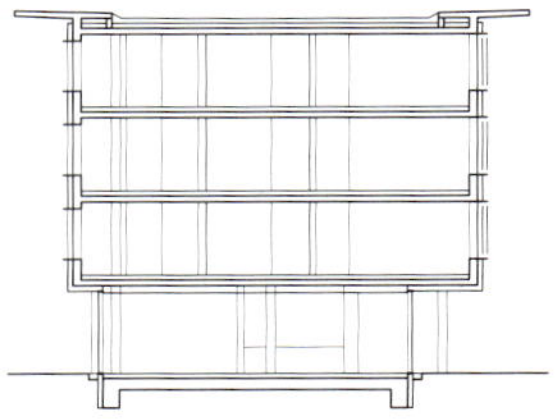

bb

Schnitt Bauteil D
Maßstab 1:500
Schnitt Nordfassade
Schnitt Südfassade
Maßstab 1:20

1 Kies 50 mm, Glasvlies 10 mm
Abdichtung Kunststoffbahn
Ausgleichsschicht Kunstfaserfilz 4 mm
Beton-Fertigteil 150 mm
2 Auflager Leichtbeton 175/245 mm,
bzw. 175/265 mm
3 Dachaufbau:
Kies 50 mm, Dichtungsbahn Kunststoff 2 mm
Wärmedämmung Hartschaum 80–160 mm
Dichtungsbahn Bitumen, Stahlbeton 280 mm
4 Aluminiumblech gekantet 3 mm
Wärmedämmung Hartschaum 50 mm
5 2x Flachstahl ▱ 130/280/5 mm mit
Kopfplatte Flachstahl ▱ 120/385/10 mm
verschweißt
6 Isolierverglasung in Aluminium-
rahmen 50/120 mm
7 Handlauf Buche ø 45 mm auf
Stahlprofil Z 80/80 mm
8 Stahlprofil L 50/50 mm
9 Winkel Aluminium 2 mm
10 Bodenaufbau Flur:
Linoleum 3 mm, Estrich 66 mm, PE-Folie
Trittschalldämmung 30 mm
Stahlbeton 280 mm
11 Stahlprofil L 120/280/10 mm geschweißt
12 Wärmedämmverbundsystem
Hartschaum 110 mm bzw. 140 mm
13 Pfosten-/Riegelfassade
Isolierverglasung auf Furniersperrholz
Buche 50/160 mm
14 Bodenaufbau Speisesaal:
Parkett 25 mm, Estrich 50 mm, PE-Folie
Trittschalldämmung 22/20 mm
Wärmedämmung 50 mm
Bitumenbahn 4 mm, Stahlbeton 400 mm
15 Wärmedämmverbundsystem 160 mm
16 Stahlprofil L 75/170/5 mm
17 Schiebeladen Aluminiumblech gelocht,
pulverbeschichtet 3 mm auf
Rahmen Stahlrohr ▱ 40 mm
18 Fensterelement Lärche dickschichtlackiert,
mit Wärmeschutzverglasung
19 Fensterbank Buche geölt 30 mm
20 Schiebeladen Holzlattung Lärche 30/60 mm
auf Rahmen Stahlrohr ▱ 40/60 mm
21 Bodenaufbau Intensivpflege:
Linoleum 3 mm, Estrich 50 mm, PE-Folie
Trittschalldämmung 22/20 mm
Wärmedämmung 80 mm
Bitumenbahn 4 mm, Stahlbeton 250 mm

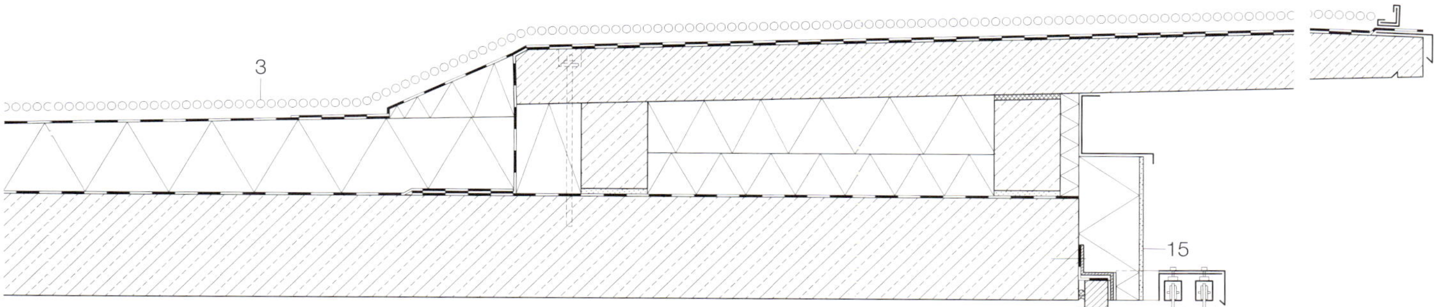
3
15
16
17
18
19
20
21

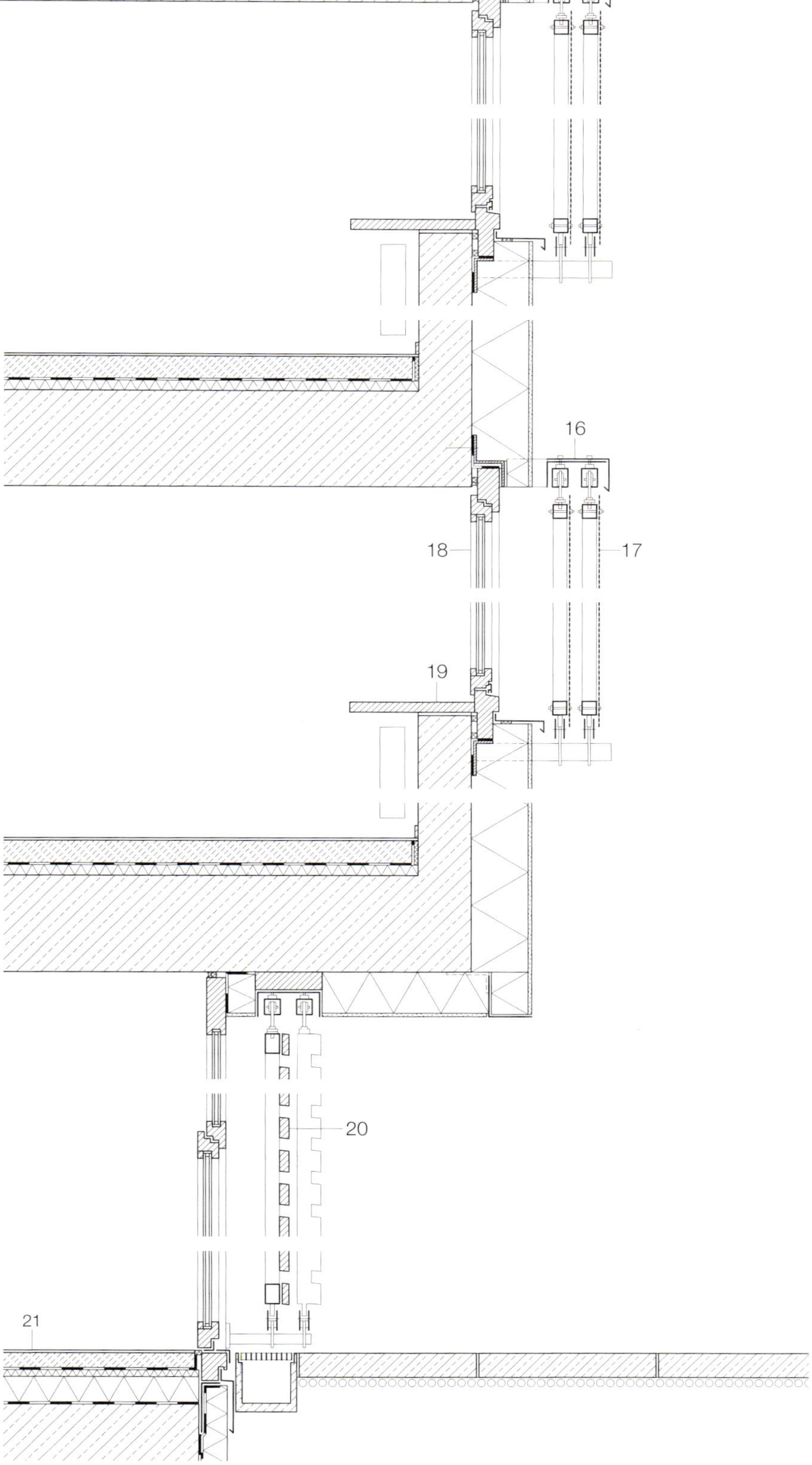

Seniorenwohnhaus in Neumarkt am Wallersee

Architekten: Kada + Wittfeld, Aachen

58 Einzelzimmer mit starkem Außenbezug
Erschließung mit Aufenthaltsqualität
Begrüntes Atrium und geschützter Gartenbereich

Das holzverschalte Seniorenwohnhaus liegt unweit der Kirche in einem kleinen Ort im Salzburger Seengebiet. Die zweigeschossige H-förmige Bebauung ist Ost-West ausgerichtet und fügt sich mit ihrer Materialität und Gebäudehöhe in das kleinteilige Ortsbild. Die Anlage selbst ist wie eine eigene Ortschaft strukturiert: Die räumliche Abfolge von Plätzen, Wegen, Vorzonen und Einzelzimmern bietet alle Facetten von Gemeinschaft und Privatheit, die auch den öffentlichen Raum bestimmen. Die Fassaden sind mit horizontaler Lärchenholzschalung verkleidet und werden durch Glaserker rhythmisiert. Die Wandverkleidung setzt sich im Innenraum an den Hallen- und Flurwänden fort und sorgt für eine warme Atmosphäre und angenehmes Raumklima.
Über eine breite gepflasterte Rampe betritt man das Erdgeschoss, dessen Mittelpunkt eine zweigeschossige Halle und ein kleines begrüntes Atrium bilden. In der Nordwest-Ecke ist der Speisesaal angelagert, direkt nebenan befindet sich die kleine Hauskapelle.
Die Erschließungsflure sind als Wohnstraßen gestaltet: Auf einer Seite vollständig verglast, geben sie den Blick frei auf den gegenüberliegenden Gebäudeflügel und ermöglichen eine gute Orientierung. An der Wandseite der Flure öffnen sich zurückgesetzte und blickgeschützte Nischen, die eine Vorzone zu jeweils zwei Zimmern markieren und mit ihrer Sitzbank wie die »Bank vor dem Haus« wirken. Jedes Zimmer verfügt über ein eigenes Bad und kann bei Bedarf mit einer Kleinküche ausgerüstet werden. Mit ihren Erkern schieben sich die Zimmer ins Grüne hinaus. Da alle drei Seiten und das Dach verglast sind, ist auch vom Bett aus ein Blick in den Garten möglich. Über ein internes Rufsystem kann jeder Bewohner im Bedarfsfall Hilfe anfordern. Dabei wird die Zimmernummer direkt an das Pflegepersonal weitergeleitet. So bleibt die Privatsphäre des Bewohners gewahrt, da kein auffälliges Licht an der Tür seine Bedürftigkeit verrät.

Schnitte
Grundrisse
Maßstab 1:600

A Erdgeschoss
B Obergeschoss

1 Eingang
2 Kapelle
3 begrüntes Atrium
4 Speisesaal
5 Einzelzimmer
6 Pflegestützpunkt

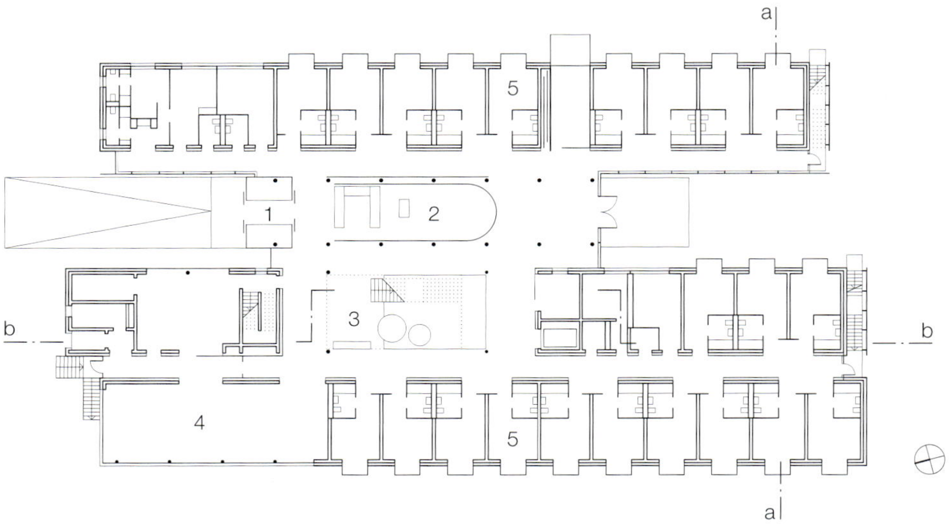

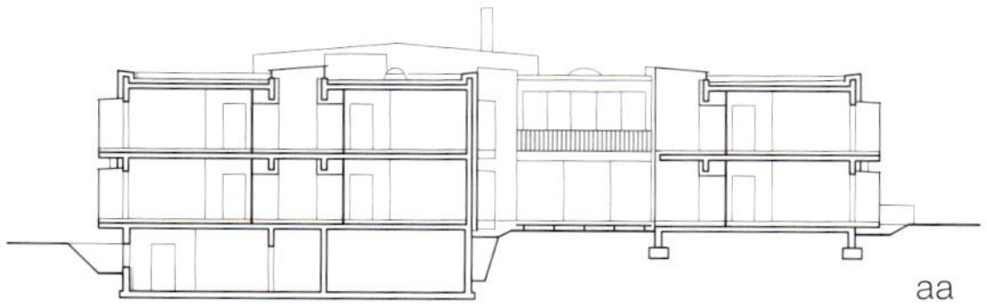

aa

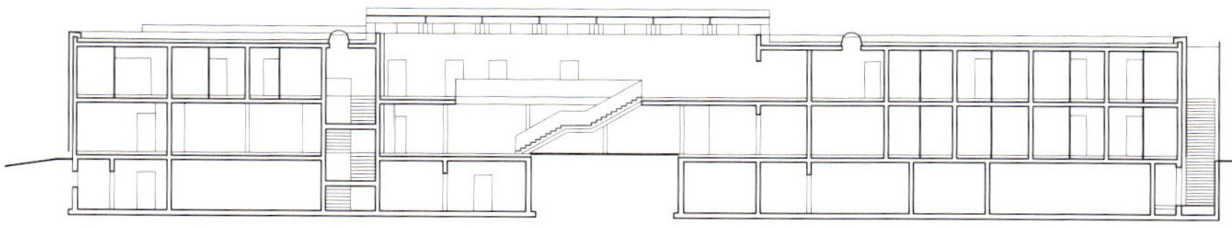

bb

Gebäudedaten

Nutzung:	Altenwohnheim
Wohnungen:	50x Einzelzimmer (25 m²) 5x Doppelzimmer (31 m²)
Erschließung:	Laubengang (verglast) Mittelgang (in Teilbereichen)
Lichte Raumhöhe:	2,81 m
Konstruktion:	Stahlbeton
Bruttogeschossfläche:	4.300 m²
Nutzfläche:	3.900 m²
Bruttorauminhalt:	14.200 m²
Grundstücksfläche:	4.616 m²
Baukosten:	5,3 Mio. EUR
Bauzeit:	1999–2001

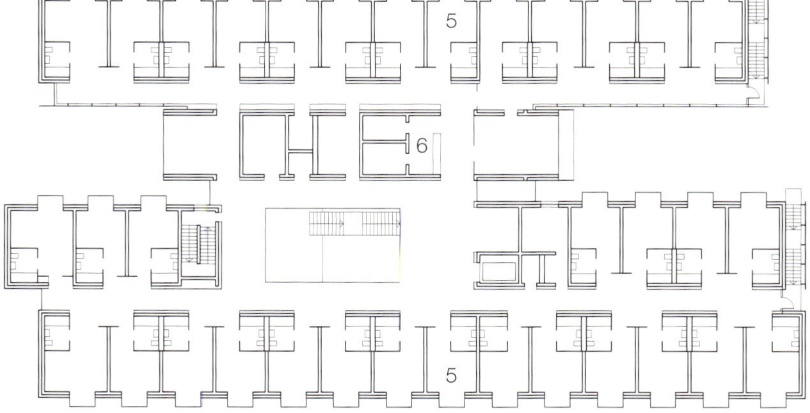

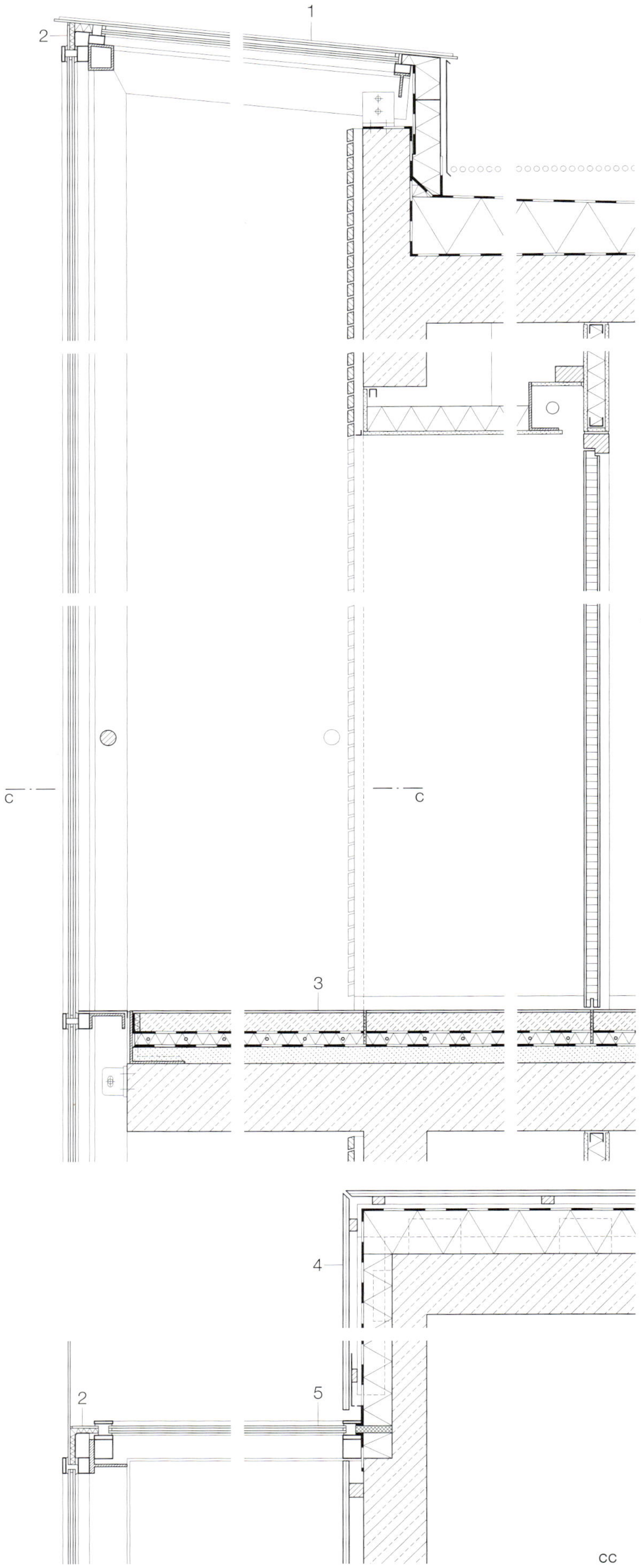

Vertikal-/Horizontalschnitte
Verglaster Flur
Sitznische/Erker
Maßstab 1:20

1 Überkopfverglasung
ESG 8 + SZR 12 + VSG 10 mm,
UV-Schutz durch Siebdruck
2 Glassandwichpaneel emailliert
3 Bodenaufbau Flur:
Kautschuk 4 mm
Spachtelung 2 mm
Estrich 69 mm
Systemplatte 35 mm mit
Heizrohren
Kiesschüttung 55 mm
Stahlbeton 220 mm
4 Wandaufbau:
Schalung Lärchenholz 19/38 mm
Konterlattung Fichte

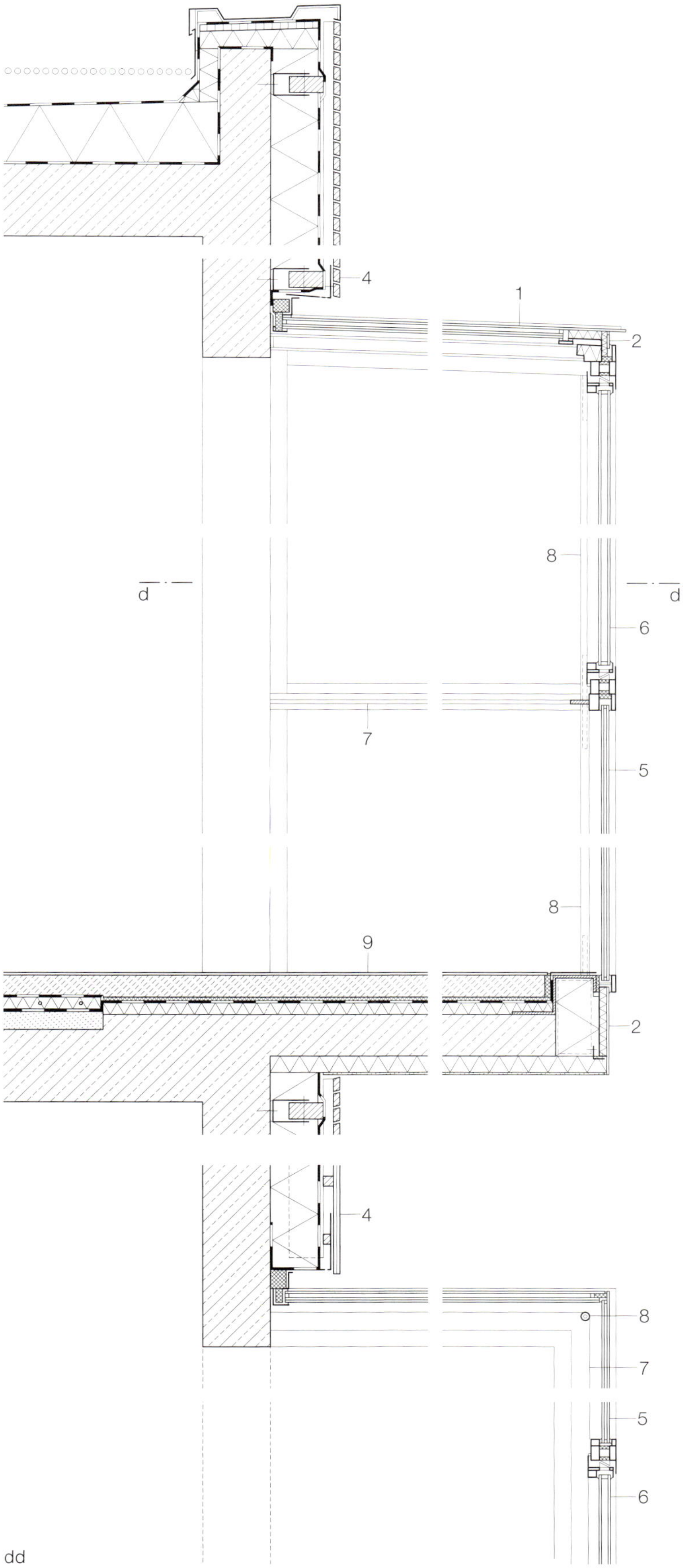

dd

Glasvlies schwarz,
nicht brennbar
Kantholz Fichte 50/80 mm in
U-Locheisen
Dämmplatte Steinwolle,
hydrophobiert 140 mm
Stahlbeton 150 mm gespachtelt
und gestrichen
5 Brüstung
Isolierverglasung
ESG 6 + SZR 12 + ESG 6 mm
6 Öffnungsflügel
Isolierverglasung
ESG 6 + SZR 12 + VSG 8 mm in
verdecktem Dreh-Kipp-Flügel
7 Riegelkonstruktion
Flachstahl verschweißt
8 Formrohrstütze Edelstahl 25 mm
über Einschiebling an 7 befestigt
9 Bodenaufbau Erker:
Klebeparkett 8 mm
Estrich 66 mm
Systemplatte 11 mm
Trennlage
Wärmedämmung
Polyurethan 30 mm
Stahlbeton 120 mm
Wärmedämmung,
Polystyrol extrudiert 50 mm
Silikatputz

Seniorenzentrum in Steinfeld

Architekt: Dietger Wissounig, Graz

Pflegeheim mit Niedrigenergie-Standard
Atrium als kommunikatives Zentrum
Öffentliche Einrichtungen im Erdgeschoss

Das Altenwohn- und Pflegeheim liegt am westlichen Ortsrand der kleinen Kärntner Gemeinde Steinfeld, neben der Volksschule und einem Park. Die Zonierung des Gebäudes reagiert auf diese Umgebung: Servicebereiche bilden einen Puffer nach Nordosten zur Bundesstraße, während sich die Wohnungen und Aufenthaltsbereiche zum Grün orientieren. Von außen wirkt der kompakte Baukörper schlicht und monolithisch, im Inneren erleichtern Sichtverbindungen und eine einfache Wegeführung die Orientierung. Großzügige und flexible Räume ermöglichen ein kommunikatives Miteinander.

Räumliche Vielfalt im Inneren

Im Erdgeschoss befinden sich neben den Versorgungs- und Verwaltungseinrichtungen auch der Fest- und Speisesaal, eine Bibliothek und eine Kapelle. Die Räume stehen nicht nur den Bewohnern zur Verfügung, sondern werden auch von der Öffentlichkeit genutzt. So kommen Hortschüler täglich zum Mittagessen, die Bibliothek wird öffentlich genutzt und der Ortsgottesdienst regelmäßig in der Kapelle gehalten. Die beiden Obergeschosse beherbergen Wohn- und Pflegeeinheiten. Die 34 Einzel- und 8 Doppelzimmer verfügen über ein eigenes rollstuhlgerecht ausgeführtes Bad. Raumhohe Fenster mit tiefen Fensterbrettern, die als Regale genutzt werden können, geben den Blick auf die Landschaft frei. Zwischen den Wohneinheiten liegen großzügige Aufenthaltsbereiche mit integrierter Küche und einer vorgelagerten Loggia. Alle Räume sind um das innenliegende, als Wintergarten gestaltete Atrium angeordnet, das durch ein System aus Stegen auch der Erschließung dient. Die barrierefreie Ausführung der Raumschwellen und Balkonübergänge gewährleistet, dass sich die Bewohner uneingeschränkt im Gebäude bewegen können.

Konstruktion

Über dem massiven, leicht zurückversetzten Erdgeschoss aus Beton sitzen die als Holzkonstruktion ausgebildeten Obergeschosse. Vorgefertigte und vorinstallierte Holzriegelwände und Brettschichtholzstützen leiten die Lasten in die Betondecke ab. Die Fassade ist mit einer vertikalen Schalung aus Lärche verkleidet. Tiefe, teilweise über Eck geöffnete Loggien und die individuell verstellbaren Holzschiebeläden verleihen dem Gebäude ein lebendiges Erscheinungsbild.

Energiekonzept

Die kompakte, hochgedämmte Gebäudehülle senkt die Transmissionswärmeverluste auf das Niveau eines Niedrigenergiehauses. Die Be- und Entlüftung des Gebäudes erfolgt über das zentral angeordnete Atrium: Im Winter wird nach der Vorwärmung der Luft in Erdregistern durch die zusätzlichen solaren Energieeinträge eine durchschnittliche Erwärmung der Lufttemperatur von ca. 20° Celsius erzielt. Im Sommer dagegen wird die Temperatur der zugeführten Außenluft durch die Erdregister abgekühlt. Die Individualräume werden über eine Quelllüftung mit Frischluft versorgt. Durch die Nutzung von Regenwasser, separater Steuerung der Heizgruppen und elektronischer Vorschaltgeräte zur Belichtung erzielt das Gebäude insgesamt Energieeinsparungen von rund 50 % gegenüber anderen Pflegeheimen.

Gebäudedaten

Nutzungen:	Bibliothek, Seniorenwohnheim
Wohnungen:	8× Doppelzimmer (28,0 m²) 34× Einzelzimmer (19,4 m²)
Erschließung:	Mittelgang
Lichte Raumhöhe:	2,74 m
Konstruktion:	Erdgeschoss Stahlbeton, Obergeschosse vorgefertigte Holzriegelbauweise mit Brettstapelholzdecken
Bruttorauminhalt:	14 903 m³
Bruttogrundrissfläche:	3658 m²
Grundstücksfläche:	8100 m²
Baukosten:	4,15 Mio. EUR
Heizwärmebedarf:	14 kWh/m²a
Bauzeit:	2004–2005

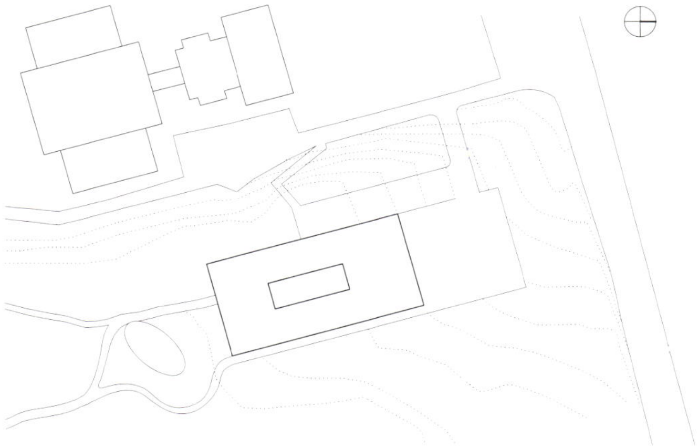

Lageplan
Maßstab 1:2000

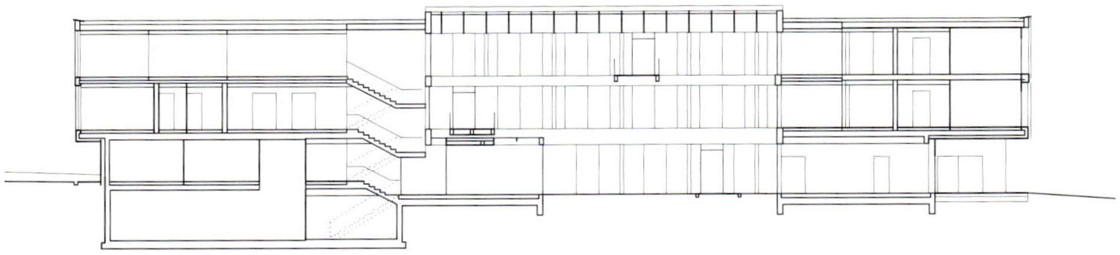

aa

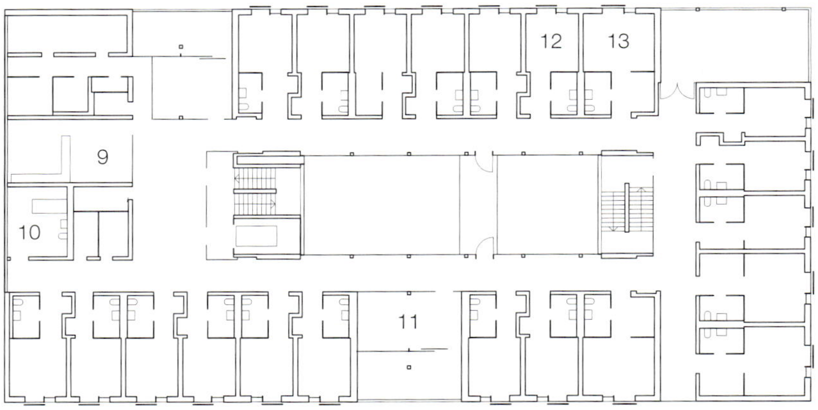

A

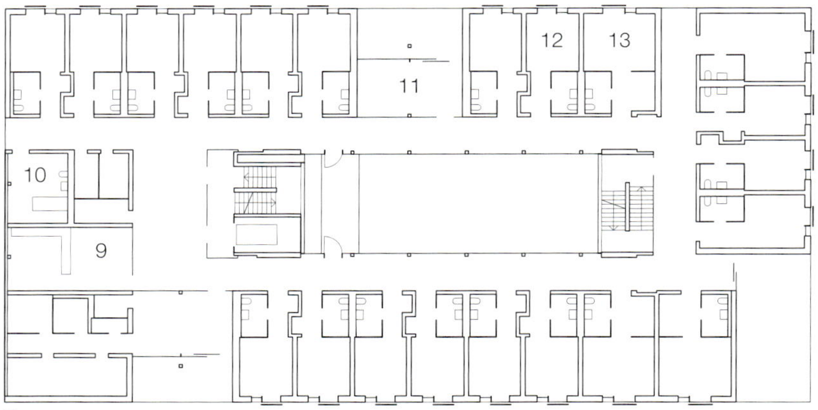

B

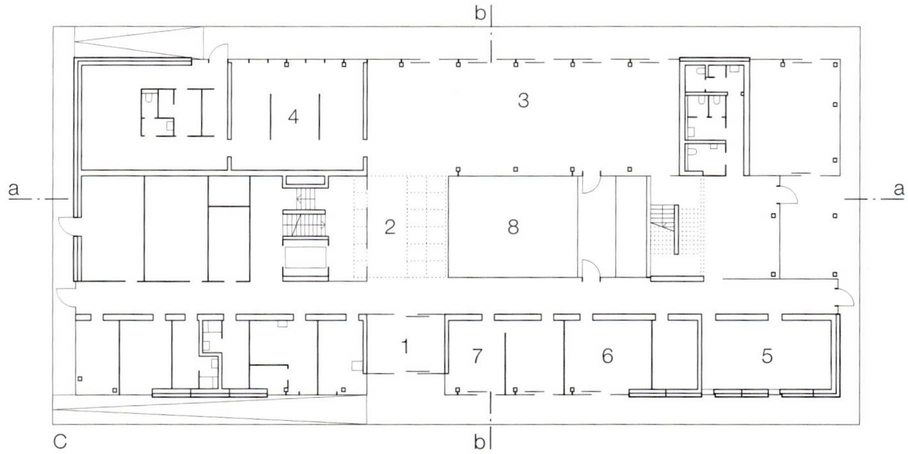

C

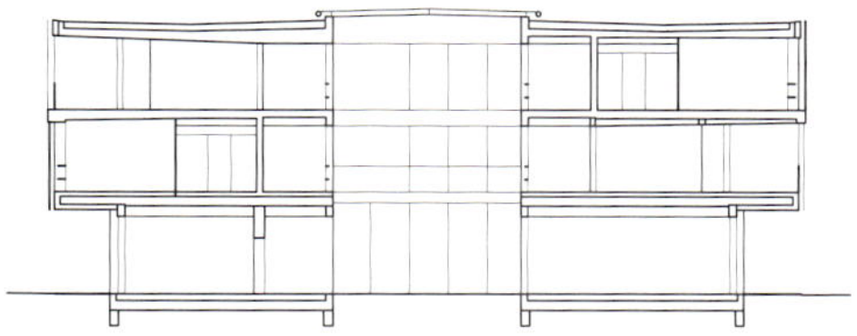

bb

Schnitte Grundrisse
Maßstab 1:500

A 2. Obergeschoss
B 1. Obergeschoss
C Erdgeschoss

1 Eingang
2 Foyer
3 Fest- und Speisesaal
4 Küche
5 Kapelle
6 Bibliothek
7 Verwaltung
8 Atrium, Wintergarten
9 Pflegestützpunkt
10 Pflegebad
11 Aufenthaltsbereich
12 Einzelzimmer
13 Doppelzimmer

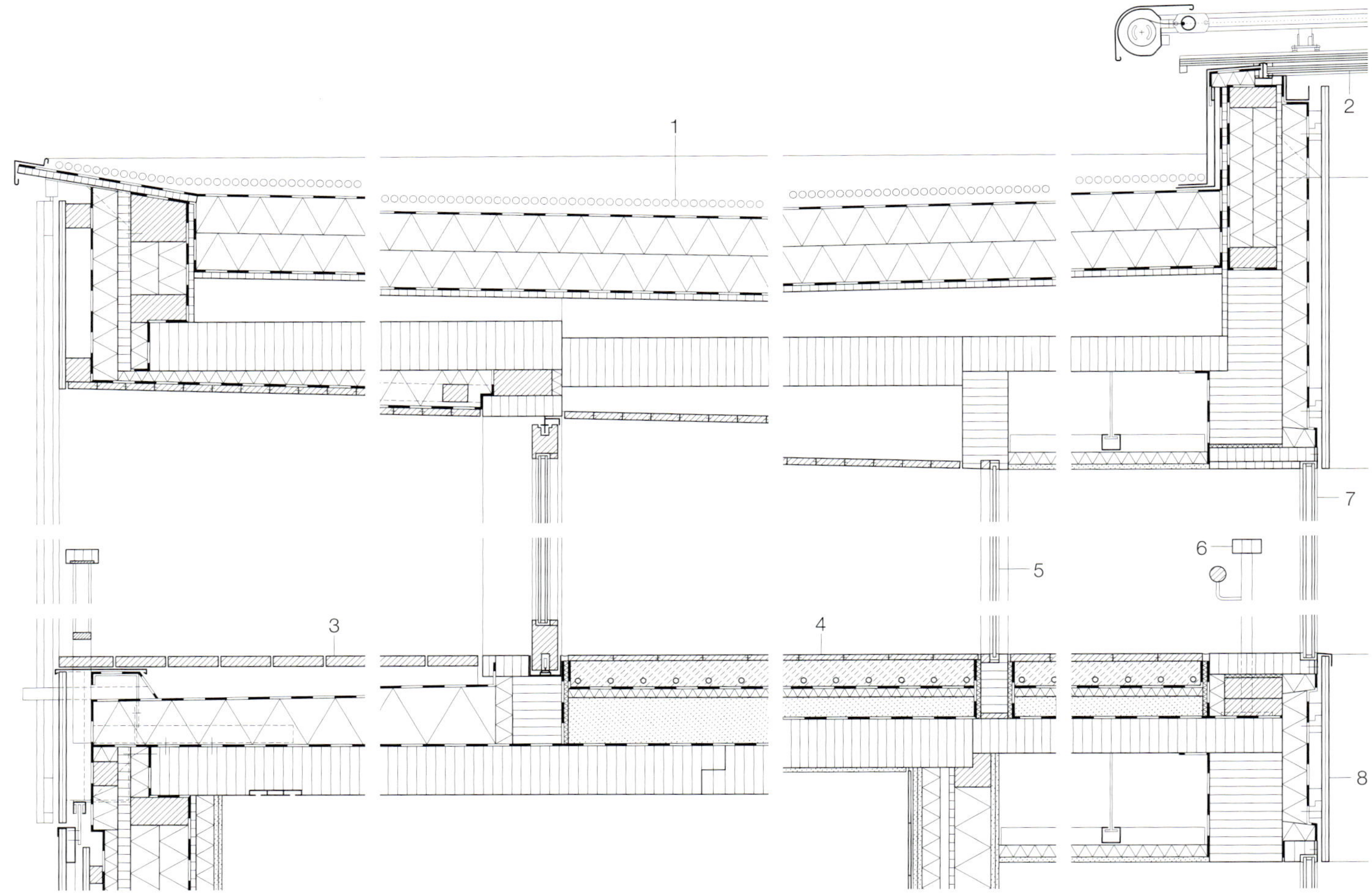
1
2
3
4
5
6
7
8

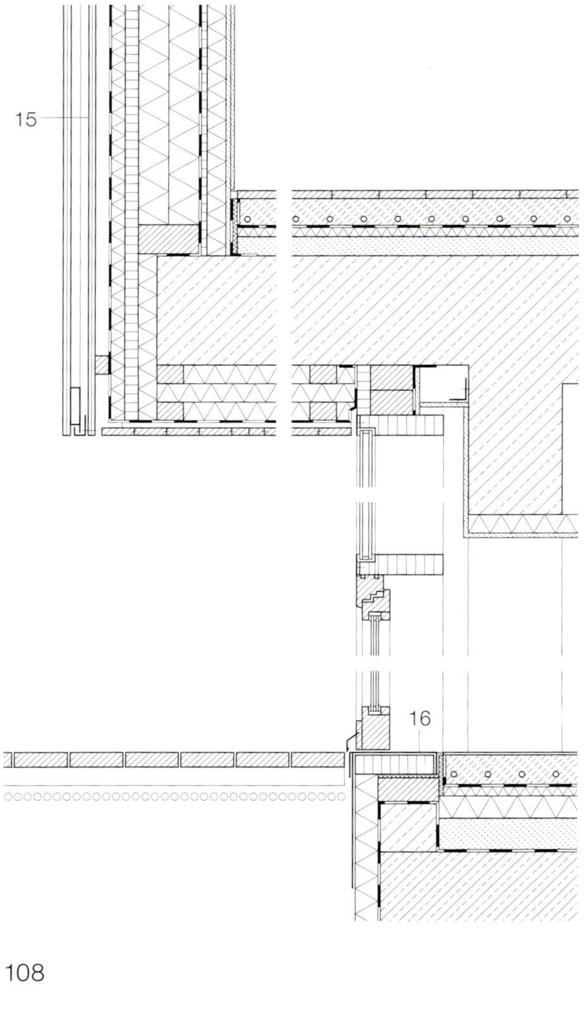
15
16

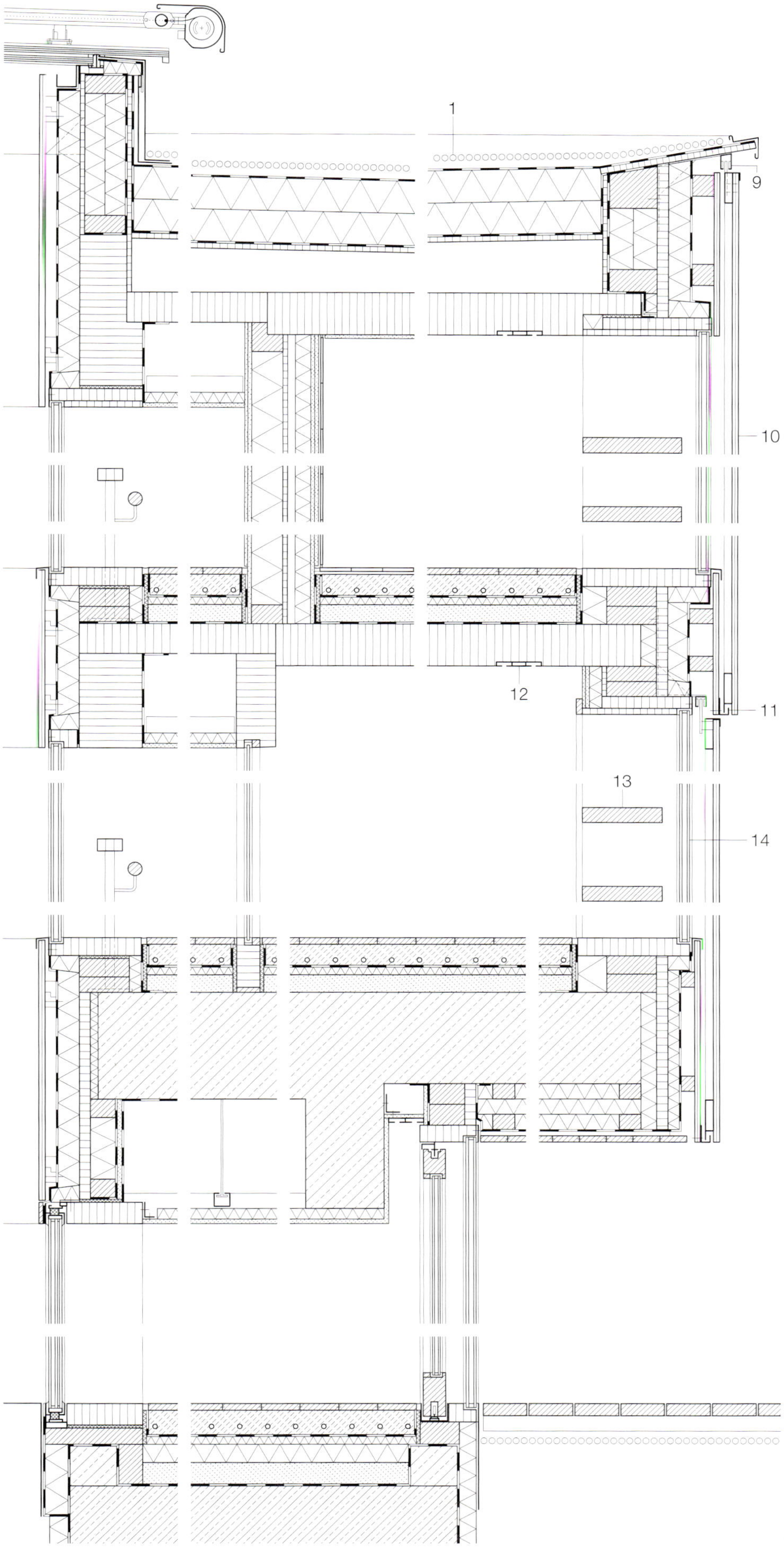

Vertikalschnitt
Maßstab 1:20

1 Dachaufbau:
Kies 50 mm
Dichtungsbahn 5 mm
Wärmedämmung 2x110 mm
Dampfsperre 2 mm
OSB-Platte 18 mm
Gefällekeile Holz 20–175 mm
Brettstapeldecke 140 mm
2 Schrägverglasung ESG 10 mm+ SZR 12 mm + VSG 12 mm
3 Bodenaufbau Loggia:
Bohlen Lärche, Oberfläche geriffelt 30 mm
Gefällekeile Holz 50–80 mm, Dichtung
Gefälledämmung 160–120 mm
Dampfsperre
Brettstapeldecke 140 mm
4 Bodenaufbau Einzelzimmer:
Parkett Eiche 22 mm
Heizestrich 70 mm, Trennlage PE-Folie
Trittschalldämmung 25 mm
Schüttung 63 mm, Trennlage PE-Folie
Brettstapeldecke 140 mm
5 Glaswand Flur ESG 20 mm
eingespannt in BSH Lärche 75/170 m
6 Brüstung BSH 40/80 mm mit Handlauf Vollholz Ø 45 mm, an Pfosten Stahlstab □ 25 mm
7 Isolierverglasung U=1,1 W/m^2K
8 Wandaufbau Innenhof:
Nut- und Federschalung Lärche 20 mm
Hinterlüftung
Lattung 35/50 mm zum Einhängen
Dichtung diffusionsoffen
Konterlattung 70/70 mm,
dazwischen Dämmung 70 mm
Träger BSH 200/320 mm
9 Laufschiene Stahlprofil ⊔ 30/30 mm
10 Schiebelelement Lärche:
Lamellen vertikal 80/20 mm
Rahmen Aluminiumprofil
11 Führungsschiene Stahlprofil
12 Vorhangschiene
13 Brüstung/Regal Lärche 50/255 mm
14 Isolierverglasung U=0,9 W/m^2K
15 Wandaufbau:
Nut- und Federschalung
Lärche vertikal 80/20 mm
Lattung 35/50 mm
Dichtung diffusionsoffen
Konterlattung 35/50 mm, dazwischen Wärmedämmung 35 mm, Holzfaserplatte 36 mm
Holzriegelelement Nadelholz 80/160 mm, dazwischen Wärmedämmung Steinwolle
Dampfsperre PE-Folie, OSB-Platte 15 mm
Lattung 50/40 mm, dazwischen
Wärmedämmung Steinwolle
Gipsfaserplatten 12,5 mm+8 mm
16 Edelstahlblech gekantet über BSH 50/205 mm

Tagespflegezentrum in Kamigyo

Architekt: Toshiaki Kawai, Kioto

Gemeinschaftliche Bereiche zur Tagespflege
»Teezeremonie-Raum« und »Tatami-Raum«
Barrierefreie Erschließung
Aufzug direkt im Raum

Städtebau

Das Tagespflegezentrum für alte Menschen liegt in Kamigyo, einem historischen Stadtviertel von Kioto, an einer schmalen Straße mit traditionellen japanischen Holzwohnhäusern. Der Neubau nutzt eine Lücke und schiebt sich zwischen die alte Struktur. Zur Straße hin wird nur ein schmaler weiß verputzter Baukörper sichtbar, der durch seine Schrägstellung einen kleinen Platz bildet.

Erschließung

Man betritt diesen Vorhof über eine Rampe. Von hier führt der Weg ins Innere des Gebäudes: Das hölzerne Schiebetor, das an die Formensprache alter Teehäuser angelehnt ist, öffnet sich zu einem weiteren Vorhof. Dieser Raum, der mit großen Kieselsteinen ausgelegt und nach oben hin offen ist, gibt über eine weitere Rampe den Zutritt zum Hauptraum frei und umschließt die erste Treppe des Gebäudes. Vom Hauptraum aus führt ein Aufzug direkt hinauf ins Obergeschoss.
Lediglich die Dachterrasse ist über eine einläufige Treppe erschlossen, die oberhalb eines Glasstreifens im Fußboden vom ersten ins zweite Obergeschoss führt, und so den mittleren Teil des Neubaus zoniert.

Tagespflege

Von der Dachterrasse und den beiden Hauptgeschossen aus bieten sich Ausblicke auf die zahlreichen prägnanten Ziegeldächer der nahen Nachbarschaft. Im Hauptraum werden tagsüber alte, gebrechliche Menschen betreut. Sie erhalten Hilfe beim Baden und Essen und machen Rehabilitationsübungen. Ein Großteil des Alltags spielt sich traditionell auf Reisstrohmatten, »Tatamis« ab, die direkt auf den Holzfußböden liegen.
Eine zweigeschossige Glasfassade stellt die räumliche Verbindung zum grünen Innenhof her.

Materialien

Die Nähe zu alten japanischen Gebäuden wird auch im Neubau spürbar. Einige traditionelle Elemente stehen in harmonischem Kontrast zu Sichtbeton und Stahl-Glasfassaden: Auf dem Dach befinden sich zwei Teezeremonieräume, die außen mit Metallplatten verkleidet sind. Ihr Boden ist innen mit den typischen Tatamimatten belegt, und die Wände sind mit Lehm verputzt.
In den Haupträumen, deren Rücken eine geschlossene Sichtbetonwand und die schwarz lackierte Stahltreppe bilden, sind die Decken mit Bambusmatten und hinterleuchtetem Japanpapier abgehängt.
Natürliche Materialien erzeugen eine warme, wohnliche Umgebung, welche im Kontrast zur nüchternen Krankenhausatmosphäre vieler europäischer Heime steht.

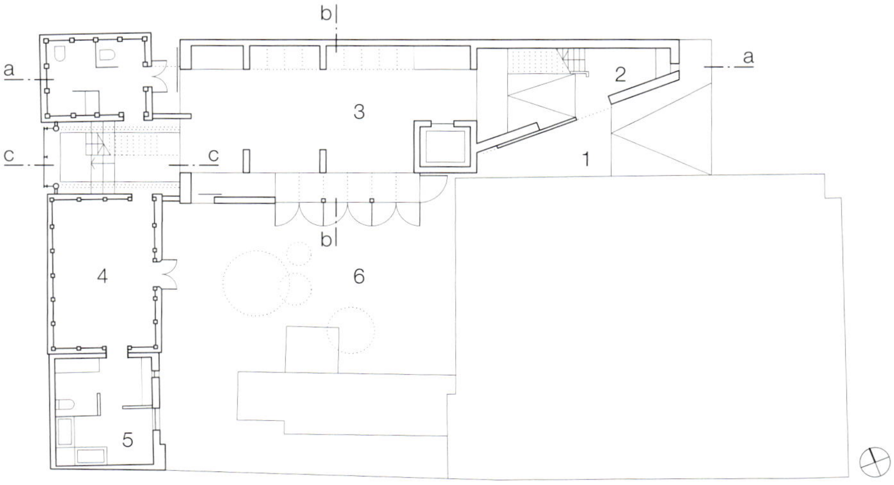

Gebäudedaten

Nutzung:	Tagespflege
Erschließung:	Allraum
Lichte Raumhöhe:	2,3 m (EG), 3,12 m (OG)
Konstruktion:	Stahlbeton
Bruttorauminhalt:	723,9 m³
Bruttogeschossfläche:	187,55 m²
Grundstücksfläche:	188,44 m²
Bebaute Fläche:	95,24 m²
Baukosten:	503 144 EUR
Fertigstellung:	6/2000

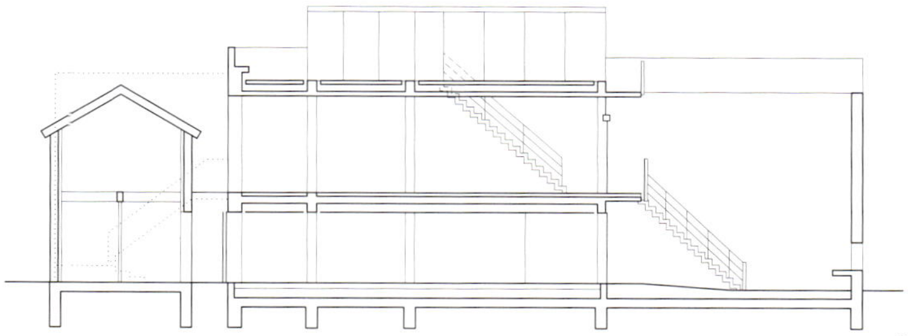

aa

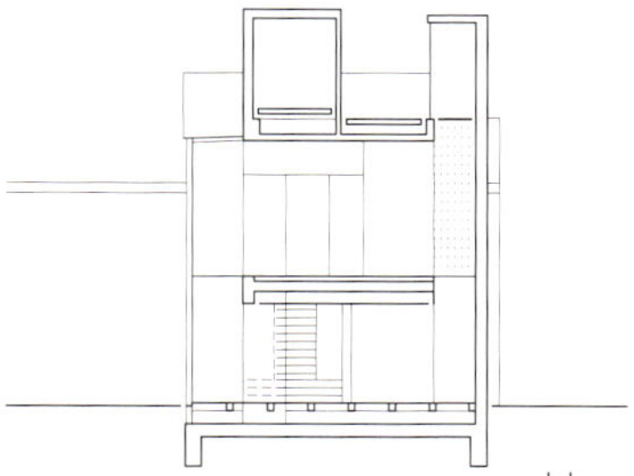

bb

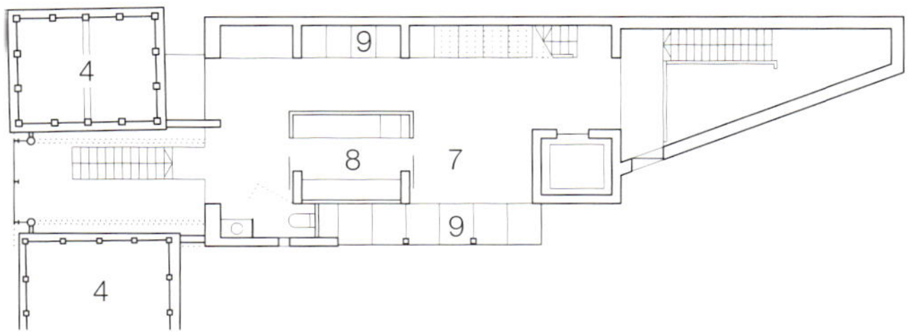

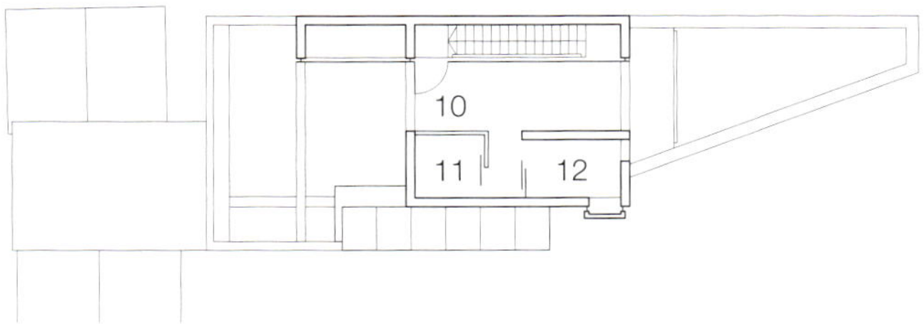

Schnitte • Grundrisse
Maßstab 1:300

1 Vorhof
2 Eingangshof ohne Überdachung
3 Betreuungsbereich
4 ehemalige Teehäuser (Bestand)
5 Bad
6 Innenhof
7 Aufenthaltsbereich/Essen
8 Küche
9 Fußboden Glas
10 Dachterrasse
11 mizuya: Teezeremonie
12 Tatami-Raum

Schnitt Maßstab 1:50
1 Dachdichtungsbahn, Sichtbeton WU 200 mm
2 Verglasung VSG aus 2× ESG 8 mm
3 Flachstahl ▱ 60/9 mm, schwarz lackiert
4 Stahlprofil I 125/60/6/8 mm
5 Bodenbelag Bambus 20 mm
6 Holzrost Western Red Cedar 2× 100/50 mm
Estrich wasserfest 250 mm
Stahlbeton 200 mm
7 Abdeckung Stahlblech
8 Abhängung: IPB 100,
Bambusmatten geflochten
9 Bodenbelag Zypresse 20 mm auf
Sperrholz 61 mm
Unterkonstruktion 400 mm
Bodenplatte Stahlbeton 300 m
10 Trittstufen Zypresse 20 mm
11 Stahlblech schwarz lackiert 9 mm
12 Flachstahl schwarz lackiert ▱ 38/9 mm

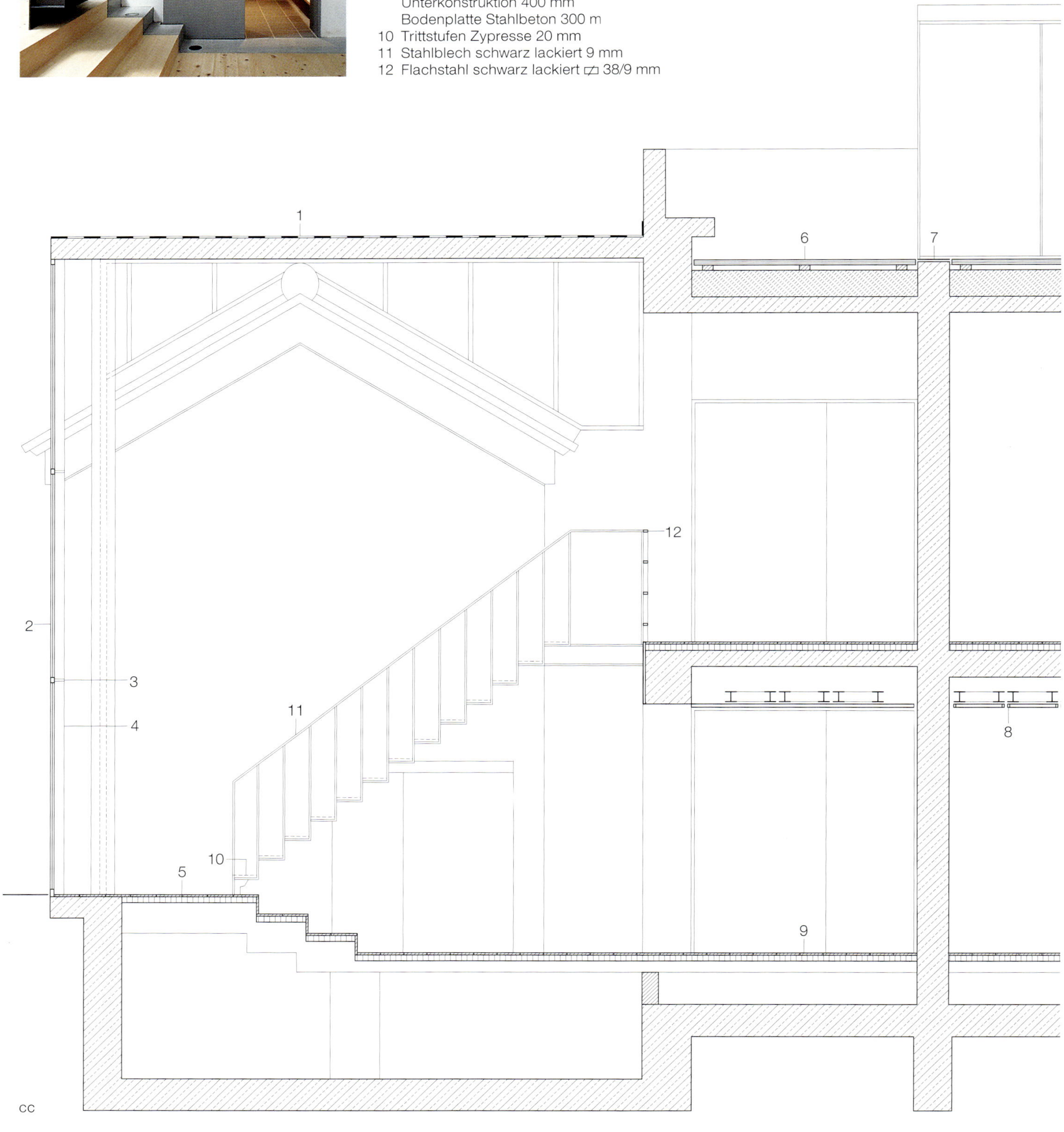

cc

Wohnhaus in Gstadt

Architekt: Florian Höfer, Oberneuching

Rollstuhlgerechtes Haus für eine junge Familie
Vertikalerschließung über Rampe und Aufzug
Offener Grundriss mit breiten Türöffnungen
Niedrigenergiehaus in Holzständerbauweise

Eine Rampe als zentrales Gestaltungselement prägt das Einfamilienhaus innen und außen. Das Haus ist auf die besonderen Bedürfnisse des Hausherrn zugeschnitten: Seit einem Unfall auf den Rollstuhl angewiesen, wollte er mit seiner Frau und zwei Kindern nicht mehr in einer behindertengerechten Wohnung leben. Viele der Standardlösungen waren für ihn nicht praktikabel, so führten etwa schmale Türöffnungen immer wieder zu Verletzungen an den Händen.

Situation

Das barrierefreie Haus steht auf einem kleinen Grundstück in Gstadt am Chiemsee. Als zweigeschossiges Satteldachhaus in Holzständerbauweise passt es sich in die dörfliche Nachbarschaft ein. Großformatige, mit Eisenoxid lasierte Dreischichtplatten aus Lärche bilden die Fassade. Die Rampe neben dem Eingang ist im Erdgeschoss großflächig verglast und von innen mit einer hinterleuchteten Milchglaswand inszeniert. Auf der Westseite geben raumhohe Fenster auch in sitzender Position den Blick auf die Voralpen frei. Die Südwestecke markiert ein Erker im Obergeschoss, der mit unbehandelten Lärchenholzleisten verkleidet ist.

Rollstuhlgerechte Ausstattung

Im Inneren sind die üblichen Funktionen der Ebenen vertauscht: Das Erdgeschoss beherbergt neben der Garage die Kinderzimmer und das Schlafzimmer der Eltern. Davor weitet sich die Flurzone und nimmt das rollstuhlgerecht gestaltete Bad auf. Eine Schiebetür aus transluzentem Glas schließt den Raum zum Flur. Die zweiläufige Stahlbetonrampe führt hinauf ins Obergeschoss. Zusammen mit dem zentralen Aufzug ermöglicht sie die optimale Bewegungsfreiheit des Hausherrn. Die obere Etage dominiert ein 52 m² großer, durchgesteckter Allraum. Er dient auf der einen Seite dem Wohnen, und auf der anderen Seite schließt er den Essplatz mit offener Küche ein, die mit einer unterfahrbaren Arbeitsfläche ausgestattet ist. Angelagert sind ein Arbeitszimmer und ein weiteres barrierefreies Bad. In die langgestreckte Brüstung entlang der Rampe ist ein niedriges Bücherregal integriert, das zugleich als informelle Sitzgelegenheit dient.

Gebäudedaten

Nutzung:	Einfamilienhaus
Wohnung:	6 Zimmer rollstuhlgerecht (280 m²)
Konstruktion:	Holzständerbauweise
Lichte Raumhöhe:	2,50–4,15 m
Bruttogeschossfläche:	398 m²
Nutzfläche:	432 m²
Bruttorauminhalt:	1350 m³
Grundstücksfläche:	650 m²
Heizwärmebedarf:	50,00 kWh/m²a
Baukosten:	1728 EUR/m²
Bauzeit:	11/2002–1/2004

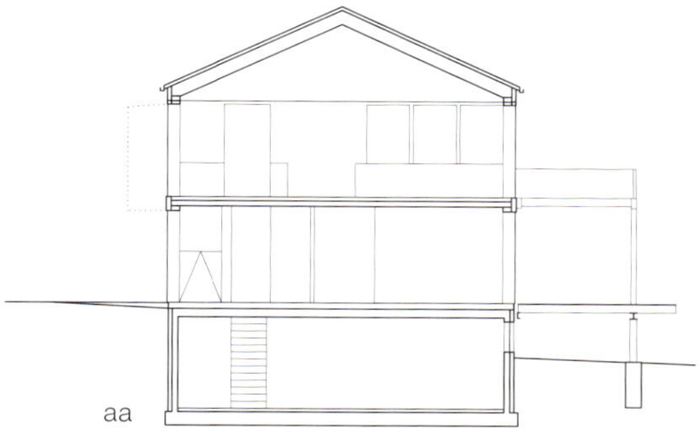

aa

Schnitt • Grundriss
Maßstab 1:250

A Erdgeschoss
B Obergeschoss

1 Schlafzimmer
2 Kinderzimmer
3 Spielflur
4 Bad
5 Garage
6 Rampe Neigung 10°
7 Wohnen/Essen
8 Küche
9 Arbeitszimmer
10 Speisekammer

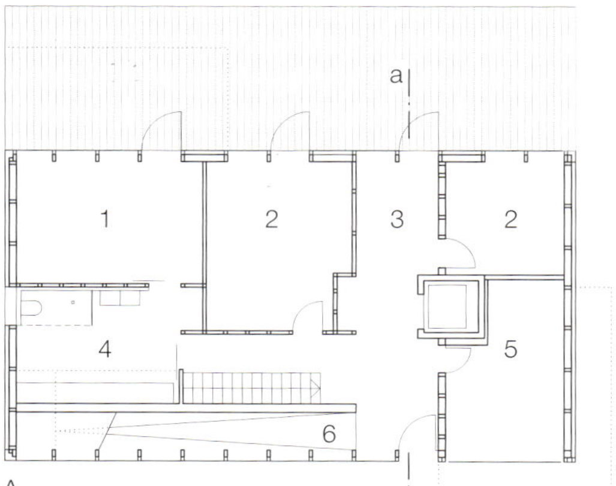

A

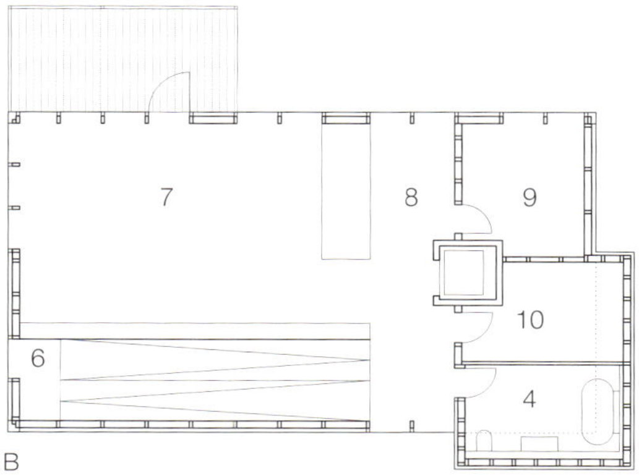

B

Mehrgenerationenhaus in Waldzell

Architekt: Helga Flotzinger, Innsbruck

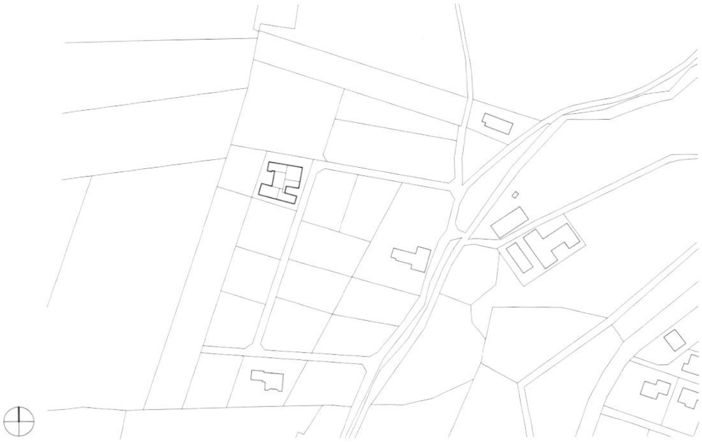

Individuelle, rollstuhlgerechte Gestaltung
Einliegerwohnung zur flexiblen Nutzung
Abwechslungsreiche Raumkomposition

Beim traditionellen Vierseithof bilden die Baukörper verschiedener Nutzung ein Ensemble mit einem Spiel aus Gebäuden und Dachneigungen, sodass die Anlage einem kleinen Weiler ähnelt. Das Wohnhaus für eine Familie mit Großmutter, Sohn und einer Tochter im Rollstuhl im oberösterreichischen Innviertel interpretiert diese Typologie neu. Dabei zieht die glänzende Gebäudehülle aus Metall die Blicke auf sich.

Spezielle Grundrissorganisation

Bei der Planung war der Bezug auf die spezifischen Fähigkeiten der Tochter maßgeblich. Da sie keinen Lift bedienen kann, wurde ein erdgeschossiger Bungalow entwickelt, der aus sieben aneinandergefügten Körpern unterschiedlicher Höhen und gegenläufiger Dachneigungen besteht und zwei Höfe begrenzt. Die privaten, therapeutischen und gemeinschaftlichen Zonen liegen räumlich klar getrennt, zusätzlich markiert durch die beiden eingeschnittenen Höfe. Die zentrale Schwimmhalle mit Therapiebecken wird aus Kostengründen erst zu einem späteren Zeitpunkt ausgebaut und derzeit als Wohnhalle genutzt.
Der Wohnbereich der Eltern und des Sohnes liegt im Südwesttrakt, während die Großmutter einen eigenständigen Hausteil an der Ostseite bewohnt. Diese Einliegerwohnung kann bei künftigem Bedarf eine Pflegeperson beziehen. Das »Haus« der Tochter im südöstlichen Teil verfügt über ein Zimmer mit einem Schrankraum, ein eigenes Bad und eine gesonderte Therapieeinheit. Mit einer einzigen Trennwand kann der Trakt in eine eigene Wohnung umfunktioniert werden.

Spezifische Barrierefreiheit

Das Leben der Tochter spielt sich hauptsächlich innerhalb des Hauses ab. Die Wahl der Materialien, der Einfall des Tageslichts, und abwechslungsreiche Ausblicke beleben die spannungsvolle Raumkomposition, die zugleich alle Anforderungen an die Barrierefreiheit erfüllt. Im Haus sind alle Bereiche auf den Wenderadius des Rollstuhls abgestimmt: Garage (Aussteigen mit dem Rollstuhl seitlich und hinten), Gangbreiten, Abstände zwischen allen Einrichtungselementen. Außerdem wurde ihr Bad mit hydraulischer Hubbadewanne, hydraulischem Waschbecken und einer behindertengerechten Toilette eingerichtet. Alle Türen öffnen automatisch mittels hydraulischer Fußleisten. Außerdem sind alle Lichtschalter und Steckdosen auf 85 cm Höhe angebracht. Durch das ganze Haus zieht sich eine fugenlose Bodenbeschichtung, lediglich nach außen gibt es minimale Schwellen. Auch die Außenanlagen sind so gestaltet, dass die Tochter selbstständig in den Garten fahren und das Haus auf befestigten Wegen umrunden kann.
Durch die gewonnene Selbstständigkeit im neuen Haus verbessern sich die motorischen Fähigkeiten der Tochter.

Gebäudedaten

Nutzung:	Mehrgenerationenhaus
Wohnungen:	1× 5-Zimmer-Wohnung der Eltern (197,8 m^2) 1× 2-Zimmer-Wohnung der Tochter (59,6 m^2) 1× 2-Zimmer-Wohnung der Großmutter (46,9 m^2) Schwimmbadbereich (62,5 m^2)
Erschließung:	Bungalow, ebenerdige Erschließung
Lichte Raumhöhe:	2,50 m–4,50 m
Konstruktion:	Stahlbeton
Bruttorauminhalt :	2305 m^3
Bruttogeschossfläche:	611,1 m^2
Wohnnutzfläche:	366,8 m^2
Grundstücksfläche:	1088 m^2 Baufläche 763 m^2 landwirtschaftliche Nutzfläche (Garten)
Baukosten:	k. A.
Bauzeit:	2003–2005

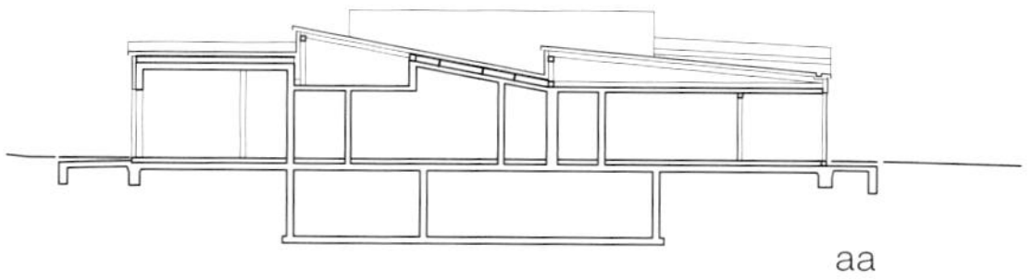

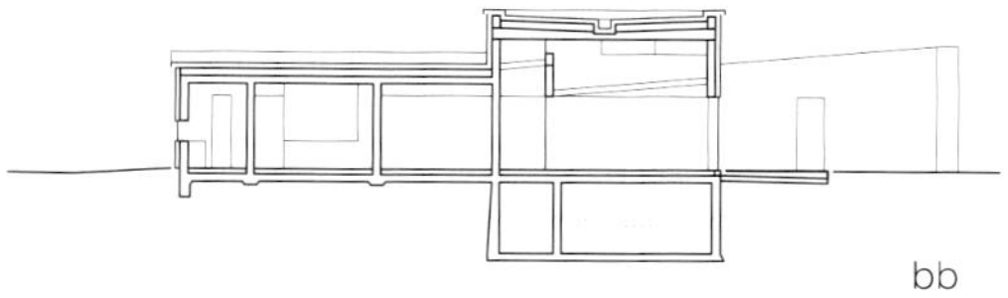

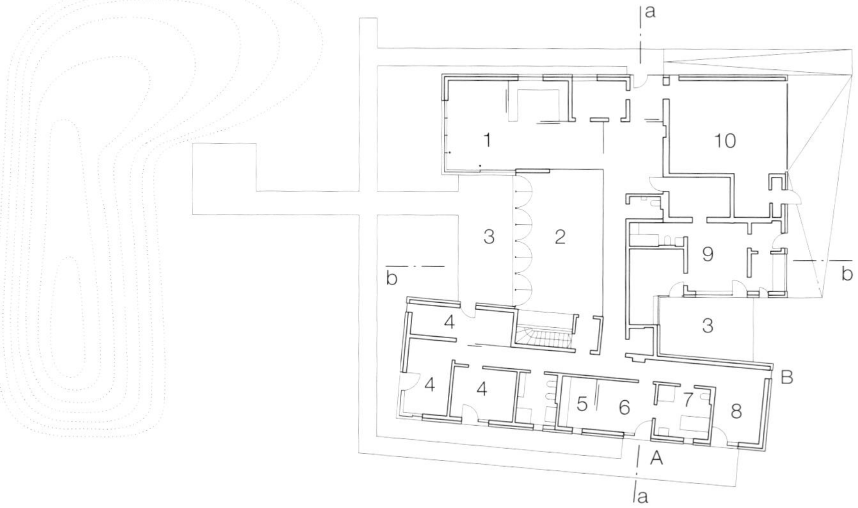

Lageplan
Maßstab 1:5000
Schnitte • Grundriss
Maßstab 1:500

1 Küche
2 Wohnraum/ Schwimmhalle (geplant)
3 Terrasse
4 Zimmer
5 Schrankraum rollstuhlgerecht
6 Zimmer der Tochter
7 Bad rollstuhlgerecht
8 Therapieraum
9 Wohnung der Großmutter/ Einliegerwohnung
10 Garage

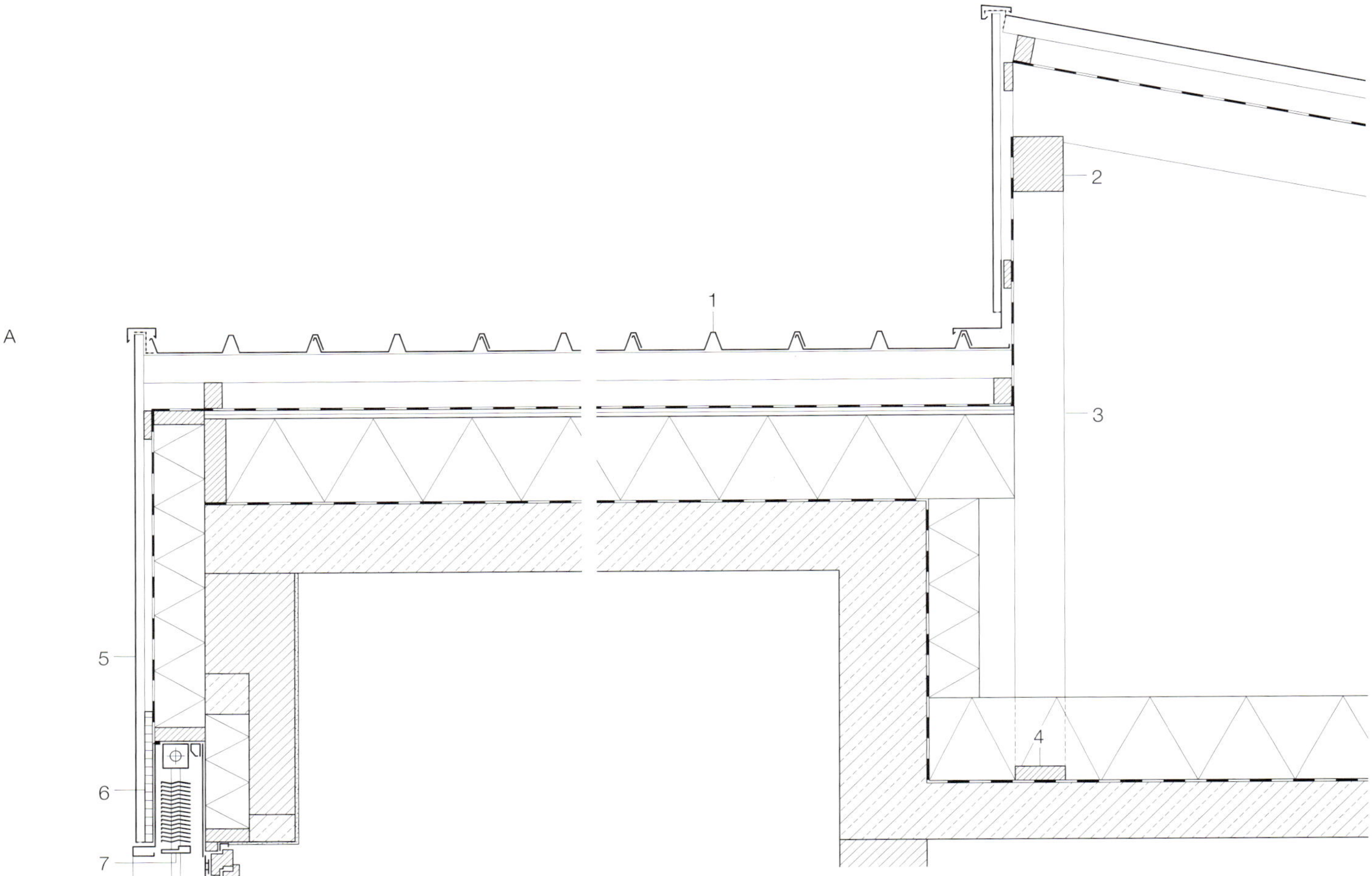
A
1
2
3
4
5
6
7
8
9
10

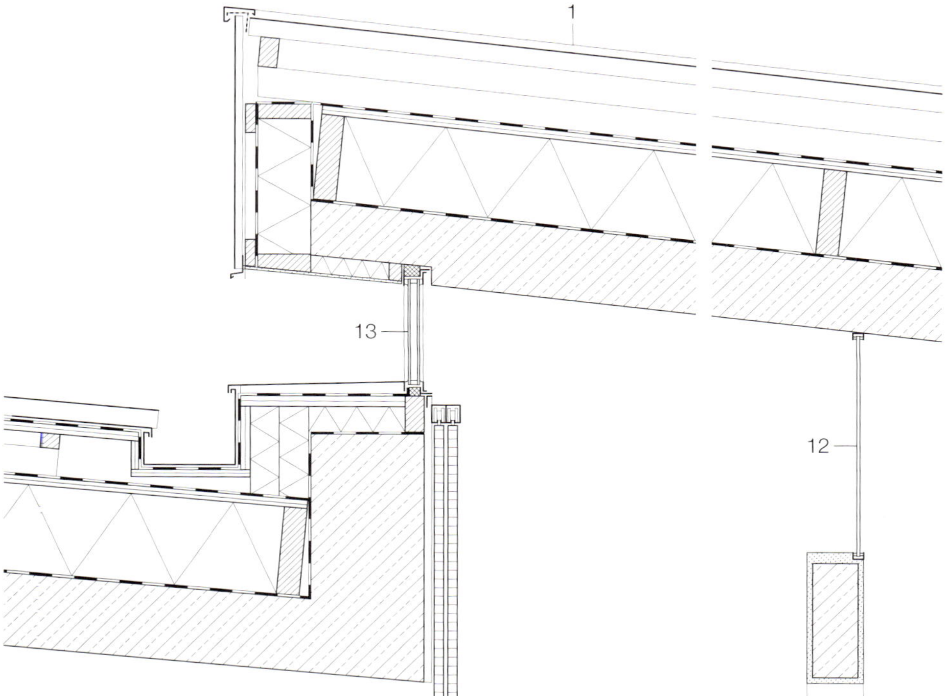

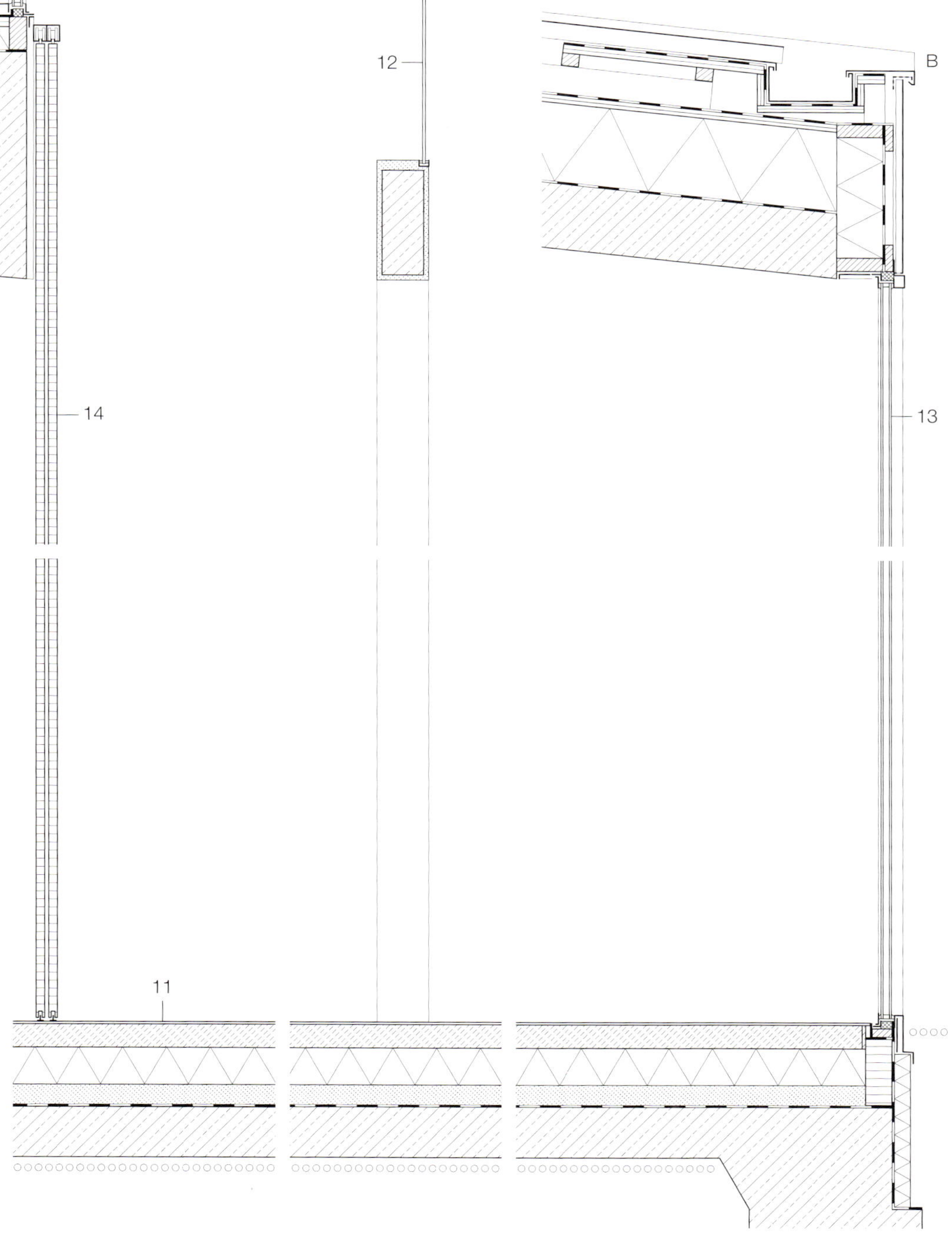

Schnitte »Haus« der Tochter
Südfassade • Ostfassade
Maßstab 1:20

1 Dachaufbau:
Profilblech 47,6 mm
Lattung, Konterlattung 50/80 mm
Unterspannbahn
Holzschalung 24 mm
Holzbalken 60/240 mm, dazwischen
Wärmedämmung Zellulose 240 mm
Dampfsperre, Stahlbeton 200 mm
2 Pfette Holzbalken 140/160 mm
3 Stütze Holzbalken 140/140 mm
4 Schwelle Holzbohle 40/140 mm
5 Wandaufbau:
Profilblech 22 mm, Lattung 24 mm
Bitumenpapier dampfdiffusionsoffen
Holzlattung 40/140 mm, dazwischen
Wärmedämmung Zellulose 140 mm
Mauerwerk 250 mm, Putz 10 mm
6 Dreischichtplatte 24 mm
7 Jalousie Aluminium elektromotorisch
8 Fenstertür (U-Wert 1,1 W/m²K)
Isolierglas ESG 6 + SZR 12 + ESG
6 mm in Holz-/Aluminiumrahmen
9 Fassadenabschlussblech
Aluminium 1,5 mm
10 Bodenaufbau Terrasse:
Betonplatte 50 mm, Kies 100 mm
11 Bodenaufbau:
Nivellierschicht 5 mm
Estrich 70 mm, Wärmedämmung,
Hartschaum 110 mm
Ausgleichsschüttung 65 mm
Abdichtung, Stahlbeton 150 mm
12 Innenverglasung
13 Festverglasung in
Holz-/Aluminiumrahmen
14 Schiebetür Schrankraum
Furniersperrholz Ahorn 25 mm

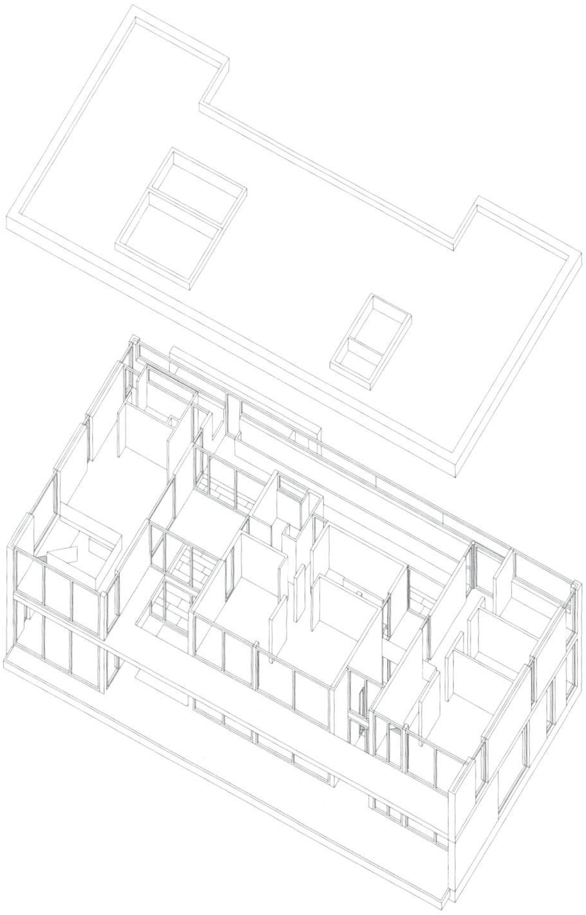

Gebäudedaten

Nutzung:	Mehrgenerationen-wohnen für eine Familie
Wohneinheiten:	3x Maisonette
Erschließung:	interne Treppen
Lichte Raumhöhe:	2,26–3,12 m
Konstruktion:	Stahlbeton-Massivbau-weise
Bruttorauminhalt:	4540 m³
Bruttogeschossfläche:	1468 m²
Wohnnutzfläche:	1061 m²
Grundstücksfläche:	1551 m²
Bebaute Fläche:	505 m²
Baukosten:	k.A.
Heizwärmebedarf:	22,26 kWh/m²a
Bauzeit:	2001–2003

Isometrie
Schnitt Maßstab 1:500
Vert kalschnitt Maßstab 1:20

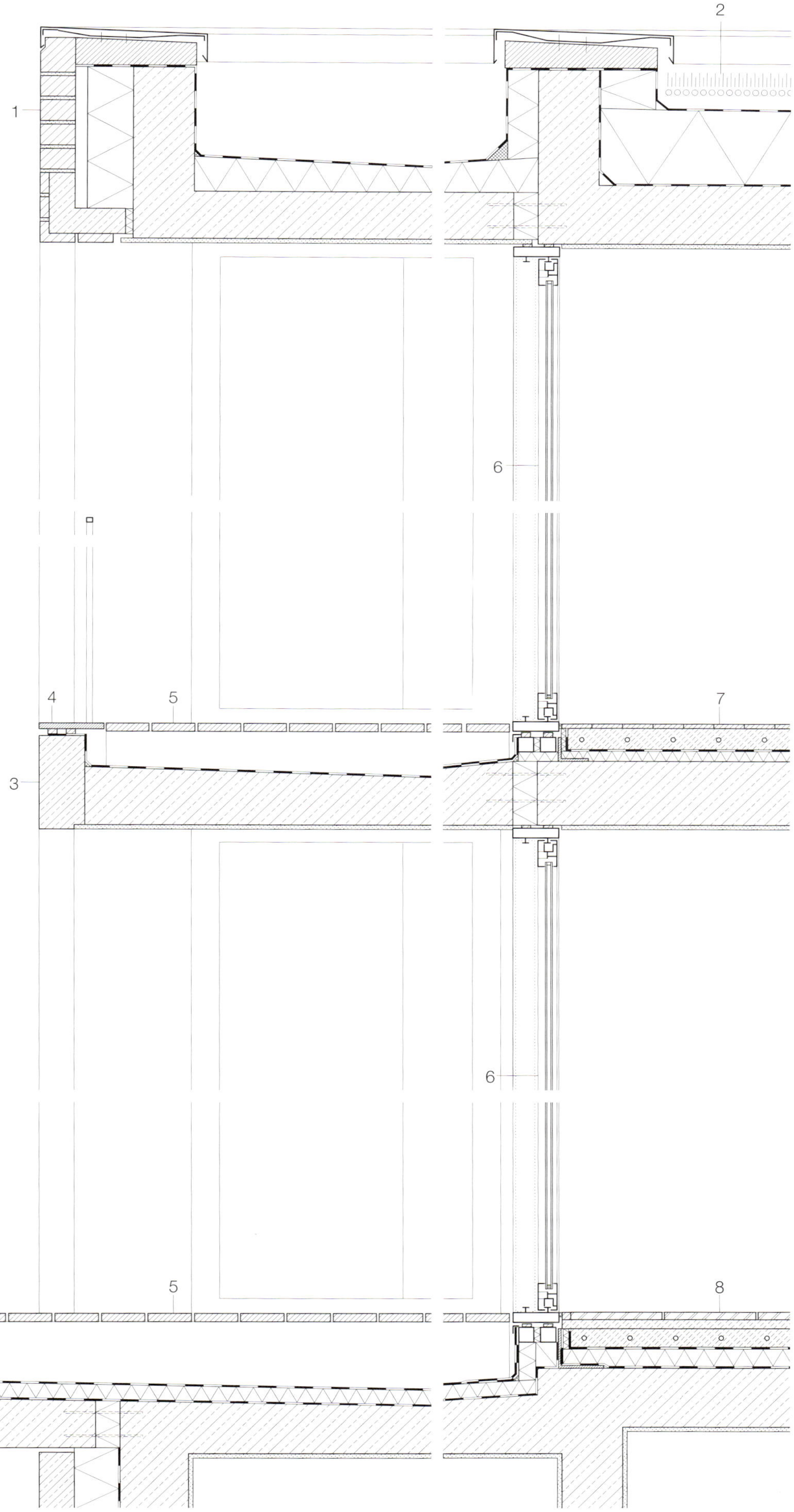

1 Mauerwerk 115 mm, Läuferverband
1/2 Versatz, Hinterlüftung 30 mm
Wärmedämmung Mineralfaser 120 mm
Stahlbeton 200 mm
2 extensive Begrünung 50 mm, Substrat
Filtervlies, Drainagematte
Wurzelschutzbahn, Dichtungsbahn
Gefälledämmung Hartschaum 250 mm
Dampfsperre, Voranstrich
Stahlbeton 200 mm, Innenputz 15 mm
3 Aufkantung Stahlbeton-Fertigteil
4 Abdeckplatte Stahl 20 mm
5 Holzrost Bankirai 144/28 mm
6 Schiebetür Aluminium
Wärmeschutzverglasung U=1,1 W/m²K,
Float 6 mm + SZR 16 mm + Float 4 mm
7 Bodenaufbau Obergeschoss:
Parkett Eiche 15 mm, Heizestrich 70 mm
Trennlage, Trittschalldämmung 35 mm
Stahlbetondecke 220 mm, Innenputz 15 mm
8 Bodenaufbau Erdgeschoss:
Naturstein Jura-Marmor grau 25 mm
Mörtelbett 30 mm, Heizestrich 80 mm
Trennlage, Dämmung 60 mm
Stahlbetondecke 240 mm, Innenputz 15 mm

Stadthaus in München

Architekten: Fink + Jocher, München

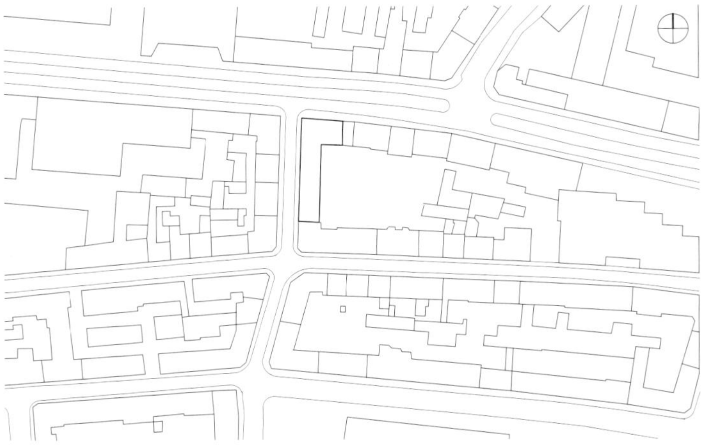

Barrierefreies Stadthaus mit Gewerbe
Zwei rollstuhlgerechte Wohnungen
Maisonetten mit Dachterrasse
Schallschutz gegen Straßenlärm

Das Westend ist ein aufstrebender, innenstadtnaher Stadtteil Münchens. Das Stadthaus ersetzt fünf ehemalige Gebäude, deren Erhalt nicht mehr wirtschaftlich war. Mit seiner Mischung aus Gewerbe und Wohnen trägt das Gebäude zur Aufwertung des Stadtteils bei, die ein modernes Leben und Arbeiten in der Stadt ermöglichen.

Mischung der Nutzungen

Das Haus nimmt 7 Läden, gemeinschaftlich genutzte Räume und 23 Wohnungen unterschiedlicher Größe und Organisation auf: 17 Geschosswohnungen mit Loggien, 6 Maisonetten mit zweigeschossigen Lufträumen und Dachterrassen.
Die tragenden Elemente des Hauses sind auf die Außenwände und die Treppenkerne reduziert. Der gesamte Ausbau durch Leichtbauwände erlaubt langfristig eine Anpassung an den Bedarf der Nutzer und an kommende Veränderungen auf dem Wohnungsmarkt.
Der Innenhof mit einem kleinen Kinderspielplatz sowie ein Gemeinschaftsraum mit Küche und direktem Zugang zum Hof werden von allen Bewohnern genutzt.

Barrierefreiheit

Alle Wege innerhalb des Hauses sind schwellenfrei, und jede Wohnung ist durch einen Aufzug barrierefrei erreichbar. Abgesehen von den Maisonetten sind alle Wohnungen barrierefrei organisiert. Darüber hinaus sind zwei Wohnungen rollstuhlgerecht ausgestattet. Die großen Eingangsbereiche bieten ausreichend Abstellfläche für Kinderwägen und Rollstühle.

Energie- und Lüftungskonzept

Die Räume werden über Fußbodenheizungen mit geringer Vorlauftemperatur beheizt und durch eine kontrollierte Wohnraumlüftung be- und entlüftet. Dabei wird die Zuluft wegen der Nähe zu einer vielbefahrenen Einfallstraße über das Dach angesaugt. Lüftungswärmeverluste werden durch einen Wärmetauscher minimiert.
In Verbindung mit hochwärmegedämmten Außenbauteilen führen die Maßnahmen zur Unterschreitung der Anforderungen an ein Niedrigenergiehaus.

Schallschutz

Die direkt angrenzende Straße wird von täglich 32 000 Fahrzeugen und zwei Straßenbahnlinien befahren, welche Schallemissionen von bis zu 75 dB entwickeln. Diese Schallbelastung ist für innerstädtische Lagen allerdings keine Seltenheit. Im Gegensatz zur häufig angewandten Strategie sind bei diesem Stadthaus nicht ausschließlich Nebenräume mit kleinen Öffnungen zur Straße orientiert werden. Hoch schallgedämmte Fenster mit einer innenliegenden Isolierverglasung, einer außenseitig vorgesetzten Einfachverglasung und Schallabsorptionsflächen im Zwischenraum ermöglichen das Wohnen zur Straße. Die Grundrisse der Wohnungen sind in ihrer Ausrichtung nicht eingeschränkt, und Möglichkeiten sinnvoller Orientierung zur Sonne können somit genutzt werden. Zudem gewinnt auch die Straße als öffentlicher, sozial kontrollierter Raum.

Lageplan
Maßstab 1:4000
Ansicht
Maßstab 1:750

Gebäudedaten

Nutzung:	Wohn- und Geschäftshaus
Wohneinheiten:	15× Geschosswohnung mit Loggia, barrierefrei, 2× Geschosswohnung, rollstuhlgerecht 6× Maisonette mit Dachterrasse 7× Laden im Erdgeschoss
Erschließung:	Zwei- und Dreispänner
Lichte Raumhöhe:	2,84 m (EG), 2,48 m (OG)
Konstruktion:	Stahlbeton

Bruttorauminhalt:	13 206 m³
Bruttogeschossfläche:	3530 m²
Wohnnutzfläche:	2066 m²
Gewerbliche Nutzfläche:	616 m²
Grundstücksfläche:	1102 m²
Bebaute Fläche:	783 m²
Baukosten:	3,25 Mio. EUR
Finanzierung:	Münchner Gesellschaft für Stadterneuerung mbH
Bauzeit:	2004–10/2005

Schnitt • Grundrisse
Maßstab 1:750

A Dachgeschoss
B 3. Obergeschoss
C 1.-2. Obergeschoss
D Erdgeschoss

1 Gewerbe
2 Gemeinschaftsraum
3 rollstuhlgerechte Wohnung
4 Grundrissvariante mit Diele (ausgeführt)
5 Grundrissvariante mit einem Raum (Loft)
6 Grundrissvariante mit durchgesteckten Räumen
7 Maisonette
8 Loggia
9 Dachterrasse

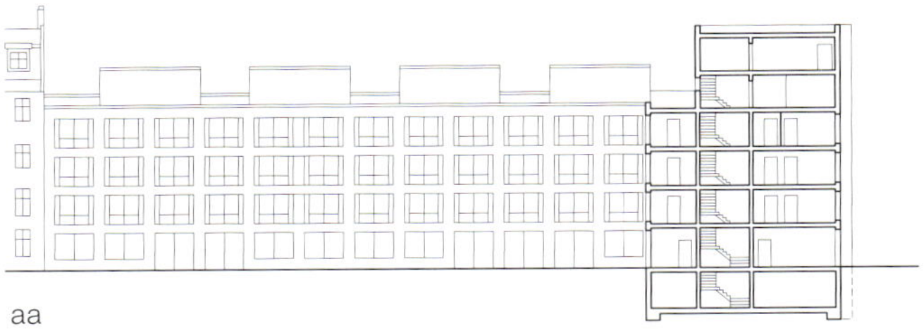
aa

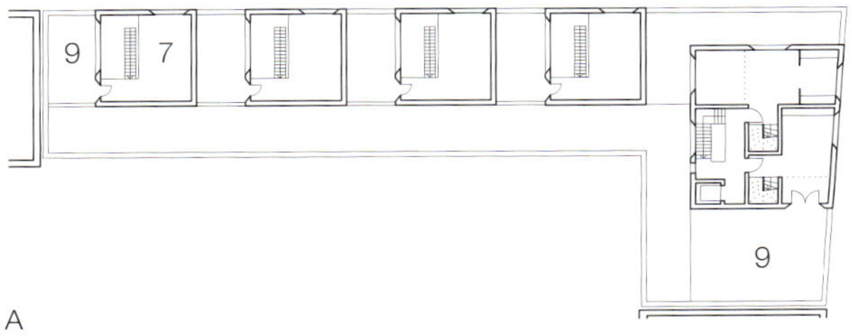

A

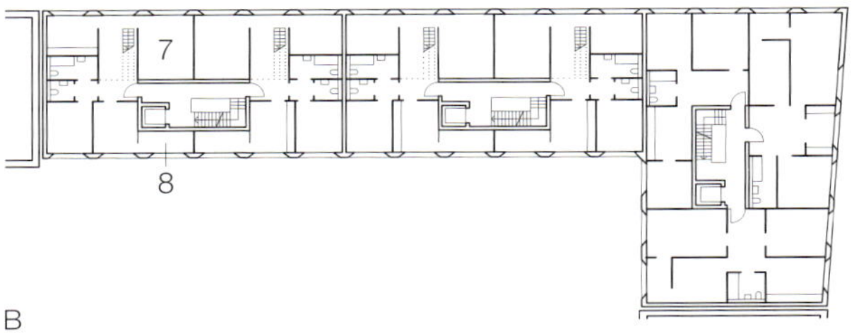

B

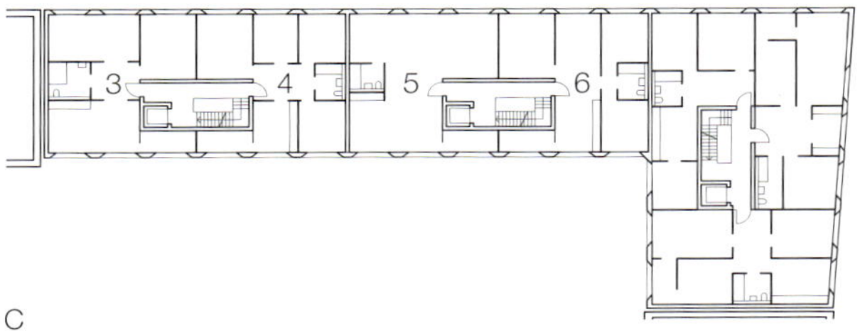

C

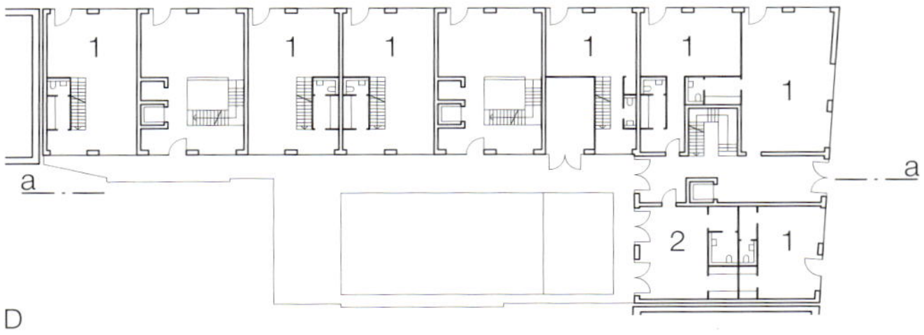

D

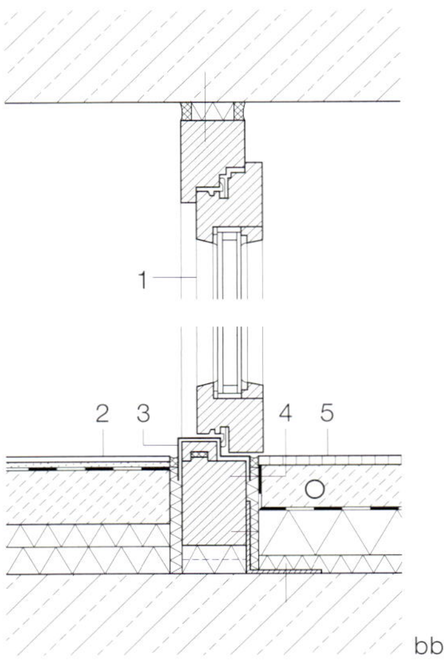

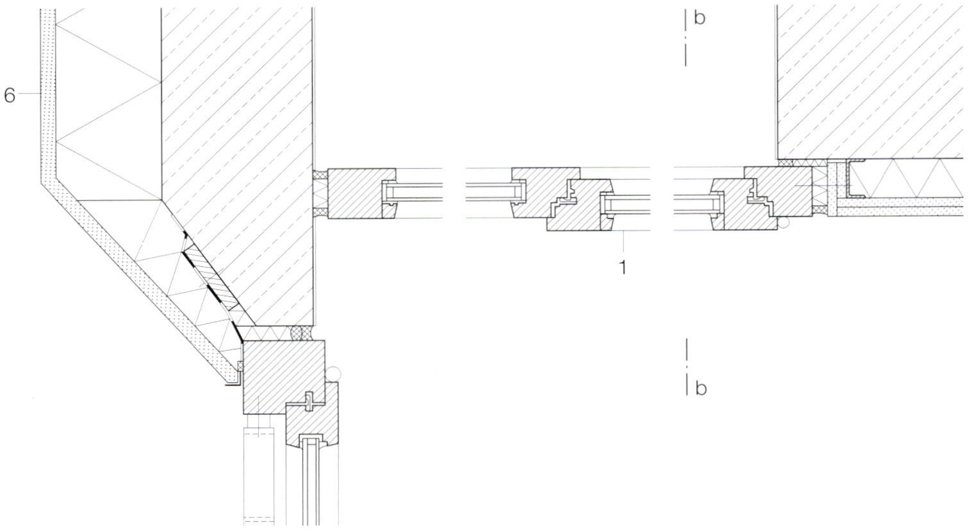

Vertikalschnitte
Horizontalschnitte
Loggia und Kastenfenster
Maßstab 1:10

1 Holztür mit Isolierverglasung, Schallschutzwert gemäß Berechnungen
2 Bodenaufbau Loggia:
Fliesen im Dünnbett 12 mm
Abdichtung
Estrich 63 mm
Ausgleichsschicht 25 mm
Trittschalldämmung 30 mm
Stahlbetondecke 220 mm
3 Schwelle Edelstahlblech, gekantet 2 mm
4 Holzprofil ▭ 115/68 mm
5 Bodenaufbau Wohnbereich:
Parkett 10 mm
Heizestrich 50 mm
Ausgleichsschicht für Lüftungskanäle 50 mm
Trittschalldämmung 20 mm
Stahlbetondecke 220 mm
6 Außenwandaufbau:
Putz 20 mm (straßenseitig mit Glassplittern versetzt)
Wärmedämmung 140 mm
Stahlbeton 200 mm
7 Holzfenster mit Isolierverglasung, Schallschutzwert gemäß Berechnungen
8 Wärmedämmung 50 mm
9 obere Laibungsbekleidung Stahlblech, zweifach gekantet, gelocht 3 mm
10 Scherengestänge Aluminium als Verbindung des äußeren mit dem inneren Fensterrahmen ▭ 25/10 mm
11 Aluminiumrohr mit Anpressgummi ▭ 25/25/3 mm
12 Aluminiumprofil ▭ 100/40/4 mm
13 Stahlwinkel mit Aussteifung ∟160/225/4 mm
14 Aluminiumwinkel ∟ 25/25/4 mm
15 Aluminiumwinkel ∟ 70/30/5 mm
16 Einscheiben-Verglasung ESG 8 mm
17 Absturzsicherung Festverglasung VSG aus 2× Float 8 mm
18 seitliche Laibungsbekleidung Aluminiumblech einfach gekantet, gelocht 2 mm
19 Akustikdämmung Estrich-Dämmplatte 30 mm
20 Wärmedämmung 40 mm
21 Stahlwinkel mit Aussteifung ∟110/90/4 mm

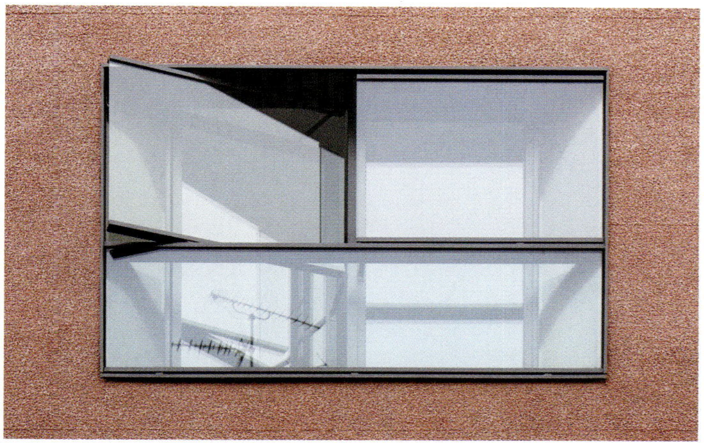

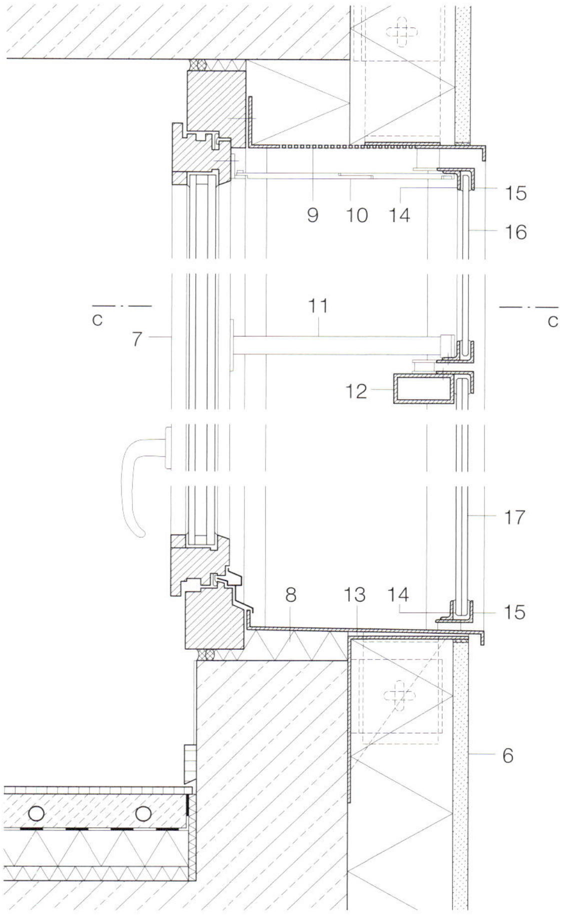

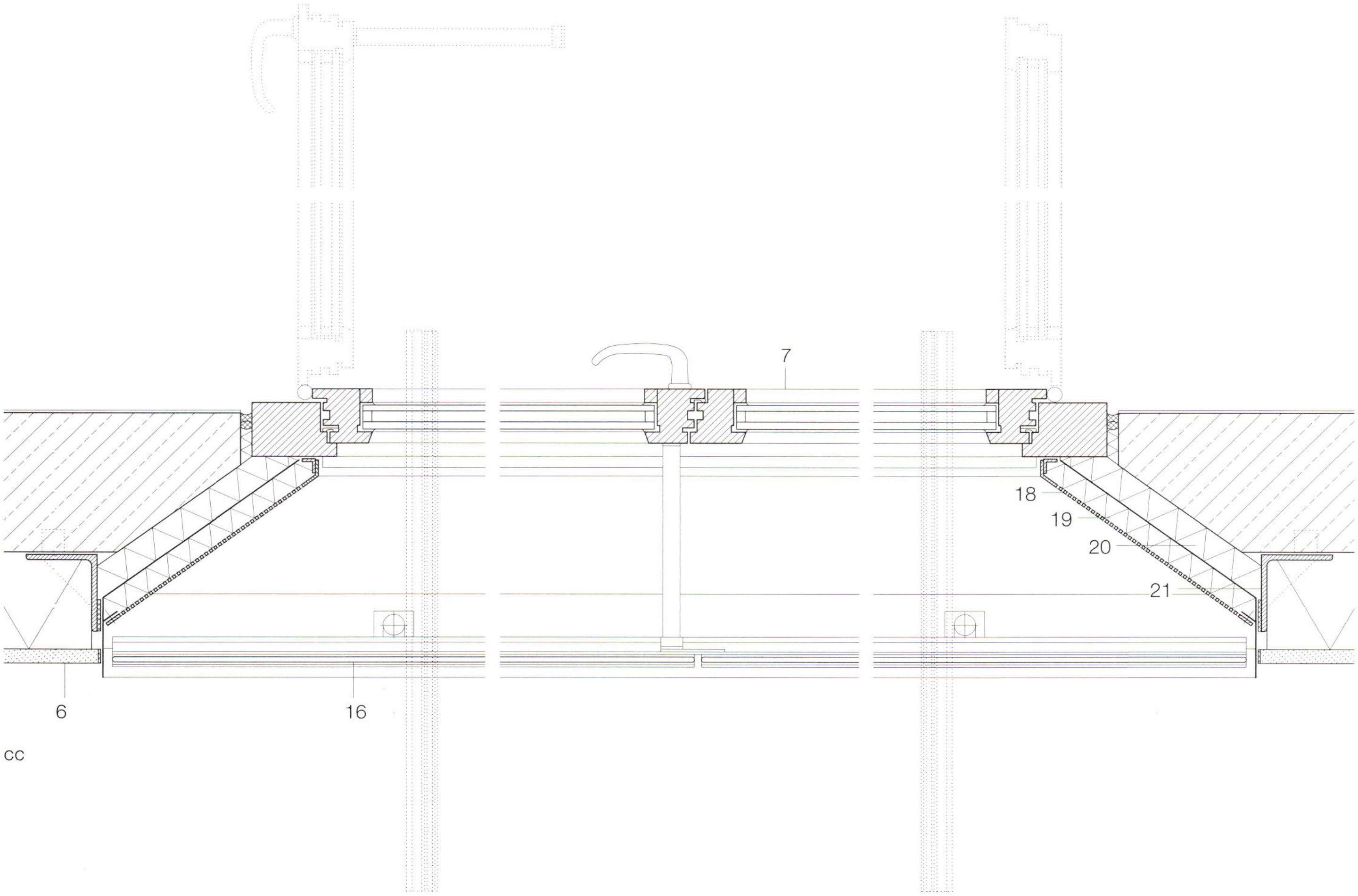

cc

Generationenwohnanlage in Freiburg

Architekten: Pfeifer Roser Kuhn, Freiburg

Gebäudedaten

Nutzung:	Geschosswohnungen
Wohnungen:	30 Wohnungen (53,4 m² - 117,2 m²), davon 3x 2-Zimmer-Wohnung für Behinderte (56,1 m²) 6x 1-Zimmer-Wohnung für Senioren (47,4 m²) 3x 2-Zimmer-Wohnung für Senioren (56,1 m²)
Erschließung:	Drei- und Vierspänner
Lichte Raumhöhe:	2,4 m
Konstruktion:	Kalksandsteinmauerwerk mit Stahlbetondecken
Bruttorauminhalt:	8476 m³
Bruttogeschossfläche:	2376 m²
Wohnnutzfläche:	1929 m²
Grundstücksfläche:	6214 m²
Baukosten:	3,3 Mio. EUR
Finanzierung:	geförderter Wohnungsbau
Heizwärmebedarf:	65 kWh/m²a
Planungs- und Bauzeit:	1999–2004

Nachverdichtung im gewachsenen Wohngebiet
Punkthäuser für alle Generationen
Abgeschrägte Fensterlaibungen für mehr Licht

Hinter den Fassaden der beiden fünfgeschossigen Punkthäuser vermutet der Betrachter auf den ersten Blick keine Seniorenwohnungen. In dieser integrativen Wohnanlage leben Senioren mit Behinderten, jungen Familien, Alleinerziehenden und Singles zusammen. Die Häuser liegen nordwestlich der Freiburger Innenstadt, am Rand eines bestehenden Wohnquartiers. Geschosswohnungsbauten und Reihenhäuser prägen das Umfeld. Durch die um 90° gedreht zueinander angeordneten Baukörper reagieren die Architekten auf die schwierige städtebauliche Situation und definieren den Straßenraum neu, gleichzeitig entsteht eine halböffentliche Grünfläche zwischen den Gebäuden.
Die Häuser nehmen 30 Wohnungen in unterschiedlicher Größe, vom kleinen 1-Zimmer-Appartement für Senioren bis hin zur familienfreundlichen 5-Zimmer-Wohnung, auf. Im südöstlich gelegenen Haus befinden sich zwölf barrierefreie Wohnungen, davon sind neun für Senioren und drei für Behinderte vorgesehen.
Innenliegende Treppenhäuser, die von oben natürlich belichtet werden, und Aufzüge dienen der Erschließung. Fast alle Wohnungen sind über Eck organisiert. Um einen zentralen Wohnraum mit vorgelagerter Loggia gruppieren sich die Zimmer, sie sind mittels leichter Trennwände schnell veränderbar. Die Tiefenstaffelung der Fassaden im Bereich der Loggien und die zurückspringenden Dachgeschosse lockern die ansonsten kubischen Baukörper auf. Abschrägte Fensterlaibungen erzeugen eine plastische Wirkung und verbessern zudem den Lichteinfall in die Wohnräume.
Die verputzten Baukörper sind in einer Mischkonstruktion aus Kalksandsteinmauerwerk mit Stahlbetondecken errichtet. Das zurückspringende Attikageschoss ist als Holzständerkonstruktion ausgeführt. Das kompakte Gebäude ist mit einer 18 cm dicken Wärmedämmverbundsystem und einer kontrollierten Lüftung versehen.

Schnitt • Grundrisse Maßstab 1:500
A Dachgeschoss
B Regelgeschoss
C Erdgeschoss

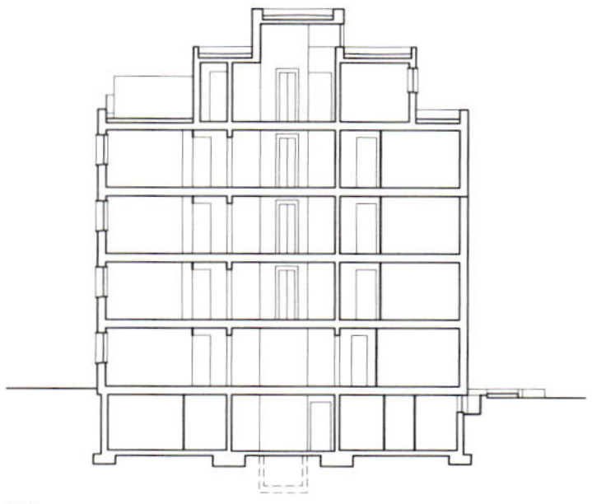

aa

1 Eingang
2 Eigentumswohnung
3 Seniorenwohnung
4 behindertengerechte Wohnung
5 Dachterrasse

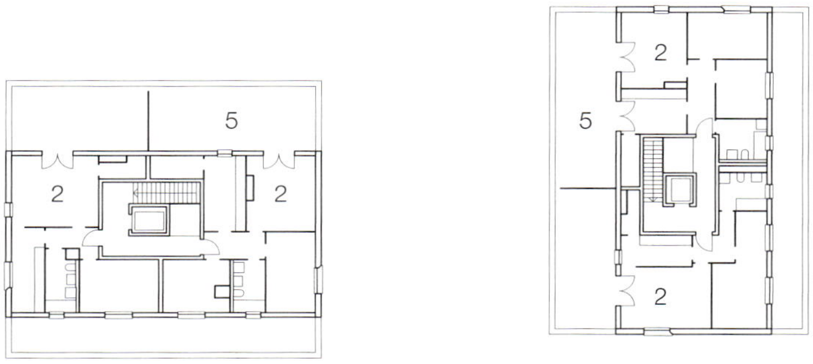

A

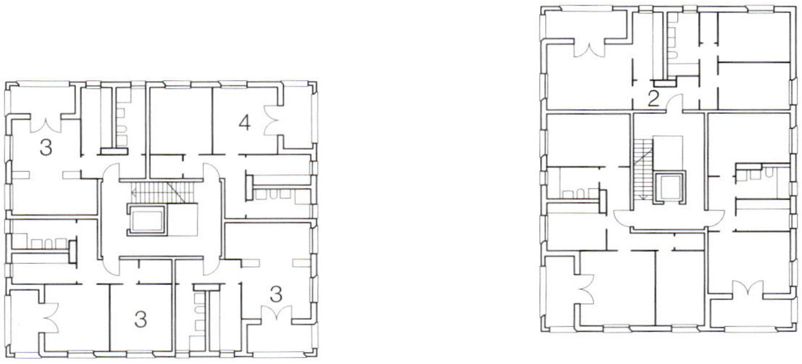

B

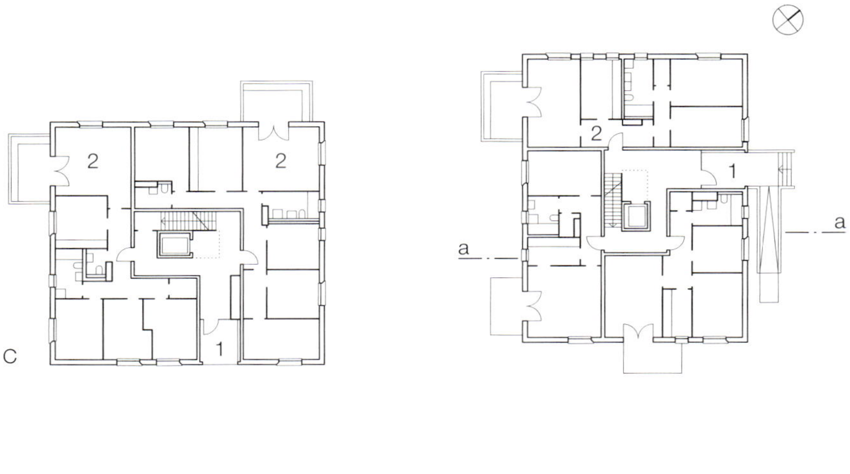

C

Vertikalschnitt
Horizontalschnitt
Maßstab 1:20

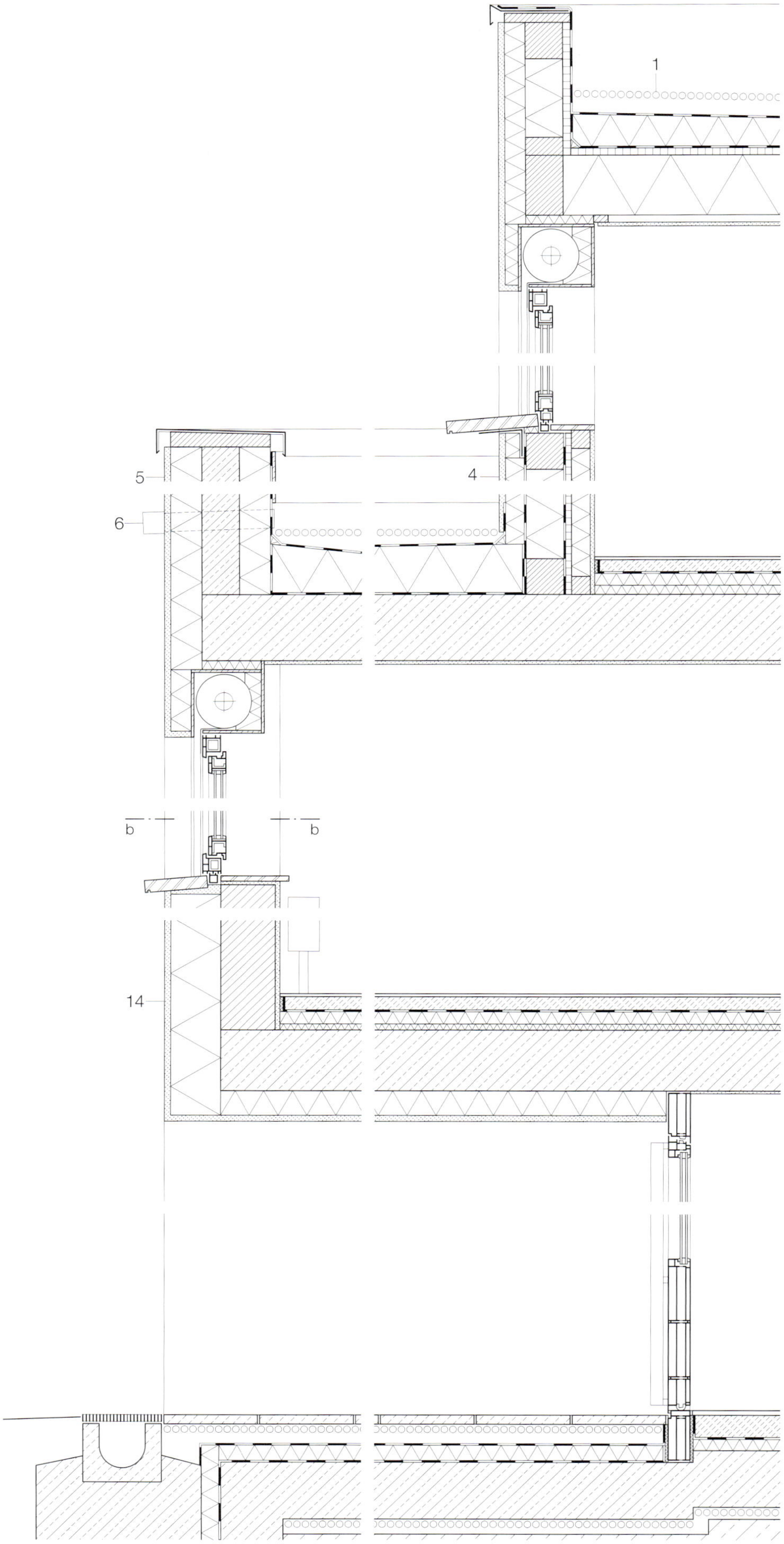

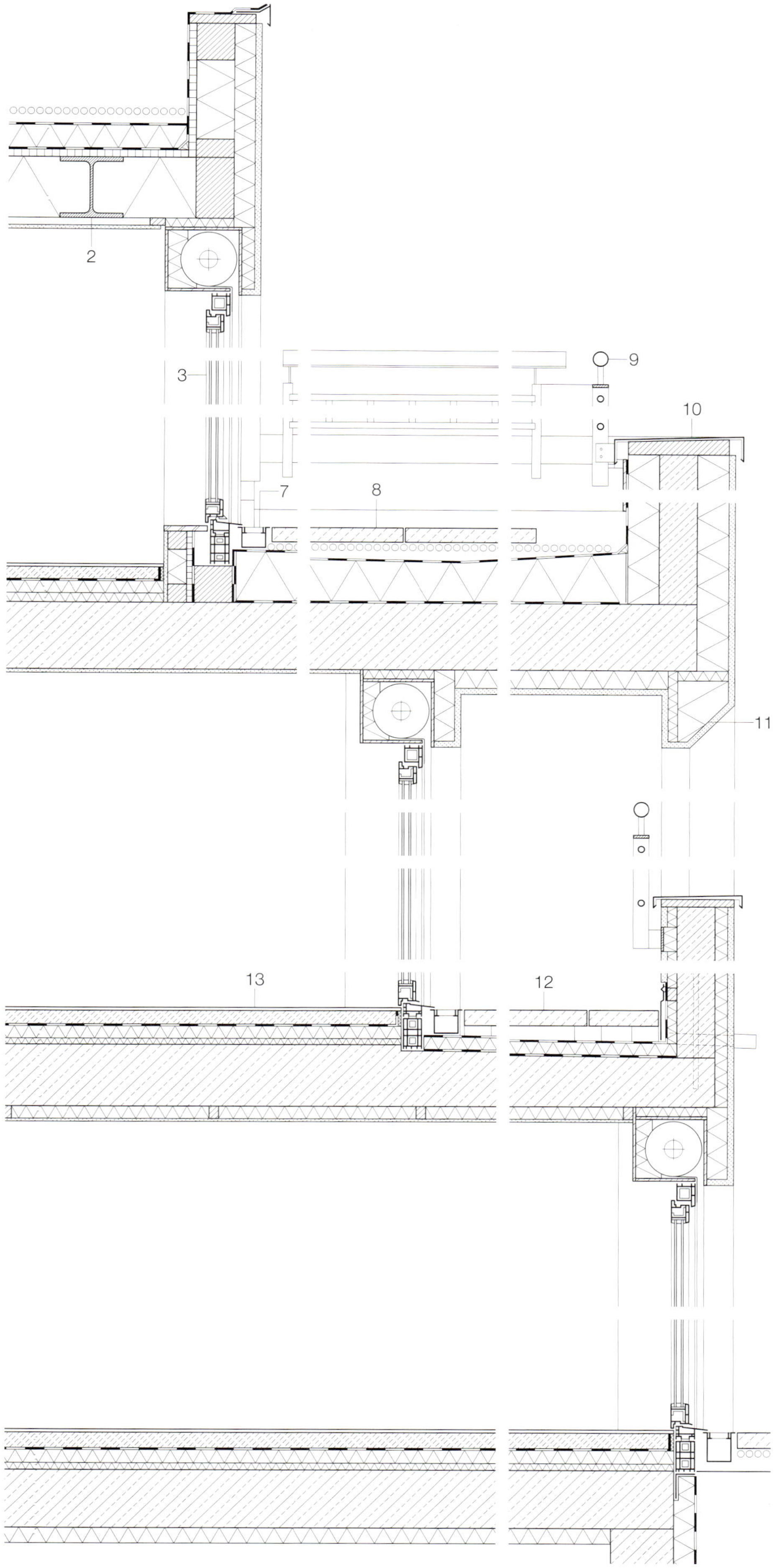

1 Dachaufbau:
Kies 50 mm, Abdichtung
Wärmedämmung im Gefälle 200-280 mm
Dampfsperre, Dreischichtplatte 24 mm
Sparren100/200 mm,
dazwischen Wärmedämmung 200 mm
Konterlattung 24/48 mm, Gipskarton 12,5 mm
2 Stahlprofil HEA 200 mm
3 Isolierverglasung in Kunststoffrahmen
4 Wandaufbau Dachgeschoss:
Putz 20 mm, Wärmedämmung 60 mm,
Trennlage diffusionsoffen
Holzständer 120/80 mm,
dazwischen Wärmedämmung 120 mm
Dampfbremse, OSB-Platte 19 mm
Lattung 40/60 mm,
dazwischen Wärmedämmung 60 mm
Gipskarton 12,5 mm
5 Brüstungsaufbau:
Putz 20 mm, Dämmung 100 mm
Beton-Fertigteil 120 mm, Dämmung 100 mm,
dazwischen Unterkonstruktion, Abdichtung
Faserzementplatte 10 mm
6 Wasserspeier Stahlrohr Ø 35 mm
7 Entwässerungsrinne 100 mm
8 Dachterrassenaufbau:
Betonplatte 400/400/50 mm
Splittbett 30 mm, Dichtungsbahn
Wärmedämmung im Gefälle max. 170 mm
Dampfsperre, Stahlbetondecke 220 mm
9 Geländerpfosten Stahlrohr Ø 25 mm
10 Abdeckung Titanzinkblech 1 mm
11 Dämmkeil
12 Bodenaufbau Loggia:
Betonplatte 400/400/50 mm,
höhenverstellbar gelagert
Abdichtung, Trittschalldämmung 40 mm
Dampfsperre
Stahlbetondecke im Gefälle max. 160 mm
13 Bodenaufbau:
Linoleum 10 mm, Estrich 40 mm
Trennlage PE-Folie, Wärmedämmung 40 mm
Trittschalldämmung 30 mm
Stahlbetondecke 200 mm
14 Wandaufbau:
Wärmedämmverbundsystem 180 mm
Mauerwerk Kalksandstein 175 mm
Innenputz 15 mm

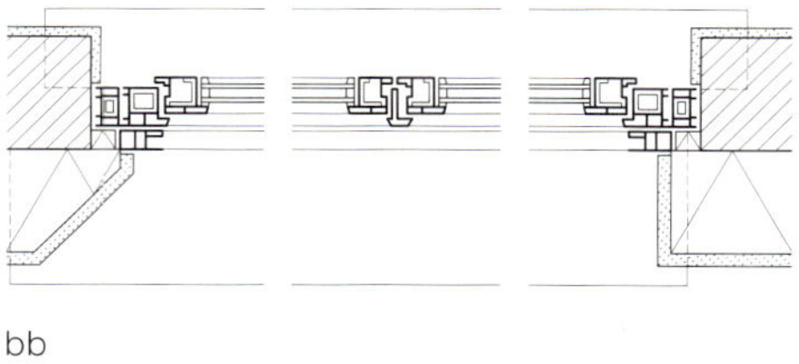

bb

Wohnanlage in Wiesbaden

Architekten: Dietz Joppien Architekten, Frankfurt am Main

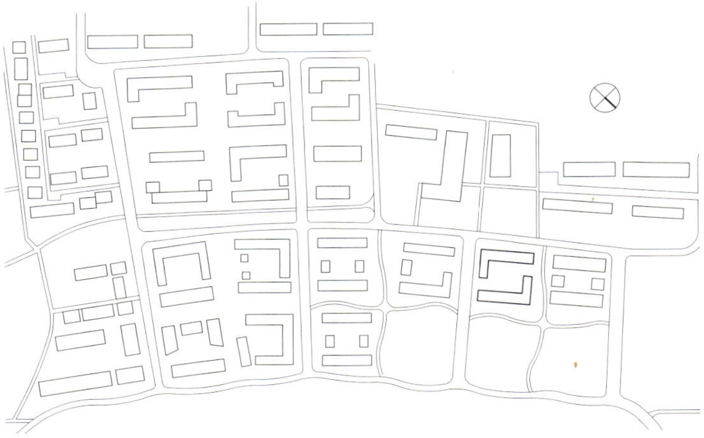

Städtisches Siedlungsmodell
Flexible Grundrisse für alle Lebenssituationen
Behindertengerechte Wohnungen im EG

Der Wohnblock am südwestlichen Stadtrand von Wiesbaden entstand im Rahmen eines gemeinnützigen Wohnungsbauprogramms, das den Bau von kostengünstigen Miet- und Eigentumswohnungen für Familien und junge Paare fördert. Bei einem eigens ausgelobten Wettbewerb überzeugte der Entwurf der Architekten aufgrund seiner flexiblen ökonomischen Grundrisse und der effizienten Flächenausnutzung: Anstelle von starren Grundrissen treten veränderbare Wohneinheiten, die jederzeit an die Bedürfnisse der Bewohner angepasst werden können.

Nutzungsneutrale Räume
Das Wettbewerbsgebiet umfasst sechs Wohnblöcke, von denen die Architekten bislang nur einen Block realisieren konnten. Zwei L-förmige Baukörper umschließen einen halböffentlichen Wohnhof mit Kinderspielplatz. Während man den südlichen Baukörper über den Hof betritt, ist der nördliche direkt vom Straßenraum aus zugänglich. Die beiden nahezu identischen vier- und fünfgeschossigen Gebäude beherbergen 70 Wohnungen mit zwei bis fünf Zimmern. Die Treppenhäuser erschließen jeweils zwei Wohnungen pro Geschoss und über Laubengänge die Einheiten in den Stirnseiten. Die Grundrisse zeichnen sich vor allem durch ihre Flexibilität aus. Nutzungsneutrale Räume, die mithilfe von raumhohen Schiebewänden je nach Bedürfnis zusammengeschaltet werden können, ermöglichen vielfältige Grundrissvarianten: Die Wohnräume können jeweils einseitig zum Hof oder zur Straße orientiert oder von Fassade zu Fassade durchgesteckt werden, sodass ein offenes Raumvolumen entsteht. Raumhohe Verglasungen schaffen über die vorgelagerten Balkone eine Verbindung zum Außenraum. Alle Einheiten im Erdgeschoss und die gesamten Freiflächen sind barrierefrei konzipiert.

Konstruktion und Fassade
Das Gebäude ist in einer Mischkonstruktion aus Leichtmauerwerk und Stahlbetondecken errichtet.
Die streng rhythmisierten nördlichen Fassaden sind geprägt durch liegende und stehende, gegeneinander versetzt angeordnete Fensterformate. Weit auskragende Einzelbalkone sorgen für Plastizität an den Ost- und Westfassaden. Dagegen bestimmt das Spiel der individuell verschiebbaren Schiebeläden aus segeltuchbespannten Leichtmetallkonstruktionen das Fassadenbild des Innenhofs. Die Wohnungen sind durch in die durchgehenden Balkone eingestellte Geräteboxen voneinander getrennt. Wenige verschiedenen Materialien und kräftige Farben erzeugen ein einheitliches Erscheinungsbild.

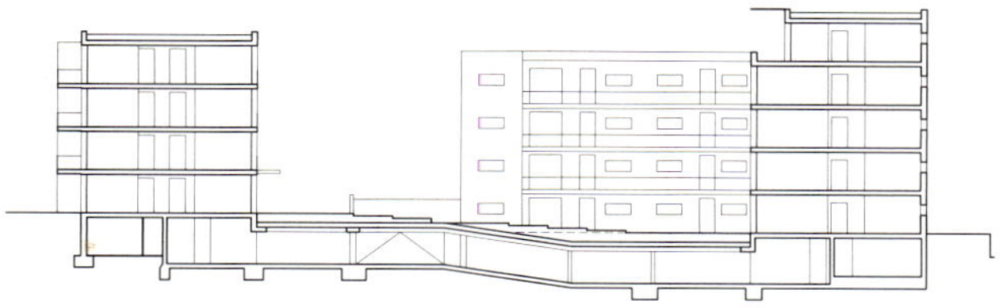

aa

Gebäudedaten

Nutzung:	Mehrfamilienhaus
Wohnungen:	70 Wohnungen (55–100,5 m²)
Erschließung:	Zweispänner, Laubengang
Lichte Raumhöhe:	2,5 m
Konstruktion:	Stahlbeton Massivbau
Bruttorauminhalt:	28591 m³
Bruttogeschossfläche:	5766 m²
Hauptnutzfläche:	4715 m²
Grundstücksfläche:	4878 m²
Baukosten:	5,78 Mio. EUR
Finanzierung:	öffentlich geförderter Wohnungsbau
Bauzeit:	1999–2000

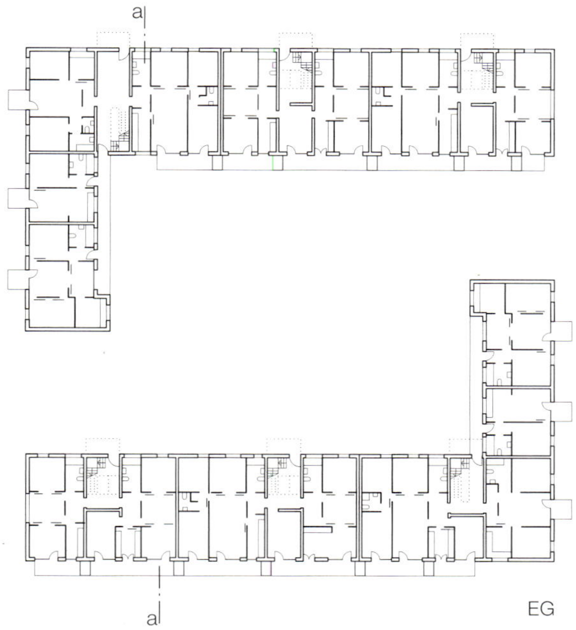

EG

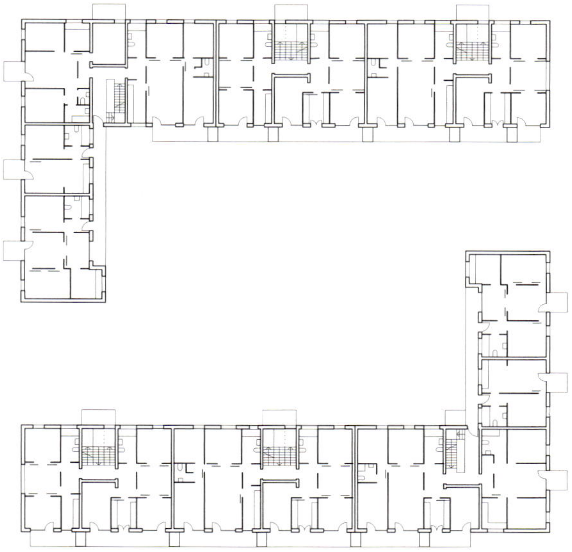

OG

Lageplan
Maßstab 1:7500
Schnitt · Grundrisse
Maßstab 1:750

Grundrisse
Maßstab 1:400

A Anpassung an den Generationenwechsel
B Raumkonstellation im Tagesablauf
C Anpassung an verschiedene Lebensformen

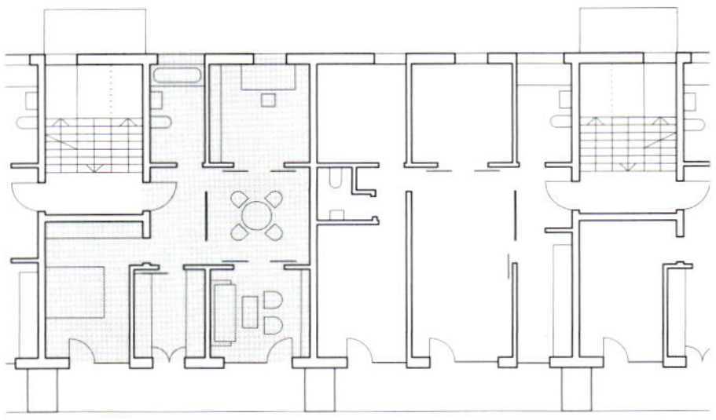

A1

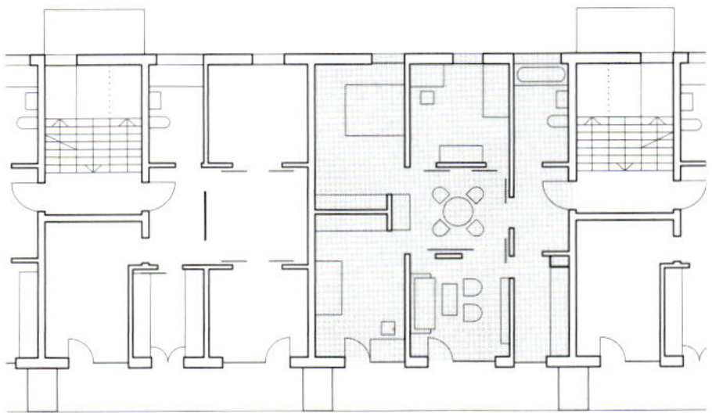

B1

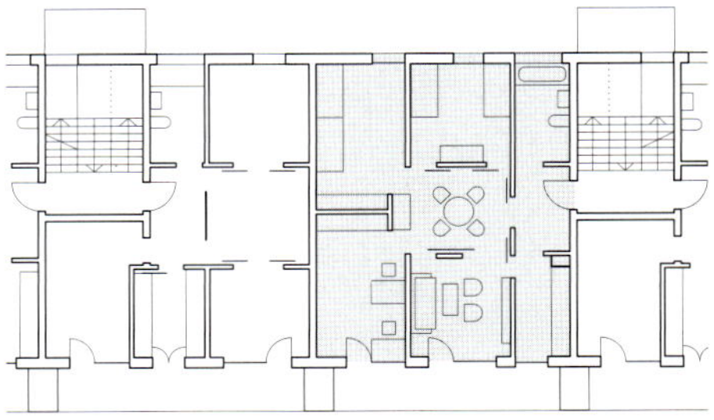

C1

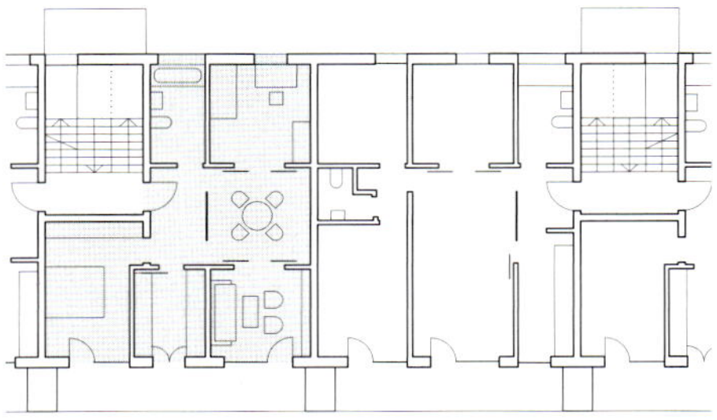

A2

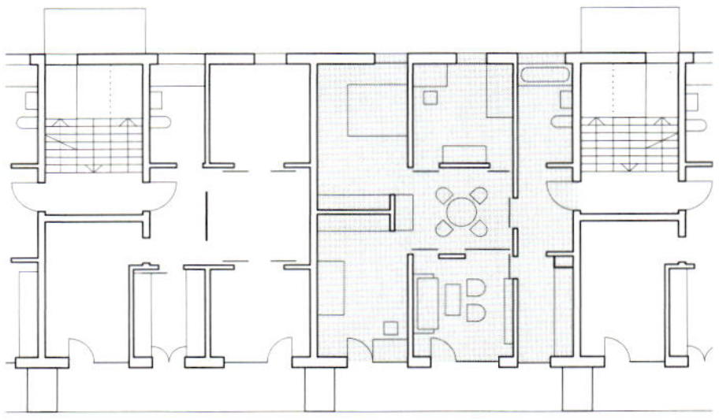

B2

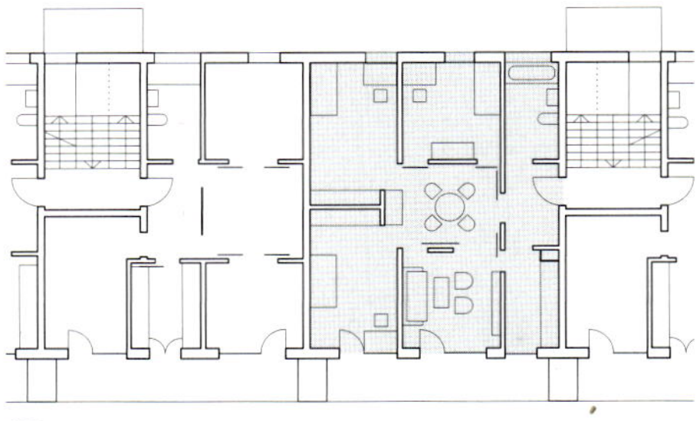

C2

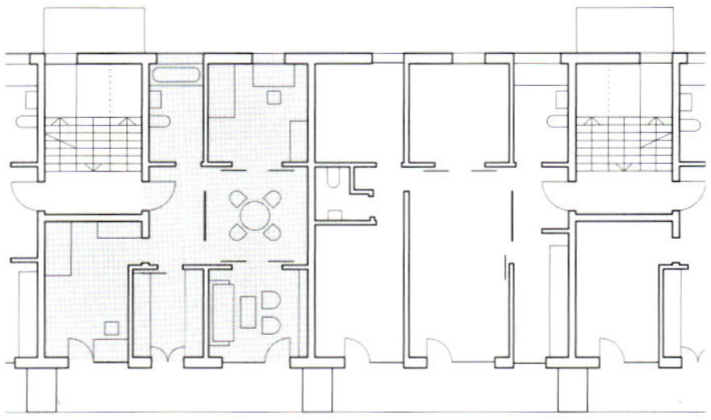

A3

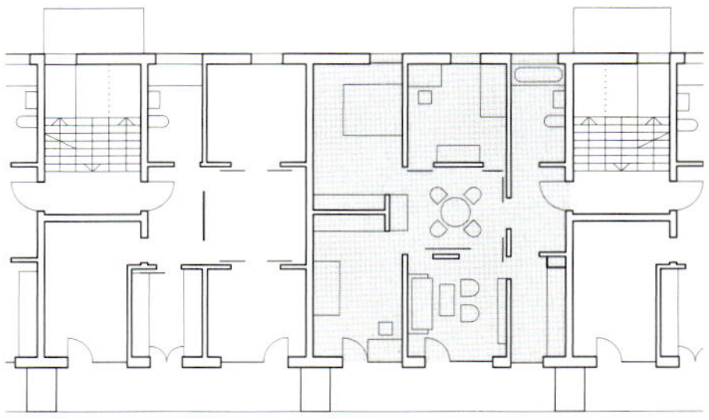

B3

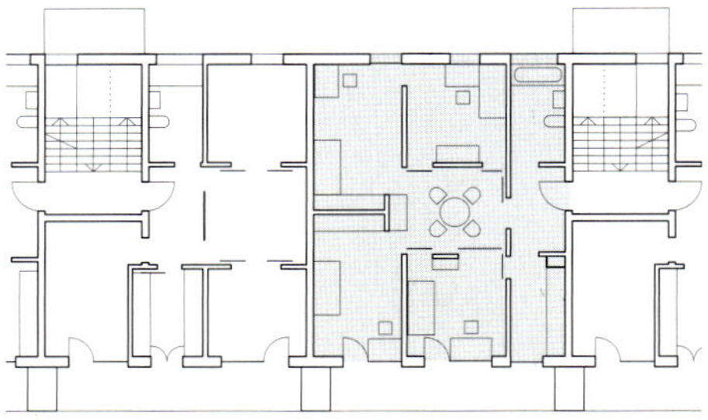

C3

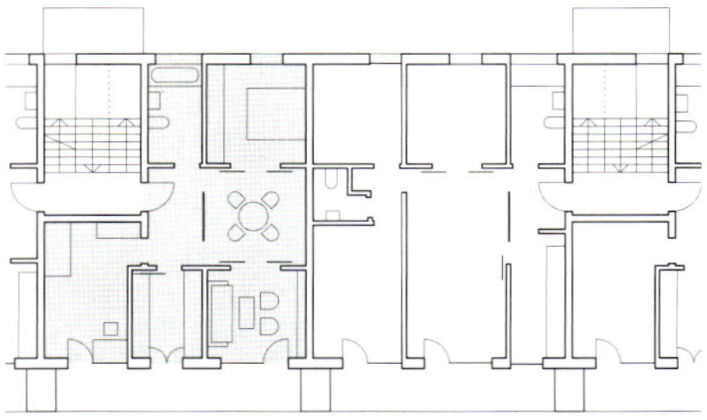

A4

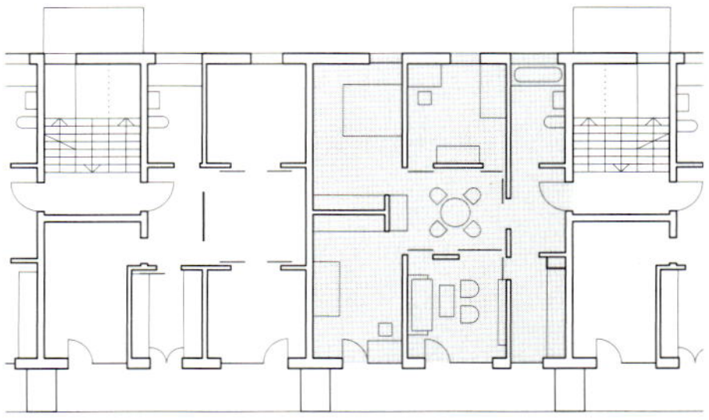

B4

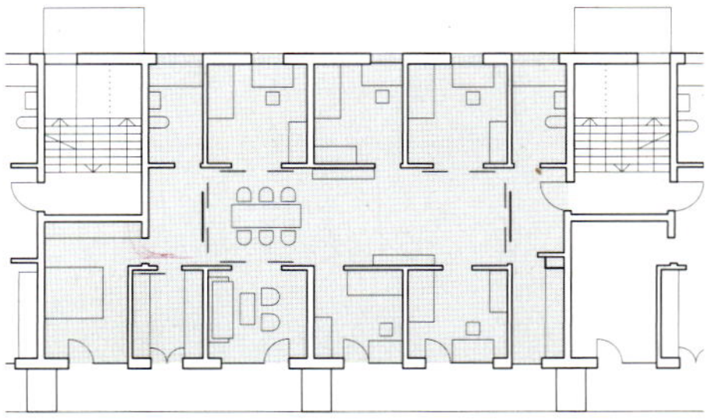

C4

A1 Eaby schläft mit den Eltern im Schlafzimmer, Wohn-, Arbeits-, Essbereich erstreckt sich von Fassade zu Fassade
A2 Kind wird älter und bekommt ein eigenes Zimmer, erweiterte Spielzone im Essbereich mit der Möglichkeit zu räumlicher Trennung
A3 Kind ist erwachsen und zieht aus, zwei Individualräume für die Eltern entstehen
A4 Pflegebedürftige Großmutter zieht in ein separates Südzimmer, Nordzimmer wird zum Schlafzimmer

B1 11.00 Uhr: Erstes Kind in der Schule, zweites Kind spielt, offene Wohnzone erleichtert die Aufsicht während der Hausarbeit, Spielbereich flexibel erweiterbar durch Zuschalten angrenzender Räume
B2 15.00 Uhr: Besuch der Nachbarn, Kaffeetrinken, die Wohnzone wird um den Balkon erweitert, Rückzug wegen Schularbeit in das Kinderzimmer
B3 21.00 Uhr: Eltern sehen fern, Kinder schlafen, Essbereich mit Wohnen zusammengeschaltet, Individualräume abgetrennt
B4 22.00 Uhr: Besuch eines Freundes, Rückzug in den Wohnbereich, Schlafen in den Individualräumen ungestört

C1 Zentrales Zimmer mit Sitzgruppen und fließenden Übergängen zu den anderen Wohnbereichen, sowie zwischen innen und außen
C2 Kleinfamilie mit Großmutter: Individuelle Räume für Kind und Großmutter, Schlafzimmer für Eltern, gemeinsamer flexibler Wohn- und Essbereich bis zum Balkon erweiterbar
C3 Zwei Alleinerziehende mit je einem Kind: zusammengeschaltete 2-Zimmereinheiten mit gemeinsamer Nutzung von Essplatz, Küche und Bad
C4 Wohngemeinschaft für fünf Personen: Zentraler Essplatz mit angrenzenden Individualräumen, die zugeschaltet werden können, Balkon als erweiterte Wohnzone

Wohnsiedlung in Ypenburg

Architekten: van den Oever, Zaaijer & Partners
John Bosch, Amsterdam

Konzeptskizze zum Städtebau
Lageplan
Maßstab 1:2500

1 Block A
20 Reihenhäuser
2 Block B
12 Reihenhäuser
3 Block C
18 Reihenhäuser
4 Block D
4 Wohngruppen

Siedlungsmodell für Behinderte und Familien
Städtebauliche Großform
Höfe als kommunikative Zentren

Neun große Häuser bilden eine eigene Inselgruppe im Osten von Ypenburg. Das Siedlungsprojekt mit Wohnungen für etwa 120 Familien und Behinderte basiert auf einem Masterplan von MVRDV und ist Bestandteil der städtebaulichen Erweiterung von Den Haag.

Homogene Siedlungsstruktur

Von Wasser umschlossen, reihen sich unterschiedlich große Häuser versetzt angeordnet auf drei langgestreckten Dämmen. Die ein- bis dreigeschossigen Blocks fassen 12–20 Einzelhäuser oder vier Wohngruppen unter einem Dach zusammen, die sich um gemeinsame Höfe gruppieren. Weite Atrien dienen der Erschließung und bilden große Freiluft-Wohnzimmer für die Bewohner. Zu ihrer optimalen Belichtung sind die Dächer dem Verlauf der Sonne entsprechend abgeschrägt, sodass polygonale Kubaturen entstehen, deren Bild sich je nach Standort des Betrachters verändert. Zwischen den Hofhäusern sind Parkplätze angeordnet.
Sichtmauerwerk aus dunklen Klinkersteinen prägt alle Außenfassaden, Wege und Parkflächen. Die Hoffassaden hingegen sind mit großformatigen, grünen Holzwerkstoffplatten verkleidet, die künftig langsam von Efeu überwuchert werden.

Verschiedene Grundrissorganisationen

Die zwei äußeren Blöcke am nördlichen Rand nehmen acht Wohngemeinschaften geistig und körperlich Behinderter auf. Jede Wohngruppe ist eingeschossig organisiert, zudem ist ihre Grundrissorganisation auf die eingeschränkte Mobilität vieler Bewohner abgestimmt: Die Zimmer schließen ohne Flur direkt an einen großen gemeinsamen Allraum an, dessen Mittelpunkt die frei im Raum stehende Küche bildet. In den Obergeschossen ergeben sich aufgrund der Dachneigungen Raumhöhen bis zu 7 Metern. Zudem unterscheiden sich die Innenräume der Gruppen in ihrer Farbgebung.
Die kompakten, durchgesteckten Hauseinheiten in den restlichen sieben Blöcken stellen eine Alternative für junge Familien zum üblichen Reihenhaus mit Garten dar und bieten bezahlbaren Wohnraum und geschützte Spielflächen für Kinder.

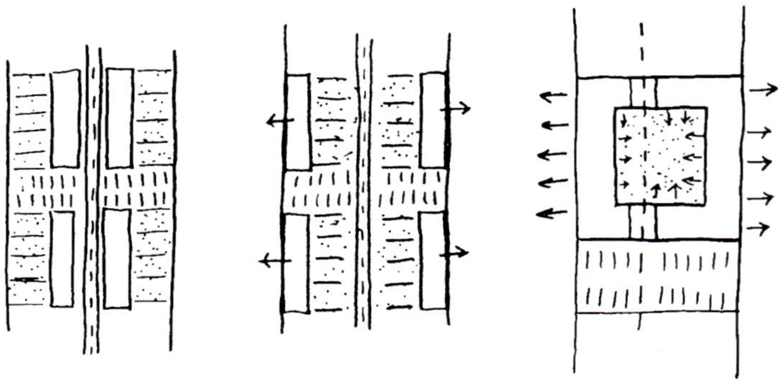

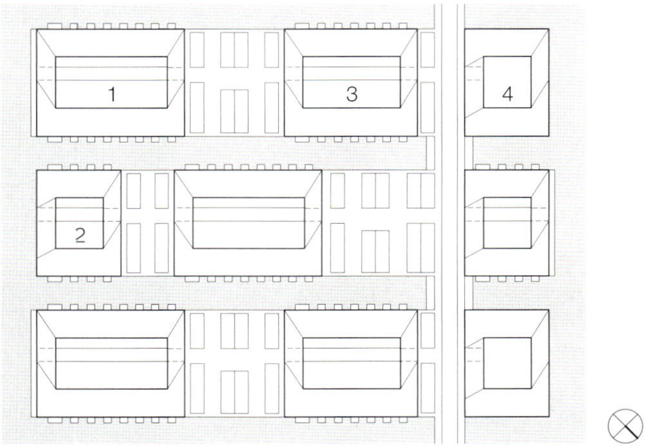

Gebäudedaten

Nutzung:	Reihenhäuser, Wohngruppen
Wohnungen:	120× 3–6-Zimmer-Wohnungen (90–170 m²) 8× Wohngruppen (3000 m²) mit 48 Zimmern (14 m²)
Erschließung:	Allraum (Wohngruppe) Reihenhaus
Lichte Raumhöhe:	2,50–4,00 m
Konstruktion:	Stahlbeton
Bruttorauminhalt:	55600 m³
Nutzfläche:	19850 m³
Grundstücksfläche:	22700 m²
Baukosten:	2,8 Mio. EUR
Fertigstellung:	2002

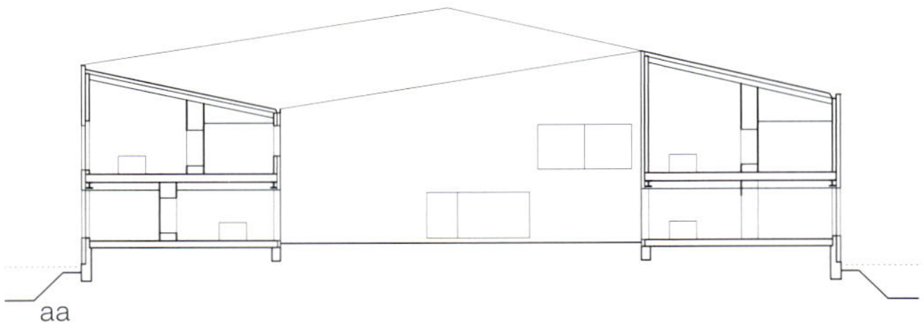
aa

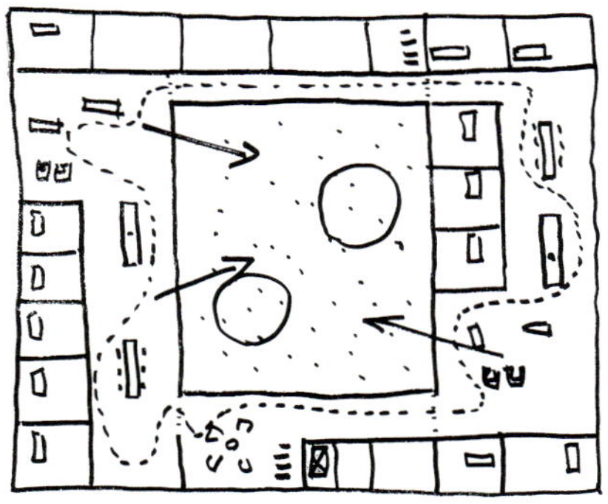

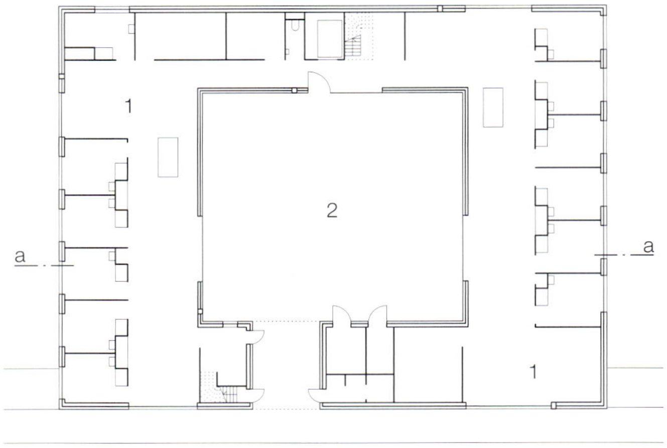
1
2
a
a
1

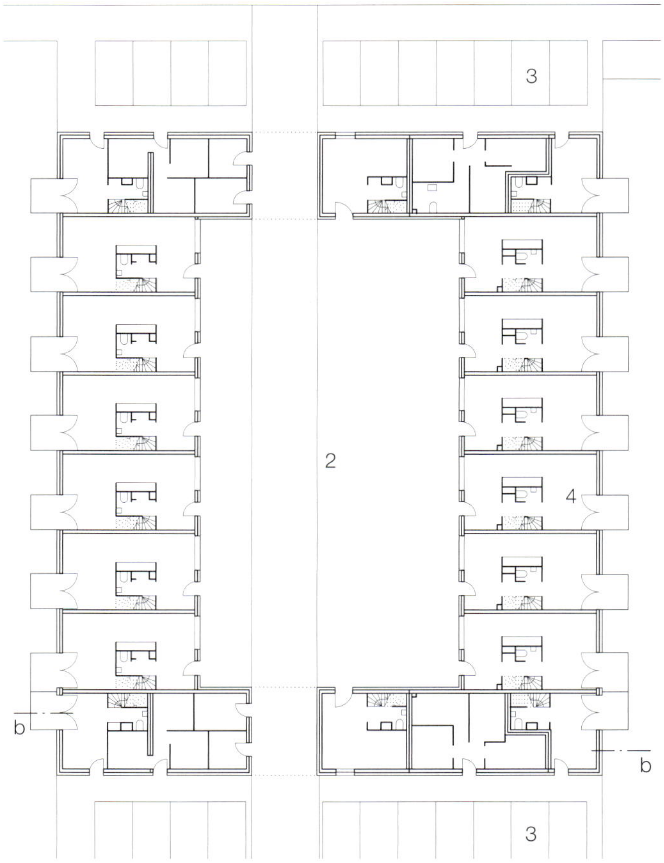
3
2
4
b
b
3

Konzeptskizze Wohngruppe
Schnitte • Grundrisse Block C + D
Erdgeschoss + 1. Obergeschoss
Maßstab 1:500

1 Wohngruppe
2 Innenhof begrünt
3 Stellplätze
4 Reihenhaus

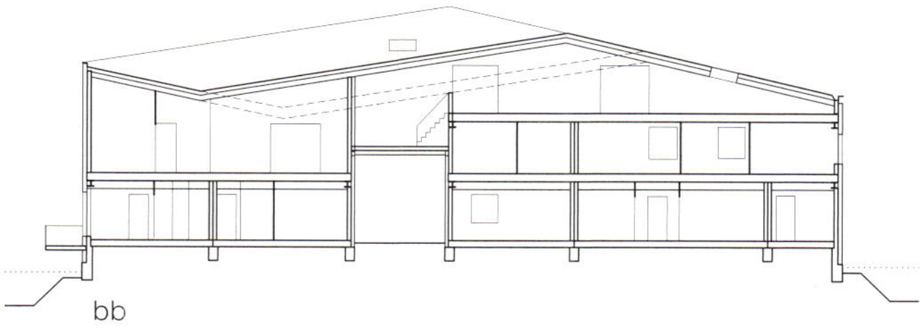

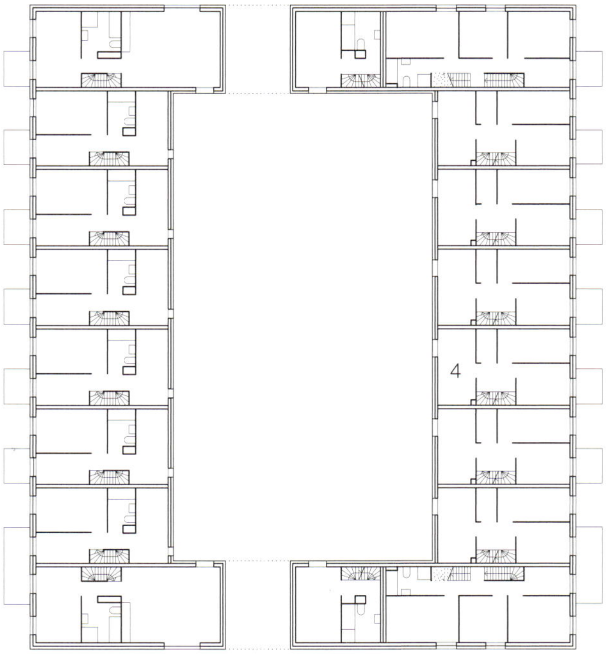

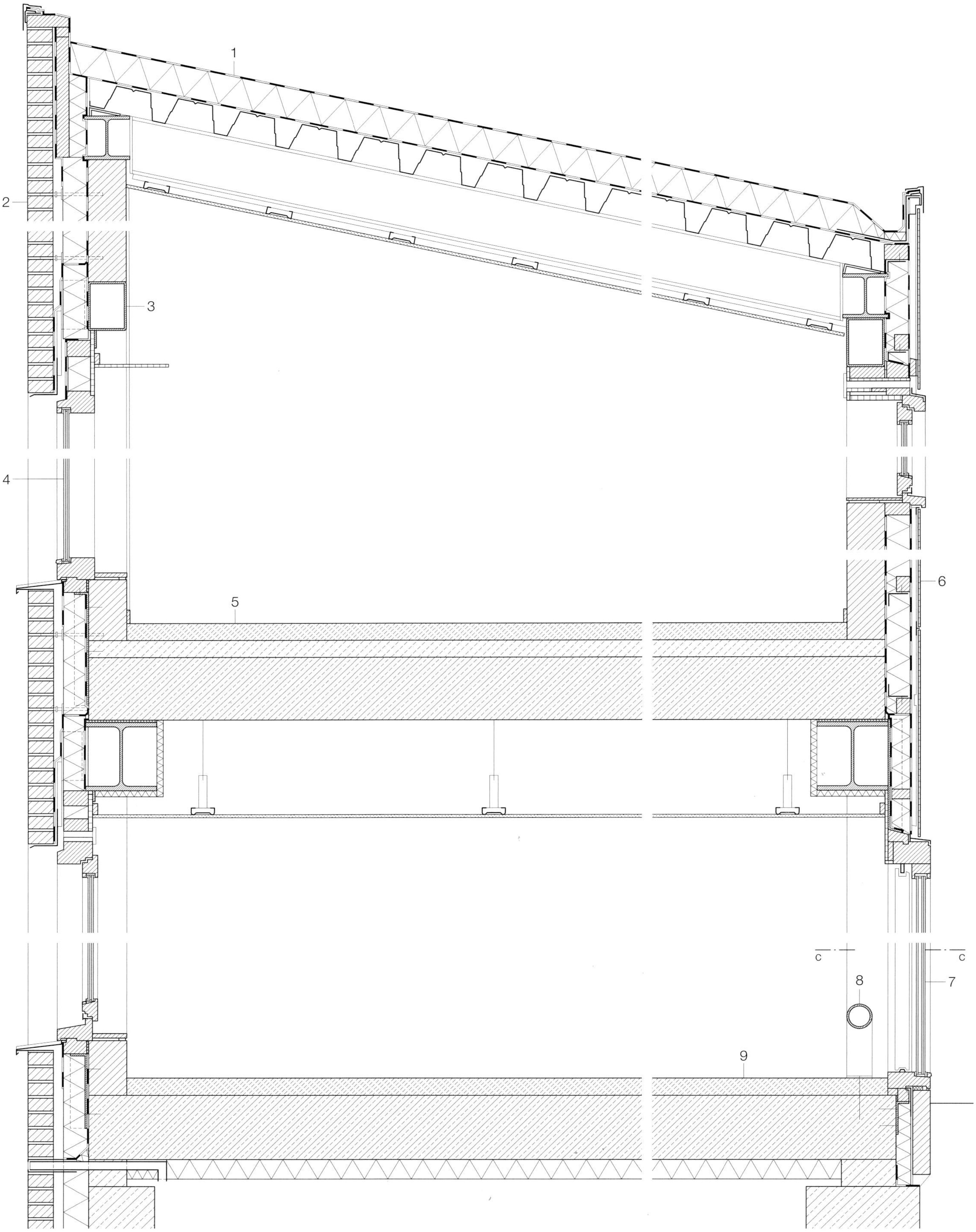
1
2
3
4
5
6
c
c
7
8
9

Vertikal-, Horizontalschnitt Maßstab 1:20

1 Dachaufbau:
Abdichtung Bitumenbahn einlagig
Wärmedämmung Hartschaum 120 mm
Dampfsperre
Trapezblech 110 mm
Stahlprofil I 230 mm
Gipskartonplatte 12,5 mm auf Unterkonstruktion
2 Wandaufbau:
Vormauerziegel 100 mm
Hinterlüftung 40 mm,
Wärmedämmung 100 mm, Dampfsperre
Mauerwerk Kalksandstein 150 mm
3 Stahlhohlprofil 200/150/6 mm
4 Isolierverglasung in Holzrahmen
5 Bodenaufbau Obergeschoss:
Estrich 70 mm, Deckschicht Beton 70 mm
Betonfertigteilplatte 260 mm
Stahlprofil HEA 280
abgehängte Decke Gipskartonplatte 12,5 mm
6 Wandaufbau:
Holzwerkstoffplatte grün durchgefärbt 8 mm
hinterlüftung, Lattung 40 mm
Winddichtung diffusionsoffen
Wärmedämmung 45 mm
Dampfsperre
Mauerwerk Kalksandstein 150 mm
7 Schiebetür Isolierverglasung in Holzrahmen
8 Anfahrschutz Stahlrohr Ø 100 mm,
Höhe 250 mm
9 Bodenaufbau Erdgeschoss:
Estrich 70 mm
Betonfertigteilplatte 260 mm
Wärmedämmung 80 mm

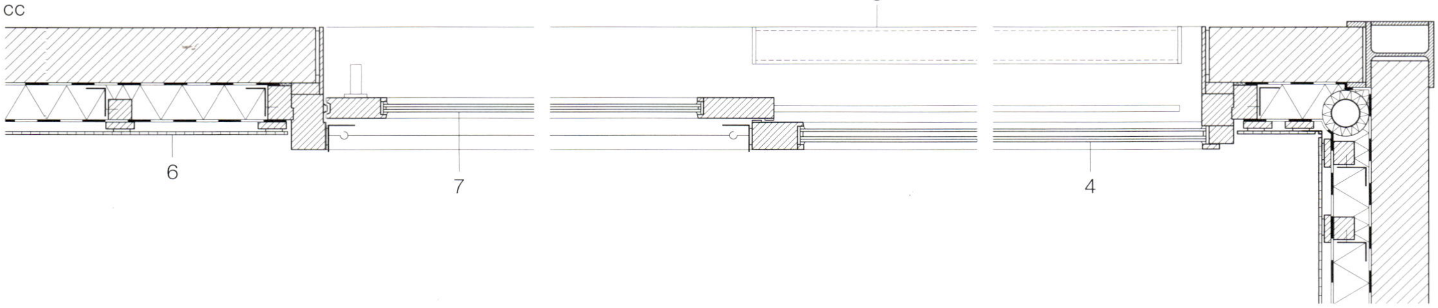

Altengerechtes Bauen

Joachim F. Giessler

Analog zur demografischen Entwicklung in unserem Land wird die eigene Wohnung für etwa 94 % der über 60-Jährigen immer mehr der Mittelpunkt des täglichen, selbstständigen Lebens sein.
Da die Lebenserwartung steigt, werden sich die Bewohner für immer längere Lebensabschnitte in den Wohnungen aufhalten. Neue Bedürfnisse und Anforderungen entstehen, die sowohl die eigene Wohnung als auch eine neu gebaute oder gekaufte erfüllen muß. Abzusehen ist bereits heute auch, dass die Pflege künftig stärker im häuslichen Bereich stattfinden wird.
Überlegungen zu altengerechten Wohnungen machen aber nur dann Sinn, wenn wir für die Räume und die darin vorgesehenen Funktionen auch die notwendigen Einrichtungen zur Verfügung haben. Die DIN 18025 und voraussichtlich auch die neue DIN 18030 machen hierzu leider wenig brauchbare Angaben. Hier heißt es nur: Einrichtungen sind die zur Erfüllung der Raumfunktion notwendigen Teile, z. B. Sanitärausstattungsgegenstände, Geräte und Möbel; sie können sowohl bauseits als auch vom Wohnungsnutzer eingebracht werden. Die ausschließliche Erfüllung von baulichen Vorgaben der Normen wie breitere Türen, ausreichende Bewegungsflächen oder Schwellenfreiheit für Rollstuhlfahrer oder Behinderte allein reicht nicht aus. Es werden weiterführend in zunehmendem Maße wohnpsychologische und soziale Forderungen zu beachten und zu erfüllen sein.

Eine typische deutsche Wohnung wird im Zuge der Renovierung, nachdem die Kinder aus dem Haus sind, für ein älteres Ehepaar sinnvoll und vorausschauend umgebaut (Abb.3.2): Es wurde nicht nur für Bewegungsfreiheit, ein barrierefreies Bad und breitere Türen nach DIN gesorgt, denn

- es wäre auch möglich, jedem der beiden Wohnpartner ein eigenes Schlafzimmer zu geben, wenn dies aufgrund verschiedener Schlafgewohnheiten erforderlich wäre. Das Wohnzimmer wird zum gemeinsamen Lebensbereich.
- es ließe sich, falls ein Pflegebedarf in der Wohnung entsteht, vom Pflegezimmer durch Herausnahme der Badewanne ein direkter und kurzer Zugang zum Bad schaffen.

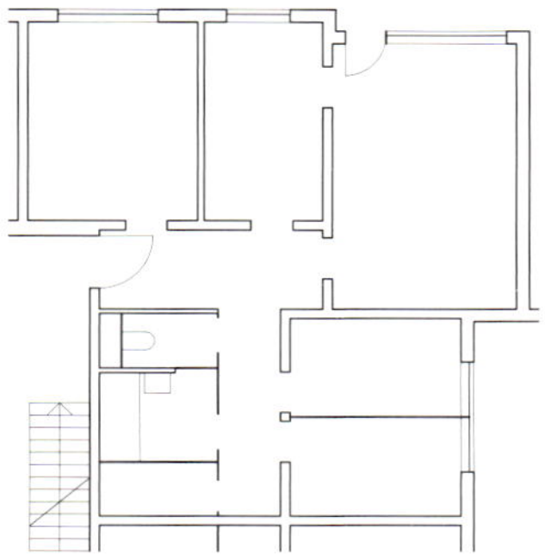
3.2 a

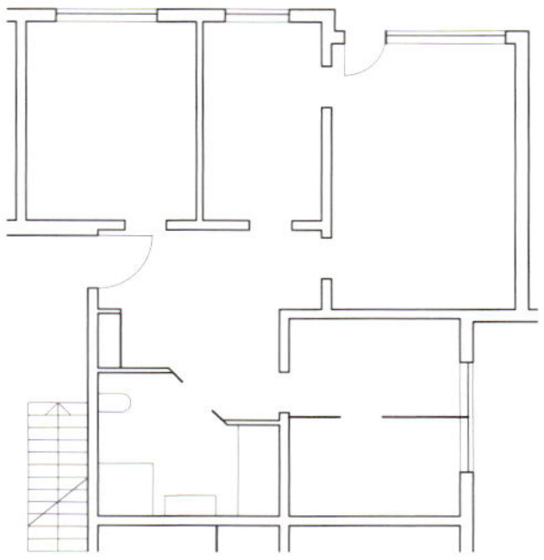
b

3.3 a

b

3.1 Seniorenzentrum bei Stuttgart, 1995; Kauffmann Theilig & Partner
3.2 Einbau eines rollstuhlgerechten Bades
a Grundriss vor dem Umbau
b Grundriss nach dem Umbau
3.3 Barrierfreie Bäder
a Alterswohnungen in Domat/Ems, 2004
Architekt: Dietrich Schwarz
b Seniorenzentrum in Lich, 2003
Architekten: Pfeifer Roser Kuhn

- die Wohnungseingangstür wurde einbruchsicher und überwachbar gestaltet – ganz im Sinne des Sicherheitsbedürfnisses der in der Wohnung verbliebenen Eltern.

Die Kosten für diesen Umbau liegen allerdings etwa bei 40000 bis 50000 Euro.

Die künftigen vorrangigen Aufgabenstellungen beim altengerechten Bauen heißen also: Bestehende Wohnsubstanz kostengünstig den Bedürfnissen anzupassen, neue Wohnungen bewusst in Hinsicht auf die späteren Lebensjahre vorauszuplanen und zu bauen und letztlich auch zu überlegen, in welchen Wohnformen Jung mit Alt oder Alt mit Alt leben können. Beispiele sind bereits bekannt:

- betreute Wohneinheiten (Abb. 3.4)
- die Strukturen des Mehrgenerationenwohnens,
- die Alten-Wohngemeinschaft (Abb. 3.5 und 3.6)
- die Smart-Home-Siedlungen, in denen nur ältere Menschen zusammen wohnen.

Zu all diesen verschiedenen Möglichkeiten des Wohnens gehören eine Reihe von Überlegungen zur zukünftigen Grundrissgestaltung, damit die jeweiligen Bedingungen erfüllt werden (Abb. 3.7):

- Funktionszusammenhänge zwischen Schlafraum, Sanitärbereich und Stauraum sind genauestens zu bedenken, wenn die Pflege im häuslichen Bereich barrierefrei möglich sein soll.
- Frei gewordene Räume sollten nach dem Auszug der Kinder zu einer Wohnung zusammengefasst werden können, die durch Vermietung die nicht üppig bemessene Rente aufbessert oder die Möglichkeit gibt, in diesen Räumen jemanden wohnen zu lassen, der bei der Pflege hilft.
- Auf die elementarsten Wünsche nach Privatheit, Intimität, Geborgenheit und Sicherheit ist einzugehen. Das heißt unter anderem Abgeschlossenheit einer Wohnung, Sichtschutz, Gestaltung mit geeigneten Materialien oder auch geeigneter Einbruchschutz.

Erst in zweiter Reihe, aber doch ebenfalls wichtig, steht dann die Frage nach dem Umfeld und seiner altengerechten Gestaltung:

- Die öffentliche Verkehrsanbindung sollte nahe gelegen und/oder das eigene Verkehrsmittel bequem zugänglich sein.
- Nachzuprüfen ist, ob Servicedienste, Tagesklinik, Tagespflege oder Rehabilitationszentren in der Nähe sind.

Und es bedeutet auch, dass ein Café, ein Supermarkt, die Arztpraxis, das Hotel, die Post oder die Sparkasse im Umfeld in diesem Sinne, nämlich barrierefrei, gestaltet sein sollten.

Aber nun zu den Forderungen einer alternativen und ergänzenden Einrichtung:

Es wird erforderlich sein, den Markt nach brauchbaren Artikeln und Produkten zu durchforsten. Da hier noch zu wenig zu finden ist, sollten sich Hersteller einmal mehr und vor allem ab sofort mit der Definition von Designaufgaben und deren Umsetzung bis hin zum fertigen Produkt befassen.

Die deutsche Möbelindustrie macht im Augenblick hierzu wenig erfolgversprechende Aussagen, allenfalls sind Ansätze zu spüren: Auf der Kölner Möbelmesse wurde zuletzt ein noch nicht serienreifes »ansprechbares« Bett vorgestellt, das Kopf- und Fußteil des Lattenrostes mit einer Sprachsteuerung heben und senken kann.

Oder: Ruhe- und Massagesessel werden mit elektronischen Aufstehhilfen, steuerbaren Fuß- und Rückenverstellungen ver-

3.4

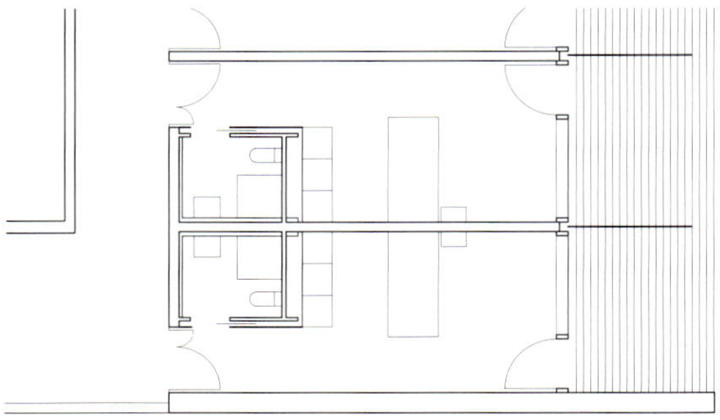

3.5

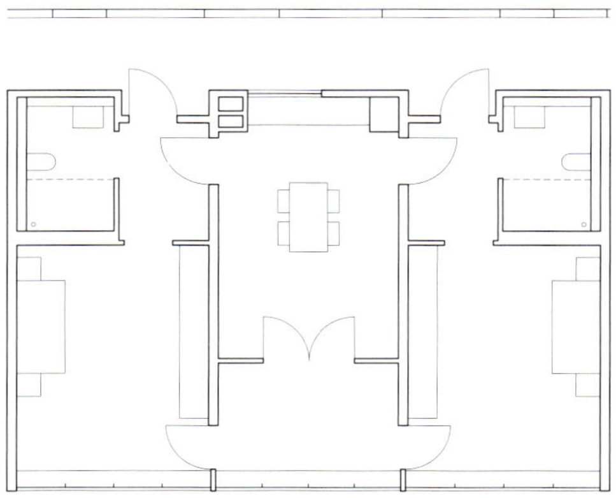

3.6

sehen, und die Nachtkästchen der Schlafzimmerprogramme werden nun sogar mit einer Pillenschublade ausgestattet.
Da die meisten Menschen nicht gerne vom Alter reden und ein Vokabular um die Begriffe Rollstuhl und Behinderung in den vergangenen Jahren sicher einige Hemmschwellen aufgebaut hat, wird die Industrie neuen Produkten sinnvollerweise nicht den Stempel seniorengerecht, behindertengerecht oder rollstuhlgerecht aufdrücken, denn diese würden dann bestimmt nicht gekauft.

Ob ältere Menschen Spezialmöbel wie oben beschrieben, wie immer sie heißen, überhaupt annehmen werden, bleibt abzuwarten. Einige Nobelhersteller bezweifeln sogar, dass Senioren überhaupt Spezialmöbel für das Alter benötigen. Denn jedes gute Möbelstück sei nach ergonomischen und haptischen Kriterien konzipiert und erfülle damit ohnehin die Bedürfnisse, die für ältere Menschen wichtig seien.
In der Folge wird sich zeigen, dass diese Aussage zu bezweifeln ist: Sucht man in den Möbelhäusern nach Geeignetem, so wird man feststellen, dass wenig vorhanden ist. Ein paar halbherzige Ansätze bei Schlafzimmerprogrammen, der Versuch, mit Hilfe von neu entwickelten Möbelbeschlägen Hilfestellung bei flexiblen Höhenverstellungen von Waschtisch, Arbeitstisch und Schrankeinrichtungen zu geben, und einige wenige gute Entwicklungen von Einzelstücken, die aber noch unbezahlbar sind.

Da die Industrie Produkte nur dann fertigt, wenn ausreichend Stückzahlen produziert werden, wird es notwendig sein, an Mehrgenerationenprodukte zu denken, um zum Ziel zu kommen. Produkte also, die gleichzeitig von unterschiedlichen Generationen gebraucht und benutzt werden können: eine kleine Kücheneinheit für das Kochen in sitzender Position zum Beispiel, die die ältere Dame benützt, weil sie nicht mehr so gut stehen kann – genauso wie die junge Verkäuferin, die den ganzen Tag stehend Ware verkauft hat und froh ist, dass sie abends ihr Abendessen sitzend zubereiten kann.

Im Sanitär- und Küchenbereich lässt sich schon einiges auf dem Markt finden: Bei Badprogrammen wird bereits ein gut sortiertes Angebot von Einrichtungsgegenständen bereitgestellt, und auch die entsprechenden Fachberater werden zunehmend gut geschult und ausgebildet. Doch mit Haltegriffen und Duschsitzen, die die Körperpflege älterer Menschen erleichtern, ist es noch nicht getan. Schwerer ist es da schon, den Fliesenleger zu finden, der in der Lage ist, bodenebene, geflieste Bäder wasserdicht herzustellen. Auch bezahlbare, höhenverstellbare WC-Becken-Systeme in einem menschenwürdigen Design sind kaum finden, und Badewannen werden hierzulande noch immer fest in den Baukörper einzementiert mit dem Nachteil, dass ihr Entfernen unverhältnismäßig viel Aufwand erfordert.

Barrierefreie, höhenverstellbare Küchen gibt es, aber durch die elektrischen Verstellsysteme sind diese Küchen nicht billig. Die Frage stellt sich auch, ob eine motorische Regelbarkeit überhaupt erforderlich ist, und wie groß oder klein eine solche Küche für ein älteres Ehepaar sein kann, ohne dass man auf etwas verzichten muss. Auch eine bereits erstellte sinnvolle Analyse über den Bedarf an Geschirr und Gerät für den älteren Ein- oder Zweipersonenhaushalt ist derzeit nicht bekannt.

Vielleicht orientiert sich die Küchenindustrie noch zu sehr an bisher gewöhnten Küchengrößen. Auf jeden Fall aber kaufen Bauherren im Zuge einer Wohnungsrenovierung, die häufig um das 55igste Lebensjahr herum stattfindet, immer noch die althergebrachte Küche, auch wenn sie später nicht in eine Küche verwandelt werden kann, in der im Sitzen gearbeitet werden könnte. Das Bewusstsein für eine Vorausschau in Sachen Wohnung und Einrichtung ist eben nicht stark ausgeprägt.

Vereinzelt gibt es bereits gute Betten, die im Zuge des fortschreitenden Alters auch als Pflegebett dienen könnten. Aber das sind eben nicht Betten aus einem normalen Schlafzimmerprogramm.
Wie sieht aber die Umgebung des Bettes aus, in dem man sich nun länger aufhalten muss, von dem aus man aber trotzdem noch an der Umwelt teilhaben möchte?

- Kann man sehen, wer vor der Wohnungstür steht, wenn es klingelt?
- Hat man die Möglichkeit, vom Bett aus einen Fernseher mit drehbarem Bildschirm einzuschalten, kann man auch im Bett den Laptop bequem nutzen?
- Kann man das Fenster öffnen und wieder schließen, wenn man kurz vor dem Einschlafen ist und nicht mehr aufstehen möchte oder kann?
- Kann man im Bett auf eine vernünftige Art und Weise essen, ohne das Gefühl haben zu müssen, im Krankenhaus zu sein?
- Lässt sich das Licht den Lesegewohnheiten anpassen und überhaupt: Gibt es Untersuchungen über Licht und Farbe für ältere Menschen? Welches Licht ist richtig und welche Farben werden mit zunehmendem Alter bevorzugt oder abgelehnt?

All dies sind Fragen, die sich Designer dringend stellen sollten, wenn die Antwort auf diese Fragen kein reines Zukunfts-Szenario bleiben soll.
Auch müssen neue Überlegungen angestellt werden, wie man vom Bett leichter und vor allem menschenwürdig in das Bad gelangen kann. Es sind Umsetzhilfen oder neue Transportmittel zu entwickeln, die nicht nach deutschem Maschinenbau, Krankenhaus oder Sozialstation aussehen. Mobile Waschstationen wären ebenfalls eine große Hilfe. All diese Ansätze waren in Wettbewerben oder auf Messeveranstaltungen schon einmal zu sehen – als kaufbares Produkt sind sie nicht zu finden.
Unsere 60 cm tiefen Schränke haben immer noch Drehtüren, die beim Öffnen im Weg sind. Auch wäre ein Sockel im Schrank nicht unbedingt notwendig, was uns die Möglichkeit gibt, den Schrank zu begehen oder hineinzufahren (Abb. 3.8).
Stauräume, gleich ob als Schlafzimmer- oder Badezimmerschrank und auch die Dieleneinrichtung, sind immer noch bis zu 2,50 m hoch gebaut, was zur Folge hat, dass man Dinge aus über zwei Metern Höhe nur dann herausnehmen kann, wenn man auf einen Hocker oder eine Trittleiter steigt. Aber vielleicht kann der Besitzer gerade das nicht mehr – ganz zu schweigen vom Unfallrisiko!
Das gilt auch für die Bücherregale, aus denen die während eines langen Zeitraums gesammelten Kunstbücher in den

3.4 Seniorenresidenz Multengut in Muri bei Bern, 2004
Pflegezimmer
Architekten: Burkhalter Sumi, Zürich

3.5 3.6 Generationenhaus in Stuttgart, 2001
Seniorenwohngemeinschaft mit gemeinsam genutzter Küche
Architekten: Kohlhoff & Kohlhoff, Stuttgart

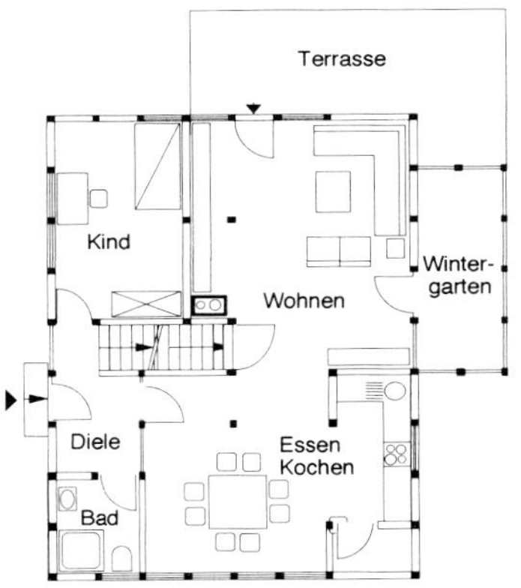

3.7 a

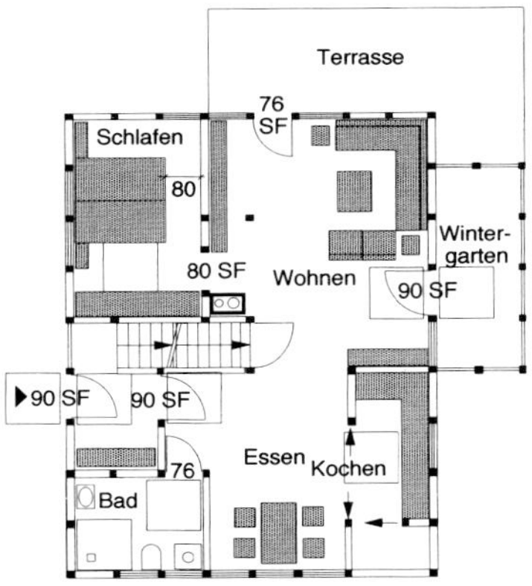

b

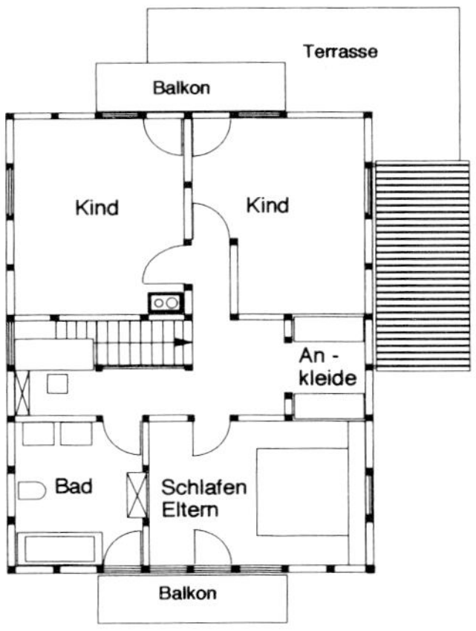

c

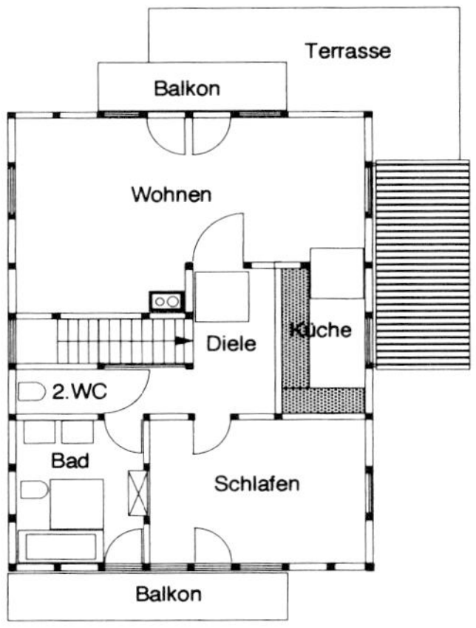

d

3.8 a

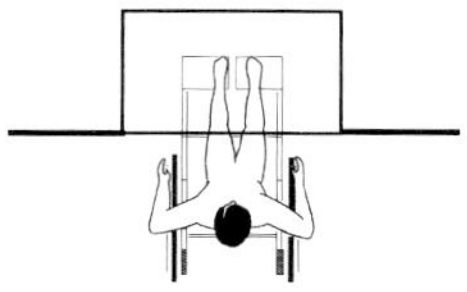

b

c

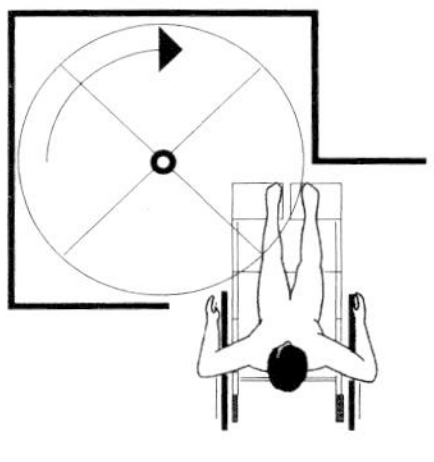

d

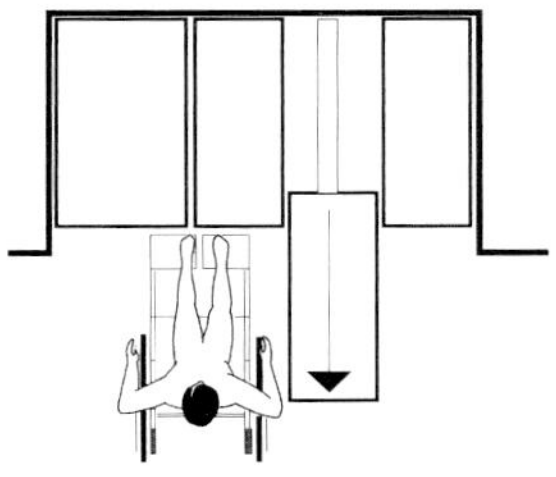

oberen Regalreihen nicht mehr herausgehoben werden können, weil sie zu schwer sind und die Oberarmmuskulatur das nicht mehr mitmacht.

Gesucht werden Alternativen zu diesen Stauräumen. Die bisher angebotenen Paternoster-Versuche waren nicht zu bezahlen. Und die Liste der fehlenden oder zu überdenkenden Einrichtung lässt sich fortschreiben. Gesucht werden geeignete Stühle mit geneigten Lehnen für ein leichteres Aufstehen, großräumig genug, um sich auch mit einer umgelegten Decke hineinzusetzen. Ein Sessel, ausgestattet mit einer wirklich funktionierenden Aufstehhilfe, die den Körper erst ein paar Zentimeter anhebt, bevor sich die Sitzfläche nach vorn neigt.

Fazit:
Altersbedingte Einschränkungen sind keine Krankheiten. Wenn das Sehvermögen nachlässt, das Hören, die Gedächtnisleistung, und sich die Beweglichkeit vermindert; wenn sich Greifrichtungen und Greifweiten verändern oder die Muskelkraft nachlässt; wenn die Reaktionsgeschwindigkeit und der Tastsinn abnehmen, muss dies nicht heißen, dass ein eigenständiges, sicheres und komfortables Leben in der eigenen Wohnung nicht mehr möglich ist.
Mit der interdisziplinären Zusammenarbeit zwischen Architekten, Innenarchitekten und Industriedesignern, die in der Lösung der erkannten Situation eine Aufgabe für sich sehen, wird es möglich sein, das Bewusstsein in der Bevölkerung und in der Industrie für ein altengerechtes Bauen zu entwickeln.

Das deutet auf die Erarbeitung von verschiedenen Wohnungsgrundrissen und Einrichtungsgegenständen hin, die etwas anders aussehen müssten als das Gros des bisher Angebotenen.
Dazu einige Beispiele:

- Eine offene, nicht verschachtelte Addition von Räumen mit weniger Türen, und dies schwellenfrei. So schafft man Bewegungsfreiheit für den Bewohner, egal, welcher Art seine Bewegungseinschränkung ist.
- Platz für begeh- oder befahrbare Schränke, in denen nicht nur Kleider und Wäsche untergebracht werden können, sondern auch die zusätzlich benötigten Geräte und mobilen Kommunikationsmittel eines Bewohners zum Beispiel dann, wenn er von der Familie Besuch bekommt.
- Überlagerte Bewegungsflächen in Abstimmung mit aus der Praxis hinterfragten und ausgewerteten Bedürfnissen eines Menschen, der im Rollstuhl sitzt. Braucht er wirklich die Fläche von 1,50 × 1,50 m oder kommt er auch mit 1,20 × 1,20 m zurecht?
- Flexible, leichte Trennwände aus geeigneten Materialien, die es möglich machen, Räume an Bedürfnisse anzupassen, wenn unterschiedliches Schlafverhalten dies erfordern würde.
- Neuartig gestaltete Sanitärzellen mit kurzen, barrierefreien Entfernungen zum Schlafbereich für den Fall der Einschränkung der selbstständigen Bewegung.
- Farbgebung im Raum mit wissenschaftlich ermittelten bevorzugten und hilfreichen Farben. Sinnvoll verwandte Farbkontraste dienen bei eingetretener Einschränkung des Sehvermögens der besseren Orientierung: Ein Kriterium ist die gute Erkennbarkeit: wo ist die Tür zum Nachbarraum und wo hört die Küchenarbeitsplatte auf?
- Verwendung von geeignetem und mobilem Licht, das sich der jeweiligen Sehqualität anpassen lässt, und das den Erfordernissen des Bewohners folgt und nicht umgekehrt.

- Wenn das Gehör nachlässt, können akustische Signale durch optische ergänzt werden.
- Neu entwickelte Möbel und Einrichtungsgegenstände, die von unterschiedlichen Generationen zu benutzen sind und industriell produziert werden. Dabei kann die Elektronik Hilfestellungen geben, etwa bei Einschränkung der Wahrnehmung oder Gedächtnisleistung: z. B. mittels einer Überwachung des Herdes und automatischer Stromabschaltung.
- Greifhöhen, Greifweiten oder die Ausformung von Beschlägen resultierend aus den Wachstumsmaßen des Menschen werden mit in die Entwicklung eingebracht und orientieren sich auch an der Wahrscheinlichkeit der Reduzierung der Muskelkraft oder von motorischen Einschränkungen.
- Hausgeräte, die mit den genannten Einschränkungen leicht und sicher zu bedienen sind und dabei genauso von Menschen ohne Einschränkungen benutzt werden wollen.

Ein Erkennen und Akzeptieren der kommenden unumkehrbaren gesellschaftlichen Veränderung, alternatives Denken, präventives Planen und Bauen, situationsorientiertes Entwickeln und Gestalten von geeigneten Produkten sind heute mehr als angebracht. Nur wenn alle Beteiligten an der Sache engagiert mitarbeiten, wird uns das in der Zukunft einen großen Schritt voranbringen.

3.9

3.7 Einfamilienhaus in Holzständerbauweise,
□ Bewegungsfläche 120 × 120 cm
a Erdgeschoss vor dem Umbau
b Erdgeschoss nach dem Umbau
c Obergeschoss vor dem Umbau
d Obergeschoss nach dem Umbau
3.8 Schrankkonzepte
a befahrbarer Schrank
b Schrankteile in einer Nische, die befahren werden kann
c Karussellschrank
d Schrankteile als Schubschränke aus einer Nische herausfahrbar
3.9 Pflegesessel
Design: Udo Feldotto
3.10 Umsetzhilfe
Design: Christina Finger, Dominik Tesseraux
3.11 Mobiler Waschtisch Hydrix
Design: Michael Strobel

3.10

3.11

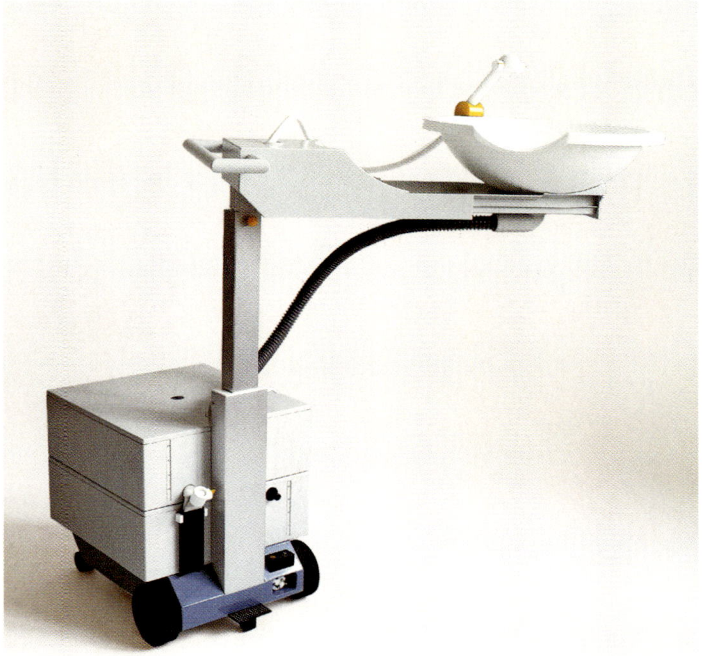

Barrierefreies Gestalten und Konstruieren für Neubau und Bestand

Lothar Marx

Einführung

Menschen verändern sich entsprechend ihrem jeweiligen Lebensalter. Mit dem biologischen Wandel reduzieren sich ihre sensorischen und mobilen Fähigkeiten, körperliche Aktivitäten geschehen langsamer, seltener und vorsichtiger und erfordern einen adäquaten Anpassungsprozess an die Umwelt. Zum Teil können verloren gegangene Fähigkeiten durch den Einsatz von Hilfsmitteln (z. B. Brille, Hörgerät, Gehstock, Rollator) ausgeglichen werden, dennoch sind grundlegende Planungen für das Wohnen im Alter ein Muss. So versteht es sich von selbst, dass im Hinblick auf ältere Menschen die baulichen Strukturen ihrer Umwelt und ihres Zuhauses zahlreichen Anforderungen entsprechen müssen. Nicht der Mensch soll gezwungen werden, sich an die Wohnung und sein Wohnumfeld anzupassen, vielmehr sollten bereits zu einem frühen Zeitpunkt bauliche Anpassungen an die jeweiligen Lebensumstände erfolgen. Die später zu erwartenden Bedürfnisse können außerdem im Vorfeld durch die Vorgaben eines universellen Baustandards aufgefangen werden.
Dabei sollte sich der Baustandard an den Planungsempfehlungen der DIN 18025 Teil 1 für den Gemeinschaftsbereich einer Wohnanlage und der DIN 18025 Teil 2 »Barrierefreie Wohnungen« für den privaten, individuellen Bereich anlehnen. Eine Voraussetzung und Entscheidungshilfe für die Planer sind deren Menschenkenntnis sowie ihre Kompetenzen bei der Umsetzung.

Die Anwendung der DIN 18025 beim Neubau
Wenn die Planungsmaßnahme nicht die Belange des Rollstuhlfahrers betrifft, ist eine einfache und kostengünstige Umsetzung möglich. Wird die Wohnung des Rollstuhlfahrers einbezogen, ist für diese Maßnahme mit ca. 6–8 % Mehrkosten zu rechnen. Das Ziel einer barrierefreien Gestaltung kann einerseits durch die Umsetzung der Planungsempfehlungen der DIN erreicht werden, andererseits können auch technische Hilfen die Daten der DIN ersetzen. Ein Beispiel: In der Norm steht, dass am Ende einer Rampe immer eine waagerechte Fläche sein muss. Befände sich in der Schleuse zwischen Tiefgarage und Treppenhaus/Aufzug eine T 90 Türe, die für einen Gehbehinderten ohne Kraftaufwand kaum zu öffnen ist, würde eine Lichtschranke, die die Türe öffnet, bevor die Person in den Aufschlagbereich der Türe kommt, den problemlosen Durchgang ermöglichen. Die Einrichtung einer waagerechten Fläche wäre nicht notwendig. Hier werden Kosten für diese Fläche/m³ BRI gegen Kosten der Lichtschranke gerechnet sowie die Funktion Fläche gegen die Lichtschranke – mit einem eindeutigen Ergebnis. Schön wäre es, wenn für die Umsetzung der DIN solche kreativen Anregungen gegeben würden, aber dafür ist die Kompetenz des Anwenders gefragt.

Die Anwendung der DIN 18025 im Bestand
Die Planungsempfehlungen der DIN im Bestand (bei Sanierung oder Umbau) umzusetzen, scheitert oft an den örtlichen Gegebenheiten. Um jedoch eine Möglichkeit zu haben, mit dem Bestand umgehen zu können, ohne für Planungsfehler haftbar zu werden, wurde dies unter »Anwendungsbereich und Zweck« festgehalten:
»Sie gilt sinngemäß – entsprechend dem individuellen Bedarf – für die Planung, Ausführung und Einrichtung von (Teil 1: rollstuhlgerechten, Teil 2: barrierefreien) Neu-, Aus- und Umbauten sowie Modernisierungen von Eigentumswohnungen, Eigentumswohnanlagen und Eigenheimen.«
Es wird also zugelassen, dass von den Maßen der DIN abgewichen werden kann.

Sensorik

Planungsmaßnahmen für Menschen mit Einschränkungen der Sinne (Hören, Sehen, Riechen, Schmecken und Tasten) wurden in der Vergangenheit sehr vernachlässigt. Die Notwendigkeit hierfür zeigt sich an der stetig wachsenden Zahl der Menschen mit sensorischen Einschränkungen.
660 000 Menschen in Deutschland leiden unter mittleren bis schweren Seheinschränkungen und Erblindungen, davon sind ca. 70 % älter als 60 Jahre (Quelle: Deutscher Blinden-Bund). Ähnlich kann festgestellt werden, dass jeder fünfte Mensch in Deutschland nicht mehr über ein normales Hörvermögen verfügt (Quelle: Deutscher Schwerhörigen-Bund).
Können die beeinträchtigten Fähigkeiten nicht mehr mit Hilfsmitteln kompensiert werden und fällt ein Sinn vollständig aus, muss ein anderer Sinn (bei blinden Menschen der Hör- oder Tastsinn, bei Menschen ohne Hörvermögen der Seh- oder Tastsinn) ausgleichende Funktionen übernehmen. Man spricht hier vom Zweisinne-Prinzip.
Signale und Informationen, die Menschen aufzunehmen haben, sind unterschiedlich wichtig.

4.1 Rampe im Kursaal in San Sebastian, 1999; Rafael Moneo

4.2

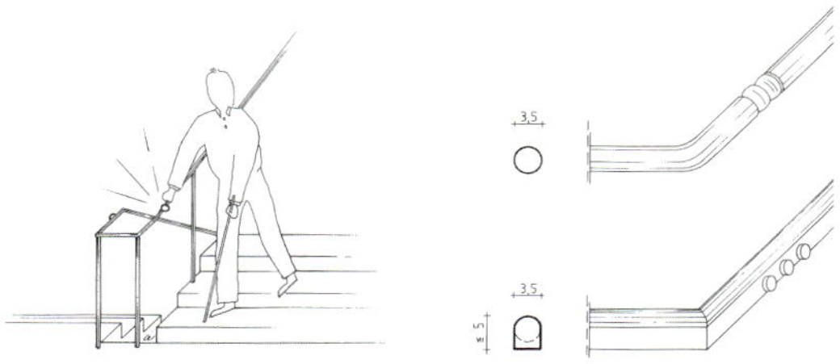

4.3

- Alarm- und Warnsignale bei Gefahr für Leib und Leben haben objektiv oberste Priorität (Achtung, Stufe!)
- Informationen für Entscheidungen liegen in der mittleren Wichtigkeit (Liftknopf auf/ab) und
- Informationen, die unterstützend wirken, haben die niedrigste Priorität.

Eine ausreichende und sinnvolle Beleuchtung ist für die visuelle Orientierung sehr wichtig. Gerade im Wohnumfeld älterer Personen sollte in der Regel eine höhere Beleuchtungsstärke verwendet werden. Die Festlegung der Beleuchtungsstärke sollte parallel zur farblichen Gestaltung der Oberflächen im Raum getroffen werden. Die Wahrnehmung verbessert sich dadurch deutlich, und Angst und Unfälle infolge unzureichender Beleuchtung werden vermieden. Die Qualität des Lichts wird aber auch durch die Lichtfarbe und durch eine Blendfreiheit deutlich verbessert. Nicht zuletzt ist eine kontrastreiche Gestaltung in der Abstimmung von farbiger Gestaltung und der Wahl der Materialien besonders bei Gefahrenstellen (z.B. Glasflächen, Treppen etc.) notwendig. Lebensräume sollten gerade auch für Menschen, die taktile und haptische Orientierungshilfen benötigen, unterstützend gestaltet sein: beispielsweise sollten die Unterschiede von taktilen Orientierungshilfen gegenüber den angrenzenden Bereichen durch die Struktur und Art des Materials deutlich hervorgehoben werden.

Mobilität

Das Zusammenspiel des Stütz-, Halte- und Bewegungsapparats, verbunden mit dem neuronalen System, ist die Voraussetzung für die Fortbewegung. Fehlende Gliedmaßen, Lähmungen, Schwächungen infolge Erkrankungen werden durch Hilfsmittel ergänzt bzw. ersetzt. Diese können aber nur zur Wirkung gelangen, wenn auch die Umwelt universell, nach DIN 18025, gestaltet ist. Die definierten Bewegungsflächen sind eine grundlegende Bedingung, damit die Bewegungs- und Handlungsabläufe auch vollzogen werden können.
Ein besonderer Hinweis gilt in diesem Zusammenhang der Feinmotorik. Die Hand, ein vielseitiges Körperglied, mit dessen Hilfe die unterschiedlichsten Handlungen vollzogen werden, muss die Formgebung, etwa bei der Nutzung von Handläufen und Griffen, bestimmen.

Erschließungssysteme

Die Erreichbarkeit des Wohnhauses muss durch eine stufen- und schwellenfreie Lösung gesichert sein. Diese grundsätzliche Aussage gilt auch für die Ausbildung aller weiteren Verkehrsflächen innerhalb des Gebäudes. Bei mehrgeschossigen Gebäuden ist der Aufzug, der stufenlos erreichbar sein muss, als vertikales Erschließungsmittel eine zwingende Voraussetzung, damit alle Bewohner (ob Single mit Einkaufstüten, Familien mit Kinderwagen und Senioren) ihn gleichberechtigt nutzen können.

Treppe
Um eine sichere und bequeme Benutzung zu gewährleisten, sollte bei der vertikalen Erschließung ein günstiges Steigungsverhältnis (17 cm Setzstufe/28 cm Trittstufe) gewählt werden. Beidseitig angebrachte, ergonomisch der Hand angepasste Handläufe (rund oder oval mit einem Durchmesser von 3–4 cm) erleichtern die Nutzung (Abb. 4.3). Sie sind nicht nur für Gehbehinderte ein Muss, sondern auch für sehbehinderte Menschen sehr gute Leitsysteme. Zur besseren Erkennung muss mindestens die An- und Austrittsstufe der Treppe gekennzeichnet sein. Sie zeichnen sich aus durch kontraststarke Markierungen mittels Farb- und Materialwechsel, die mit einer Breite von 4–5 cm auf der Trittstufe und 2 cm an der Setzstufe angebracht sind. Besser ist jedoch die Kennzeichnung jeder Treppenstufe. Das Licht im Treppenhaus muss blendfrei sein und darf keine Schlagschatten werfen.

Rampe
Für die Überwindung kleiner Höhenunterschiede eignen sich Rampen. Bei der Neuanlage ist die Neigung der Rampe auf 6% zu begrenzen, bereits bei einer Höhe von 36 cm muss ein Podest eingebaut werden, da die physischen Möglichkeiten für viele Nutzer sehr schnell erreicht sind. Der sehr hohe Platzbedarf begrenzt die Anwendbarkeit der Rampe innerhalb eines Gebäudes (Abb. 4.2).

Aufzug
Neubau
Die Aufzugskabine muss eine Größe von 110 cm × 140 cm aufweisen. Die Aufzugstüre muss eine lichte Durchgangsbreite von 90 cm haben. Das Bedienungstableau und die Ruftaster sind auf einer Höhe von 85 cm über dem Fußboden

zu installieren, um eine leichte Erreichbarkeit für alle Personen zu gewährleisten. Für blinde und schlecht sehende Menschen sind die Informationen des Tableaus taktil und kontrastreich zu gestalten. Sensortasten sind für blinde Personen ungeeignet.

Bestand
Sollte der Aufzug in einem bestehenden Gebäude nachgerüstet werden, muss oft aus Platzgründen von den angegebenen Maßen der DIN abgewichen werden. Eine Kabinengröße mit 90 cm × 120 cm und einer Türbreite von 80 cm kann als Kompromiss gelten und sollte nicht mehr unterschritten werden (Abb. 4.7).

Treppenlift
Diese Fördereinrichtungen haben unterschiedliche Lastenaufnahmemittel, die zu befördernde Person kann sowohl in stehender als auch in sitzender Position befördert werden. Ein weiteres Lastenaufnahmemittel ist die Rollstuhlplattform: hier wird die Person gleichzeitig mit dem Kinderwagen, dem Rollator/Gehhilfe oder dem Rollstuhl befördert. Treppenlifter können netzfrei installiert werden, die Bedienung wird über eine Fernsteuerung ausgelöst. Nach Benutzung fährt der Lifter in die Parkstellung, dort klappt die Plattform hoch. In dieser Parkposition wird auch die Batterie geladen.
Die Treppenaufzüge müssen den Treppen angepasst werden. Es wird empfohlen, bei Planungsbeginn zu prüfen, ob diese technische Hilfe eingebaut werden kann, da unter Umständen Fluchtwegüberschneidungen entstehen. Daher sollten diese Hilfsmittel im Mehrfamilienhausbau nur für kleine Höhendifferenzen Verwendung finden. Beim Neubau ist der Platzbedarf einzuplanen, im Bestand ist zu bedenken, dass sich Grundrissänderungen ergeben können (Abb. 4.4).

Hubplattformen
Die Hubplattformen sind ebenfalls als Sonderaufzug einzustufen. Sie sind bis zu einer Hubhöhe von 1,80 m zugelassen und werden meist verwendet, um Erdgeschosswohnungen, die gegenüber dem Eingangsniveau halbgeschossig versetzt sind, zu erschließen. Es ist zu beachten, dass der Raum, der sich beim Hochfahren unter der Plattform bildet, geschlossen ist. Der Platzbedarf ist ebenfalls einzukalkulieren (Abb. 4.5, 4.6).

Türen

Türen müssen eine Mindestdurchgangsbreite haben. Allgemein ist ein lichtes Durchgangsmaß von 80 cm ausreichend breit. Für die Nutzung von Rollstuhlfahrern muss die Durchfahrtsbreite 90 cm betragen, aus dem Grund, damit ein Selbstfahrer sich bei der Betätigung des Schwungrades nicht an Armen und Händen verletzt. Drehflügeltüren von Bädern müssen nach außen aufschlagen, um keine Bewegungsflächen innerhalb des Bades einzuschränken. Alternativ zu dieser Lösung können Schiebetüren verwendet werden.

4.4
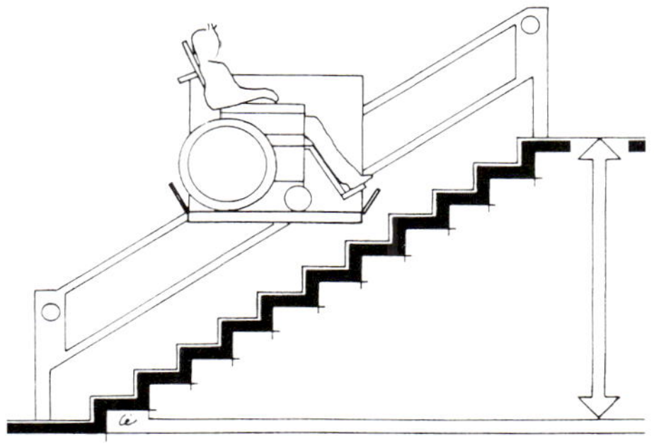

4.5
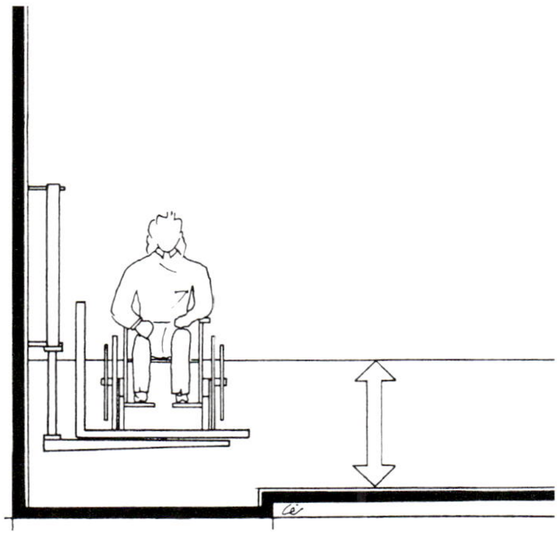

4.6

4.7

4.2 Rampe als barrierefreie Erschließung
4.3 Details einer barrierefreien Treppe
4.4 Hebebühne
4.5 Treppenlifter
4.6 Hubplattform als barrierefreie Erschließung
4.7 Mathildenstift in München, Distanzaufzug als barrierefreie Erschließung; Architekten: Marx, Rössel, Franke

Hauseingangstüren/Terrassentüren mit schwellenfreiem Übergang nach DIN-Norm

Nach DIN 18195 Teil 5 Ziffer 8.1.5 können schwellenfreie Übergänge vor Haus- und Terrassentüren ausgeführt werden, wenn z. B. ausreichend große Vordächer, Rinnen mit Gitterrosten gegen das Eindringen von Wasser oder gegen das Hinterlaufen der Abdichtung eingeplant werden.
Bei der Planung ist zu beachten, dass ein Wasserstau auf der Belagsoberfläche und zum Gebäude hin gar nicht erst entstehen darf, das heißt, Oberflächen- und Fassadenwasser sind schnellstmöglich abzuführen. Bei Hauseingängen, Terrassen, Balkonen und Loggien sind Rinnen mit Gitterrosten zu bevorzugen. Damit ist gewährleistet, dass anfallender Niederschlag »aufgefangen« und das Hochspritzen des Wassers an Tür- oder Glasflächen vermieden wird. Es sollte beachtet werden, dass die längere Maschenweite quer zur Lauf/Fahrrichtung liegt, um ein Hineinrutschen etwa eines Rollstuhlrades zu vermeiden. Ebenso sollten keine Rinnenabdeckungen mit dem Entwässerungsspalt in Laufrichtung zur Anwendung kommen. Der Wetterschenkel garantiert, dass das Wasser (z. B. Schlagregen) über den Rost in die Rinne geleitet wird.

Für den Neubau sind Lösungen einfachster Art planbar und praktisch umsetzbar (Abb. 4.10). Die Schwellenfreiheit wird durch die Kombination aus vorgelagerter Rinne mit Gitterrost und einer Magnetschienendichtung erreicht. Die Funktion der Magnetschiene kann wie folgt beschrieben werden:
In dem Türstock ist ein U-förmiges Alu-Profil eingearbeitet, in welchem zwei Dichtungsschienen liegen. Unter dem Türblatt ist eine Magnetschiene angebracht. Beim Öffnungsvorgang der Türe werden die Dichtungsprofile von der Magnetschiene hochgezogen; beim Schließvorgang werden die Profile abgeschert, fallen zurück in das U-förmige Alu-Profil und schließen den Spalt zwischen Türe und Fußboden. In dem Alu-Profil befinden sich Öffnungen, über die eingedrungenes Wasser nach außen abgeleitet wird

Freisitze

Die Ausgangstüre vom Wohn- und/oder Schlafraum zum Freisitz (Terrasse, Balkon oder Loggia) wurde in der Regel als Hebe-Drehflügeltüre ausgeführt, wodurch sich konstruktiv zwangsläufig eine Schwelle ergibt. Bei einer Hebe-Schiebetüre ist zwar nur eine Schiene (Schwelle) von ca. 1 cm vorhanden, jedoch muss bei beiden Lösungen – bedingt durch die Forderungen der Dachdeckerrichtlinien und der DIN 18195 Teil 5 – die Oberfläche des Bodens des Freisitzes als wasserführende Schicht 15 cm tiefer liegen als der Fußboden des Wohnraumes, wenn nicht Lösungen wie der Einbau von Vordächern und Rinnen mit Gitterrosten angeboten werden, wie unter »Hauseingangstüren/Terrassentüren« beschrieben.

Terrasse

Der Ausgang zur Terrasse fordert eine ähnliche baukonstruktive Lösung wie der Hauseingang. Die möglichen Maßnahmen wie die Überdachung, das Gefälle des Terrassenbelages und die breite Rinne mit Gitterrost sowie die Abdichtungsmaßnahmen würden der DIN 18195 Teil 5 und den Dachdeckerrichtlinien entsprechen (Abb. 4.12).

4.8

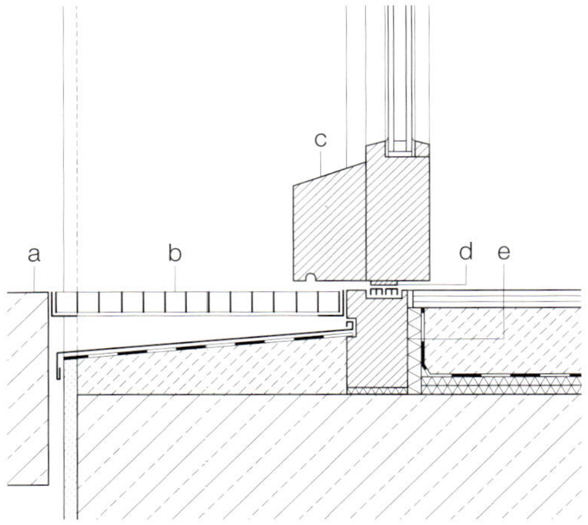

4.9

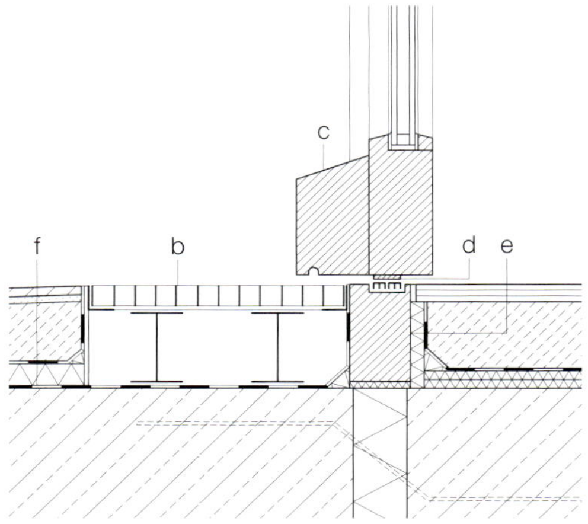

4.10

4.11

Balkon

Balkon, Neubau

Der Übergang vom Wohnbereich zum Balkon läst sich durch eine getrennte, vorgelagerte Konstruktion des Balkons barrierefrei lösen.
Gleiche Lösungsansätze sind auch im Bestand möglich, wie das nachfolgend beschriebene Beispiel zeigt.
Für das Neue Mathildenstift in München wurden bei der Umbaumaßnahme Balkone in Stahlkonstruktion vor die Fassade gehängt. Ein Fenster wurde zur Balkontüre umgebaut. Der untere Abschluss der Türöffnung wurde wie eine Fensterbank ausgebildet. In der Türlaibung gewährleistet ein über der Fensterbank befestigter Gitterrost den schwellenfreien Austritt. Die Stahlkonstruktion trägt eine Stahlbeton-Fertigteilplatte, den Balkon. Es ergibt sich somit keine wasserführende Schicht, da das Wasser, das durch den Gitterrost läuft, über das »Fensterblech« abgeleitet wird. Die Entwässerung der Balkonplatte erfolgt durch ein Gefälle in der Oberfläche. Die untere Abdichtung der Türe bildet die Magnetschiene. Diese Lösung ließe sich problemlos auch für einen Neubau konzipieren, zumal sämtliche Abdichtungsmaßnahmen nicht notwendig sind und damit Kosten gespart werden können (Abb. 4.8, 4.11).

Balkon, Altbau/Sanierung

Bei einer vorhandenen Hebe-Drehflügeltüre und der damit verbundenen Schwelle zum Freisitz können folgende Einfachsanierungen vorgenommen werden, die als Wohnungsanpassungsmaßnahmen anzusehen sind:
Der Türstock bleibt erhalten. Der Belag des Freisitzes wird so weit angehoben, wie der Türstock hoch ist, ebenso ist die Absturzsicherung anzupassen. Vor der Türe wird ein Gitterrost vorgelegt. Damit bleiben die wasserführende Schicht sowie die Entwässerung des Freisitzes erhalten. Vom Rauminneren wird ein Holzkeil (es empfiehlt sich, Hartholz zu verwenden) an die Schwelle gelegt, um diese zu überfahren (Abb. 4.13). Diese Lösung ist allerdings ein Kompromiss, da das Überwinden der Schwelle immer mit einer Gefahr für den gehbehinderten Menschen und einem erhöhten Kraftaufwand für den Rollstuhlfahrer verbunden ist. Infolge der Aufständerung muss die Brüstung erhöht werden.

Kommt es zu einem größeren Sanierungsprozess, kann folgende Lösung angeboten werden:
Die Türe wird erneuert und als Drehflügeltüre eingebaut. Beim Umbau wird die untere Falzausbildung entfernt und die Magnetschiene eingebaut, entsprechend ist der Beschlag für eine Drehflügeltüre anzupassen (Abb. 4.14).

Loggia

Loggia, Neubau

Bei einer Loggia ist zu beachten, dass die Stahlbetonplatte gegenüber dem Wohnbereich (thermische Trennung durch Isokorb) ausreichend abgesenkt ist. Die Entwässerung der Rinne kann über eine Drainmatte erfolgen, eine bessere Erfahrung hat der Verfasser jedoch mit einer separaten Entwässerung der Rinne gemacht. Die Abdichtungsebene gilt als wasserführende Schicht. Der Belag (z.B. Plattenbelag mit der Rutschqualität R 10) sollte im Gefälle von 1 bis 2 % verlegt werden (Abb. 4.9).

4.12

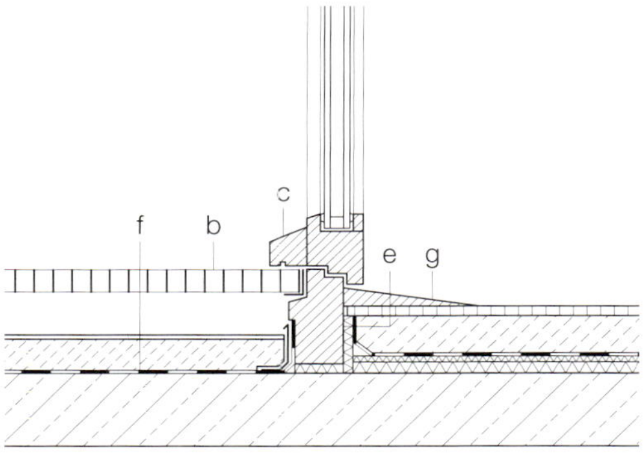

4.13

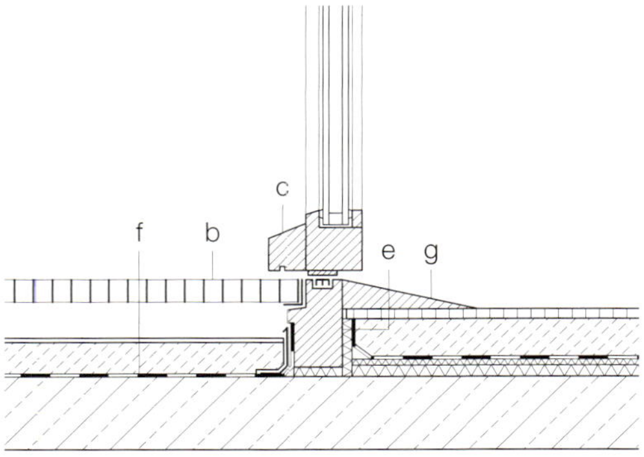

4.14

a Balkonplatte als Fertigteil
b Gitterrost 10/30 cm
c Wetterschenkel
d Alumat-Magnetdichtung
e Türstock
f Betonkragplatte im Gefälle mit Bodenaufbau
g Holzkeil

4.8 Detail Balkon Mathildenstift (Altbau) in München, Maßstab 1:10; Architekten: Marx, Rössel, Franke
4.9 Detail Loggia Neubau, Maßstab 1:10
4.10 Schwellenfreier Hauseingang; Architekt: Lothar Marx
4.11 Ausgang zum Balkon; Architekten: Marx, Rössel, Franke
4.12 Terrasseneingang; Architekt: Lothar Marx
4.13 Detail Balkon (Hebe-Drehflügeltüre) Altbau/Sanierung
4.14 Detail Balkon (Drehflügeltüre mit Magnetschiene) Altbau/Sanierung

4.15

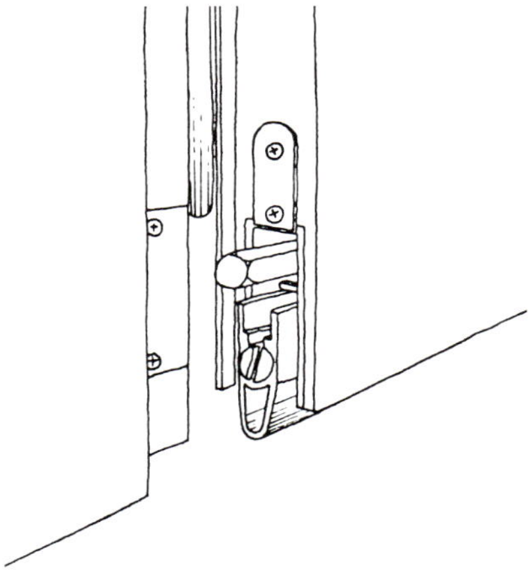

4.16

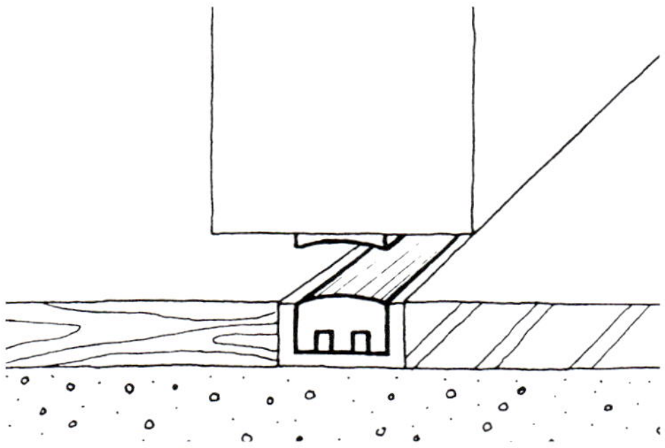

4.15 Absenkbare Bodenabdichtung
4.16 Magnetdichtung
4.17 Schwelle
4.18 Formfliesen Dusche
4.19 Abdichtungsdetail Dusche, Maßstab 1:10
 a Fliesenreihe geneigt verlegt
 b Folie
 c umlaufender Ausgleichskeil 20 mm
 d bewehrte und verharzte Dehnfuge
 e Zementestrich bewehrt 45 mm
4.20 Detail Bad in Naturstein, Ablauf, Maßstab 1:5
 f Naturstein 3 cm
 g Edelstahlrinne
 h Folie
 i Gefälle auf Heizestrich 0–1,5 cm
 j Heizestrich
 k Schnittfuge bewehrt, verklebt mit Epoxydharz
4.21 Bad in Naturstein; Planung: Studi Interni, Linda Ossola, München
4.22 Bewehrung des Estrichs durch Schnittfugen und Verguss mit Epoxydharz; Studi Interni, Linda Ossola, München
4.23 Abdichtung nach DIN 18195 Teil 5; Studi Interni, Linda Ossola, München

4.17

Loggia, Altbau/Sanierung
Die bauliche Anpassung kann ähnlich wie unter »Balkon, Neubau und Balkon, Altbau« beschrieben erfolgen.

Wohnungseingangstüren
In der Regel wurden früher Schwellen im Eingangsbereich von Wohnungseingangstüren verarbeitet, um Schallübertragungen zu vermeiden (Abb. 4.17). Zwischenzeitlich gibt es konstruktive Lösungen, z. B. die Alumat-Magnetschiene oder Schallex, die eine schwellenlose Ausbildung ermöglichen (Abb. 4.15, 4.16).
Die Magnetschiene wird vor dem Einbringen des Estrichs eingebaut und fixiert. In der Praxis gestaltet sich dieser Prozess manchmal schwierig, da Beschädigungen durch andere Gewerke oder auch Verunreinigungen durch Fließestrich nicht ausgeschlossen sind. In Verbindung mit Gussasphaltestrich ist zu beachten, dass dieser beim Erkalten erheblich schrumpft und Fugen zur Magnetschiene entstehen. Es wird empfohlen, diese mit Epoxydharz zu vergießen. Der Einbau der Schallex-Dichtung erfolgt im unteren Türblattbereich. Mit dem Schließen der Türe wird ein Mechanismus ausgelöst, der das Herunterfallen des Türdichtungsprofils auslöst. Beim Öffnen der Türe wird das Türdichtungsprofil von einer Feder hochgezogen.

Bad

In den letzten Jahren hat es sich gezeigt, dass der Trend dahin geht, die Badewanne durch eine Dusche zu ersetzen. Besonders bei einer barrierefreien Ausbildung des Duschbereiches wird die Nutzung vereinfacht und die Unfallgefahr für ältere Menschen erheblich verringert. In der DIN 18025 wird eine begeh- und befahrbare Dusche gefordert. Eine Schwelle ist hier technisch notwendig. Es sollte darauf geachtet werden, dass die Schwellkante nicht als Kante ausgebildet wird (Stolpergefahr), sondern geneigt verlegte Fliesen einen sanften Übergang bilden.
Zwischenzeitlich wurden von der Industrie Duschwannen mit Schwellen von maximal 2 cm entwickelt, die also der DIN 18025 entsprechen.

Bad, Neubau
Der Estrichbereich der Dusche wird gegenüber dem übrigen Badbereich um 1–2 cm abgesenkt. Der Duschbereich erhält eine Einfassung durch eine Fliesenreihe, die geneigt verlegt wird (für diese Ausführungen gibt es auch Formfliesen), um den Höhenausgleich herzustellen, es entsteht eine Wanne (Abb. 4.18). Nach DIN 1986 Absatz 5.2 sind die Fliesen des inneren Bereiches dieser Wanne so zu verlegen, dass keine Pfützenbildung entsteht (Abb. 4.19). Die Standsicherheit muss durch entsprechend rutschhemmende Fliesen oder andere Beläge mit der Qualität R 10 gewährleistet sein.

Mit einem anderen Beispiel wird gezeigt, dass die Ausführung in ganz erheblichem Maße vom Komfort bestimmt wurde (Abb. 4.21–4.23). Vor dem Einbringen des Boden- und Wandbelages wurde die Edelstahlrinne für den Wasserablauf gesetzt und wurden die Estricharbeiten vorgenommen. Der Übergang vom Bad zum Duschbereich wurde infolge der unterschiedlichen Estrichstärken und der damit verbundenen Gefahr einer Bruchstelle alle 15 cm in einer Länge von 30 cm aufgeschnitten. Die Schnitte wurden bewehrt und mit Epoxydharz vergossen. Nach diesen Vorarbeiten wurden die Feuchtigkeitsisolierungen gemäß DIN 18195 vorgenommen. Auf beiden Seiten und hinter der Rinne wurden Streifen des Bodenbelages schräg zur Bodenplatte bzw. der Rinne verlegt, um zu vermeiden, dass Wasser am Boden-/Wandbereich stehen bleibt. Die Bodenplatte der Dusche wurde um 0,5 cm gegenüber dem Badniveau abgesenkt und in einem Gefälle von 1,5 % zur Rinne hin verlegt (Abb. 4.20).

Bad, Altbau/Sanierung

Bei Umbau- und Sanierungsarbeiten können Lösungen wie die unten gezeigten gefunden werden, um den nachträglichen Einbau einer Dusche oder den Umbau von der Badewanne zur Dusche zu ermöglichen. Meist ist der vorhandene Bodenaufbau unzureichend.

Die Höhendifferenz zwischen Bad und Flur ist im Altbau üblicherweise als Schwelle im Türbereich ausgebildet. Bei einer barrierefreien Lösung muss in den meisten Fällen die Aufschlagsrichtung der Drehflügeltüre des Bades geändert oder der Einbau einer Schiebetüre vorgenommen werden, um im Bad eine ausreichende Bewegungsfläche zu gewinnen. Die hierdurch gewonnene Höhe ist oft notwendig, um den Bodenablauf einbauen zu können. Reicht diese Höhe noch nicht aus, kann zusätzlich im Türbereich eine geneigte Fläche eingebaut werden.

Der Boden des Duschbereiches bleibt auf gleicher Höhe wie der des Bades. Die Abgrenzung erfolgt durch geneigt verlegte Fliesen, die eine Schwellkante bilden.

Literatur:
Marx, Lothar: Barrierefreies Planen und Bauen für Senioren und behinderte Menschen. Stuttgart 1994
Hempel, Ekkard; Marx, Lothar: DIN 18025 Barrierefreies Bauen. Kommentar in Wort und Bild mit Planungsempfehlungen für den Wohnungsbau im Bestand, München 2007

4.18

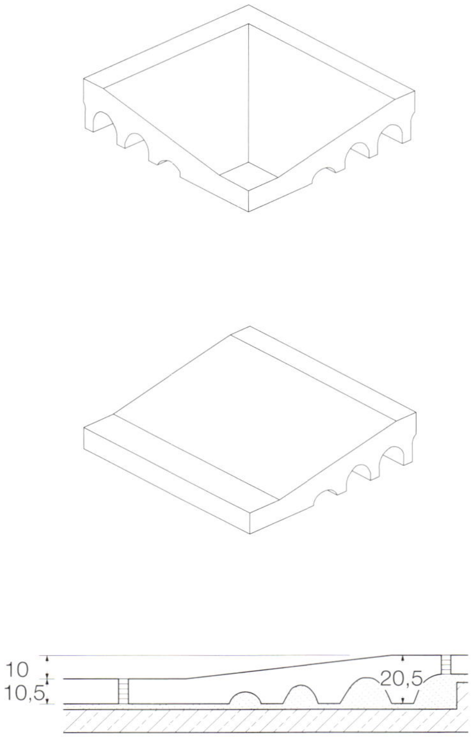

4.19

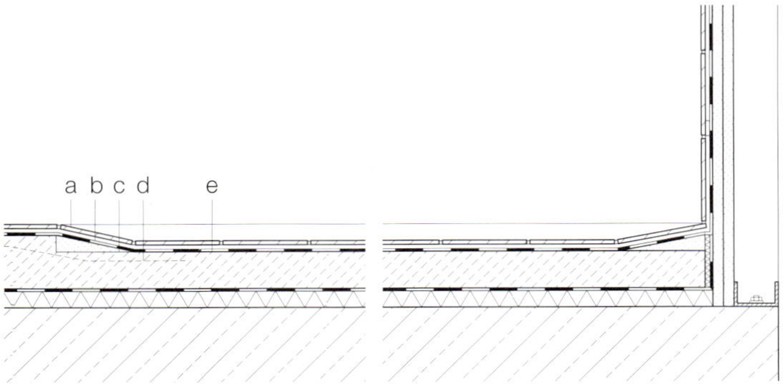

4.20

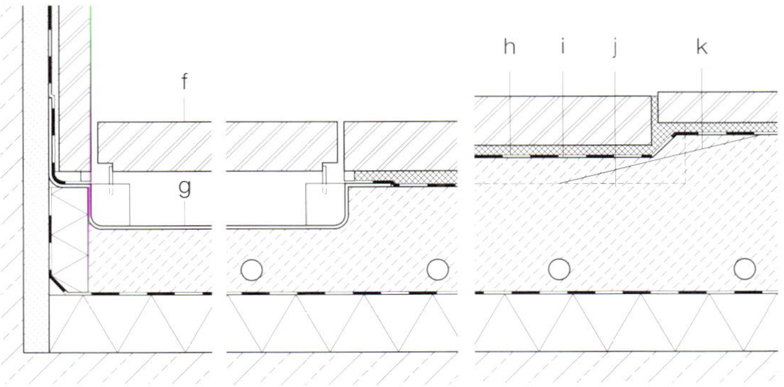

4.21

4.22

4.23

Küche und Bad als Lebensraum

Von Eckhard Feddersen und Insa Lüdtke

Wohnen ein Leben lang

Wohnen ist ein lebenslanger Prozess. Das Bedürfnis nach Sicherheit und Geborgenheit ist ihm in jeder Lebensphase immanent. Ein Leben lang prägen alltägliche Gewohnheiten und Rituale unseren Tagesablauf, unsere Gewohnheiten und damit unser Wohnverhalten: Schlafen, Baden, Essen. Je nach Lebensstil und -phase verschieben sich lediglich die Prioritäten. Eine Familie braucht mehrere Zimmer, ein Single bevorzugt einen großen Wohnraum mit Schlafnische. Gerade bei älteren Menschen jedoch steigt die Bedeutung der Wohnung und die des näheren Wohnumfeldes, ein Senior verbringt hier mehr als 80 Prozent seiner Zeit.
Parallel zur Tatsache der alternden Gesellschaft steigt derzeit auch das Bewusstsein für eine das Leben erleichternde Gestaltung und so auch das allgemeine Komfortniveau. In Zukunft werden nicht nur ältere Menschen, sondern auch Familien, etwa bei Mitnahme eines Kinderwagens, von einer barrierearmen Gestaltung der Umwelt profitieren. Die bodenebene Dusche, der schwellenlose Zutritt ins Treppenhaus und auf den Balkon werden zum Standard – nicht nur im Neubau, sondern auch als Anpassungsmaßnahme im Bestand.

Universal Design als Strategie

Entstanden in den 1970er Jahren in den USA, ist »Universal Design« eine ganzheitliche Strategie, an Gestaltungskonzepte heranzugehen. Der Begriff »Design« lässt zwar sowohl eine spezielle und womöglich sogar formale Vorgabe der Formgebung vermuten, als auch eine »universale« Gestaltung bzw. Vereinheitlichung. Weder das eine noch das andere ist gemeint. »Universal Design« hat viele Gesichter und zeitigt vielmehr eine sublime Herangehensweise an einen Entwurf, vergleichbar mit der Grammatik einer Sprache: Durch die Übereinkunft der Regeln können selbst völlig fremde Menschen miteinander kommunizieren. Der Inhalt und die Wortwahl ihrer Konversation jedoch bleiben ihnen überlassen.
Es geht dabei also nicht um standardisierte Lösungen. Im Konzept des »Universal Design« wird das Leben als Kontinuum aufgefasst, bei dem alle Lebensphasen fließend ineinander übergehen. Die flexible und vielseitige Nutzung des Wohnumfeldes (z. B. terrassierte Platzgestaltung zum Sitzen für Ältere und zum Spielen für Kinder) und von Alltagsgegenständen (z. B. Handtuchhalter im Bad, der gleichzeitig Haltegriff für ältere Menschen ist) ist eines der wesentlichen Grundprinzipien. Bewusst wird bei der Gesamtkonzeption eines Wohnquartiers auf besondere Anpassungen für »spezielle« Gruppen (z. B. Menschen mit Behinderungen oder alte Menschen) verzichtet, um eine Ausgrenzung und Stigmatisierung zu verhindern und vielfältige Wahlmöglichkeiten und Individualitäten zuzulassen.
Die selbstbestimmte Lebensführung eines Menschen steht beim »Universal Design« im Vordergrund, unabhängig von Alter, Bildungs- und Wohlstand. Es propagiert eine Formgebung von Alltagsgegenständen und der Umwelt, die für jedermann nutzbar ist, und zwar im Kleinen (wie bei der griffigen Türklinke) bis hin zum Großen, etwa öffentlichen Gebäuden, Verkehrsbauten und dem Stadtraum.
Auch wenn im Kleinkindalter oder später bei Menschen mit Demenz die intellektuellen Fähigkeiten noch nicht so gut bzw. nicht mehr ausgeprägt sind, sollten die Grundbedürfnisse wie Sicherheit und Orientierung, Intimität und Gemeinschaft sinnlich erfahrbar sein: zum Beispiel über einen einprägsamen und stets wiederkehrenden Materialkanon, über den Einsatz von differenzierten Lichtstimmungen und die Betonung von Eingangssituationen.
Diese Herangehensweise etabliert einen hohen Qualitätsanspruch an Materialien, Design und Komfort und integriert die Gegenstände (wie etwa Haltegriffe) von vornherein in die Umgebung. Gut gestaltet, vereinen solche Gebäude, Produkte und Umgebungen Funktion, Sicherheit, Komfort und Ästhetik.
»Universal Design« meint auch eine geschickte Anordnung, zum Beispiel im Sinne des »Arbeitsdreiecks« in der Küche (siehe Abschnitt Sicherheit und Komfort in der Küche) oder im Bad bei den Sanitärobjekten. Auch die Unterfahrbarkeit des Arbeitsplatzes in der Küche oder des Waschtisches im Bad durch einen Rollstuhl, ein heruntergezogener Spiegel oder die von drei Seiten erreichbare Badewanne (Platz für Betreuer) gehören dazu. Ein multifunktionales Objekt wie beispielsweise der »Vario Grip« (Abb. 5.8) dient als Handtuchhalter und Ablagemöglichkeit für Accessoires, bei Bedarf bietet er als Haltegriff Unterstützung.

5.1 Wohnhaus in Gstadt, Blick zum rollstuhlgerechten Bad im Erdgeschoss, 2004; Architekt Florian Höfer

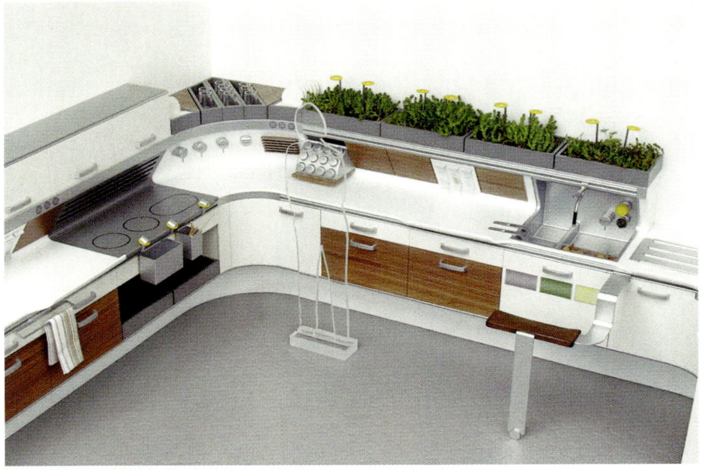

5.2

Lebensentwurf statt Lebensalter – Küche und Bad als Imageträger des Individuums

Lebensläufe lassen sich schon heute nicht mehr wie noch vor vierzig Jahren schematisch und linear erfassen. In Zukunft werden viele Menschen dank eines längeren und vitaleren (Berufs-)Lebens ihre Biographie immer individueller gestalten können und müssen. Diese Entwicklung erfordert passende Wohnangebote. Die Küche und das Bad werden dabei immer mehr die Bedeutung von Imageträgern des eigenen Zuhauses bekommen. Hier verbinden sich die eigenen Ansprüche an Sicherheit, Komfort und Qualität mit dem Prestigegedanken, den eine Wohnung als Visitenkarte der eigenen Persönlichkeit erfüllen muss.
Die Raumgrenzen von Wohnungen lösen sich immer mehr auf. Der Trend geht hin zu fließenden Übergängen zwischen den einzelnen Räumen. Die Küche beispielsweise, bisher ein eigener abgetrennter Raum, öffnet sich und rückt in den Mittelpunkt des gemeinsam genutzten Wohn- und Essbereichs. Die eigenen vier Wände bilden den sozialen und kommunikativen Mittelpunkt des Lebens, und damit ist die Tendenz verbunden, eine auf die individuellen Bedürfnisse ausgerichtete Welt zu schaffen. Auf der Suche nach einem Gegenpol zu den steigenden Leistungsanforderungen im öffentlichen Leben und passend zum ausgeprägten Körper- und Gesundheitsbewusstsein unserer Gesellschaft wird das Zuhause zunehmend ein Ort des Rückzugs und der Entspannung. Auch das Badezimmer erfährt dabei eine Wandlung: von der zweckgebundenen Nasszelle zum Ort der Erholung mit Wellnessfunktion. Sein bisher begrenzter Raum dehnt sich damit aus und öffnet sich zum Schlaf- und Wohnbereich.

Sicherheit und Komfort in der Küche

Die Küche ist wie das Bad ein generationenübergreifendes Wohnelement. Der Treffpunkt aller Familienmitglieder bedarf, was Sicherheit und Komfort angeht, der sorgfältigen Planung. Trotz unterschiedlichster Vorstellungen stehen für alle Nutzer die verschiedenen Facetten des Komforts im Vordergrund: Ergonomie, Bedienerfreundlichkeit, Sicherheit, Energie- sowie Platz- und letztlich auch Zeitersparnis.
Anlässlich des demografischen Wandels widmete sich im vergangenen Jahr Diana Kraus mit ihrer Diplomarbeit an der Fachhochschule Coburg zusammen mit einem Küchenhersteller dem »Küchenkonzept 50 Plus«, das im Sinne des »Universal Design« konzipiert ist: Der U-förmige Grundriss soll einen optimalen Arbeitsfluss ermöglichen, da schon durch einfache Drehbewegungen alle Schränke und Schubladen erreicht werden können. Die so genannte »Nischenwand« zwischen Oberschrank und Arbeitsplatte ragt schräg hervor, sodass hier Küchengeräte oder Vorratsbehälter leichter erreichbar sind. Um das Abrutschen von Gegenständen zu vermeiden, ist die vordere Kante der Arbeitsplatte leicht nach oben gewölbt. Statt gefüllte Wassertöpfe von der Spüle zum Herd tragen zu müssen, erleichtert eine horizontal verschiebbare Armatur den Transport, und ein lang ausziehbarer Brauseschlauch erlaubt einfaches Wassernachfüllen. Eine eingebaute »Kipphilfe« mindert den Kraftaufwand beim Ausgießen des Topfes (Abb. 5.2).
Noch sind diese Ideen für den Hausgebrauch großenteils Zukunftsmusik. Wer trotzdem schon in einer nach ergonomischen Kriterien geplanten Küche kochen will, kann sich laut einer von Küchenherstellern erstellten »Wegestudie« viel

Laufen ersparen. Statt rund 190 Kilometer pro Jahr kann sich der Fußweg auf nur 75 Kilometer verkürzen.
In jeder Küche befinden sich drei Arbeitszentren, man spricht vom so genannten »Arbeitsdreieck«: Vorratshaltung mit Kühlschrank und Vorratsschrank, die Kochstelle und die Spüle. Der Arbeitsablauf ist bei einem Rechtshänder von rechts nach links optimal (rechts holen, in der Mitte bearbeiten und nach links ablegen), bei einem Linkshänder verhält sich der Ablauf in umgekehrter Reihenfolge. Ergonomisch ideal ist es dann, wenn wenigstens zwei Arbeitszentren nicht mehr als eine doppelte Armlänge voneinander entfernt liegen, deshalb gelten zweizeilige Küchen oder Küchen in L-oder U-Form besonders wegesparend.
Für Rechtshänder steht rechts der Vorratsschrank und Kühlschrank, es kommt eine Vorbereitungsfläche mit möglichst 120 cm Länge, damit man dort alle Lebensmittel und Kochutensilien bereitstellen und auch platzaufwendige Arbeiten wie das Backen durchführen kann. Hier empfehlen Planer die Nähe zu einem Fenster als Tageslichtquelle, da hier der am häufigsten genutzte Arbeitsplatz liegt. Die daran anschließende Kochzone sollte eine möglichst 90 bis 120 cm lange Arbeitsfläche aufweisen. Für das Spülbecken mit Abtropffläche sind 60 cm ausreichend, daneben stehen die Spülmaschine und ein Geschirrschrank. Wer viel Gemüse und Salate verarbeitet, kann die Spüle in eine große Vorbereitungsfläche einbinden.
Auch eine »alte Küche« kann man zweckmäßig umräumen. Wer kritisch durch seine Küche geht, kann Töpfe, Pfannen, Kochlöffel und Siebe in die Nähe des Kochfeldes stellen, oder Gewürze im Bereich des Arbeitsplatzes lagern, etwa in einer Schublade am Herd. Schwere Gegenstände sollten möglichst nicht in Hochschränken lagern. Ein Platz unterhalb des Schultergelenks erleichtert das Herausnehmen. Auch Karusselleinsätze nutzen den Raum in Eckschränken optimal aus und erlauben den bequemen Zugriff auf die benötigten Inhalte. Dagegen erweisen sich die bei Designern so beliebten Eckspülen und Eckarbeitsplätze als nicht ideal, da häufig Oberschränke die Kopffreiheit einschränken.
Um die richtige Höhe für die Arbeitsplatte zu bestimmen, sollte laut Empfehlung der Deutschen Gütegemeinschaft Möbel e.V. bei angelegtem Oberarm und waagerecht nach vorn abgewinkeltem Unterarm zwischen Arm und Arbeitsplatte ein Zwischenraum von 15 cm verbleiben. Früher lag der Richtwert bei 86 cm Höhe, heute empfehlen Experten mindestens 92, häufig sogar 97 bzw. 102 cm. Um Rückenleiden vorzubeugen, sollten daher auch idealerweise Spüle, Backofen, Spülmaschine und Mikrowelle möglichst hoch – bei rund 90 cm – stehen (Abb. 5.3).
Lösungen müssen aber nicht unbedingt kompliziert sein. Gerade Ordnung in der Küche schafft schon einen hohen Komfortwert. So geben Auszüge von oben eine Übersicht über Vorräte und Kochutensilien. Mit Einsätzen für Besteck, Gewürze, Folien oder Messer kann sich jeder seine individuelle Kombination zusammenstellen. Auch eine in die Böden der Oberschränke integrierte Beleuchtung mit Spots über der Arbeitsfläche sowie eine Steckdosenleiste erleichtern das präzise Arbeiten.
Wer das Spülbecken unter statt auf der Arbeitsplatte montieren lässt, erspart sich bereits die Fugen und damit lästige Schmutzfänger. Ein in das Becken integrierter Seifenspender, den man von oben befüllen kann, erspart einem ewiges Nachwischen der angetrockneten Spülmittelreste, die ein separates Behältnis hinterlassen würde.

Was die Küchentechnik angeht, kann die Profiküche dem Hobbykoch pfiffige Ideen liefern. Gerätehersteller haben inzwischen auch für die heimische Küche gesunde wie auch energiesparende Garmethoden übertragen, wie etwa das Induktionskochfeld: Eine Induktions-Spule unter der Ceranglasfläche erzeugt ein elektromagnetisches Feld. Nur im Topfboden entsteht Wärme, das Koch- und Umfeld bleibt praktisch kalt. Wird ein Kochgefäß während des Betriebs von der Kochzone geschoben, schaltet die Kochzone ab. Da kaum erhitzt wurde, lässt sich das Kochfeld leicht reinigen. Für mehr Sicherheit können magnetische Schalterelemente sorgen, bei Nichtgebrauch kann man sie einfach abnehmen. Nie mehr den Backofen reinigen muss, wer ihn mit grob strukturierten Blechen an der Decke und an der Ofenrückwand ausstattet. In den Hohlräumen sammelt sich Sauerstoff, zusammen mit der Wärme neutralisiert er während des Backvorgangs Fett und Gerüche. Innenauszüge – Teleskopwagen – verhindern, sich die Finger zu verbrennen.
Wer bei Einladungen nicht einsam in der Küche hantieren will, kann sich mit einem in die Arbeitsplatte eingelassenen Niederdruck-Dampfgarer entspannt seinen Gästen widmen. Zwischen 30 und 230 Grad Celsius erhitzt, kommen (auch aufgewärmte) Speisen vitaminreich und lecker auf den Tisch. Für ein akkurates Timing hält eine Wärmeschublade die erwärmten Speisen und das Geschirr bei rund 30 bis 38 Grad Celsius warm bzw. gart vor oder nach. So bleibt der darüberliegende Backofen frei für das Backen, Braten und Garen. Der Innenraum der Schublade sollte aus hygienischem Edelstahl bestehen und Menüteller und Suppentassen fassen können (30 cm hoch und 70 cm breit).

5.2 Küchenkonzept 50 Plus; Diana Kraus, Fachhochschule Coburg
5.3 Wohnküche in Graz mit unterfahrbarer Arbeitsfläche (Höhe 72 cm), 2004; monomere Architekten

5.3

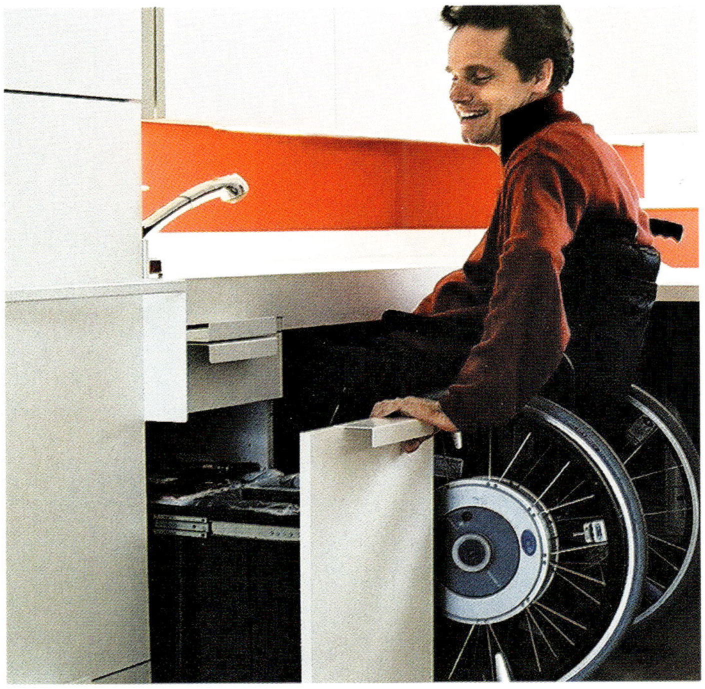

5.4

5.5

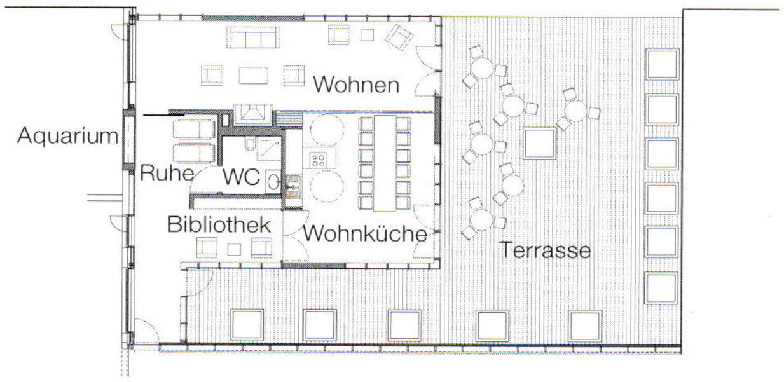

5.6

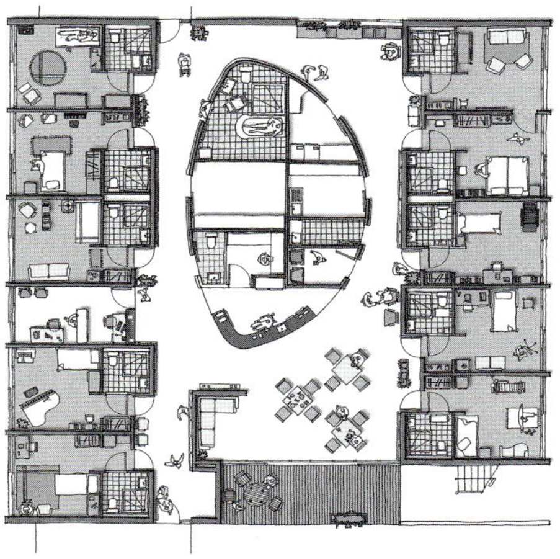

5.7

Die Wohnküche als Lebensraum für Menschen mit Demenz

Gerade Menschen mit Demenz können von einer Wohnküche als Aufenthaltsraum profitieren, hier werden gemeinschaftsfördernde Aufgaben verrichtet, aber auch der wohnliche Aspekt zählt. Im Zuge der Alterung der Gesellschaft entstehen für die wachsende Zahl von Menschen mit Demenz (derzeit 1,2 Millionen, 2030 geschätzt 2,5 Millionen) neben stationären zunehmend ambulante Wohngemeinschaften. Beide Wohnformen legen das Konzept der »Hausgemeinschaft« zu Grunde: Acht bis zwölf Bewohner verbringen den Tag, betreut von einer Pflegekraft, in einer offenen Wohnküche.
Wenn das Gedächtnis nachlässt, können gerade vertraute Gewohnheiten wie Kartoffelschälen oder Bügeln dem Menschen Halt geben. Biographische Erfahrungen und persönliche Rituale bedürfen eines architektonischen Ausdrucks. Wie in der privaten Küche gelten auch hier alle Anforderungen an Sicherheit und Komfort. Eine offene Theke kann multifunktional genutzt werden: als Arbeitsplatte, Herd, Esstresen, Bar und Treffpunkt sowie als Pflegestützpunkt.
Um den Funktionsraum Küche herum sollte eine Bandbreite von unterschiedlichen Angeboten die Bewohner zum Verweilen animieren: Geborgenheit in der Gruppe wie auch Rückzug in Nischen. Idealerweise gruppieren sich um die offene Küche angrenzende Wohnzonen – wie der Essbereich, eine Clubecke und Bibliothek – um einen festen Kern, in dem sich etwa das Bad befindet. Schiebewände können bei Bedarf die Raumzonen in einzelne »Zimmer« abschirmen.
Basierend auf dem Pflegekonzept der Wohngemeinschaft, bietet das Kompetenzzentrum Demenz in Nürnberg zielgruppenspezifische Wohnbereiche mit darauf abgestimmten, markant gestalteten Wohnküchen, die die Orientierung erleichtern sollen. Im Typ »Patio« lässt ein verglaster Innenhof viel Tageslicht ins Innere, helle Farbtöne unterstützen den offenen Charakter. Dagegen bietet ein eingestellter fester Kern im benachbarten Haus »Janus« Geborgenheit, die Küchenzeile passt sich in ihrer dunklen Farbigkeit ein. Die Eckbank im dritten Haus »Bauernstube« soll Assoziationen an das Leben auf dem Land wecken. Tagsüber kann der Bewohner durch die verbundenen Häuser wandeln und je nach Belieben verweilen (Abb. 5.4–5.7).

Sinnlichkeit und Körperlichkeit im Bad

Wie die Küche ist auch das Bad Sinnbild für Selbstbestimmung und Autonomie. Es ist der Raum für die täglichen Rituale der Morgentoilette, des Waschens oder Badens. Im Bad vollzieht sich – innen wie außen – ein Prozess vom Unreinen zur Reinheit und steigert damit auch den Selbstwert des Menschen. Dies ist besonders wichtig bei älteren Menschen, da sie mit dem Verfall ihres Körpers konfrontiert werden. Inzwischen haben die Badezimmerausstatter den allgemeinen (Medical-)Wellness-Trend erkannt und bieten Produkte für das heimische Bad an, die weit über »Hygiene- und Hilfsmittel« hinausgehen und stattdessen das Bad als Wohlfühl-Oase und heimischen Spa anpreisen.
Im Bad begegnen sich Design und Natur, letztere in Form von Wasser, das als Naturereignis inszeniert wird. Neue Armaturen und »Schwallduschen« simulieren Wasserfälle oder tropische Regenschauer. Designer wie Hersteller orientieren sich an der Natur. So nehmen Waschschalen die Form

von Lagunen auf oder Wannen erinnern an eine Eierschale, Handtuchhalter scheinen aus einem Ast geschnitzt zu sein. Diesen runden Formen werden in der Gestaltung jedoch auch gern harte, reduzierte Geometrien in Form von eckigen Wannen und quadratischen Waschtischen gegenübergestellt. Beide haben ihre Berechtigung, denn in unserer komplexen Welt steigt der Wunsch nach Klarheit und Puristik, nach Ruhe und Gelassenheit, aber gleichzeitig auch nach Natürlichkeit und Geborgenheit. Das Design antwortet mit einer klaren Sprache einerseits und kommt andererseits dem Harmoniebedürfnis mit weichen organischen Entwürfen entgegen. Darüber hinaus entwickelt sich das Bad zum eigenständigen, mit »Skulpturen« ausgestatteten Kunstraum: Frei stehende marmorne Wannen und steinerne Becken ruhen auf Podesten, bieten bequeme Einstiegsstufen und gleichen damit eher Ausstellungsobjekten in einer Galerie.
Trotz Alter und/oder Behinderung bleibt das Bad ein wichtiger Bestandteil der eigenen Wohnung. Bis auf (wenn möglich) breitere Türen, einen barrierefreien Duschplatz und (wenn erforderlich, nachträglich montierbare) Haltegriffe an den Wänden sollte das Bad so viel wie möglich »Normalität« ausstrahlen (Abb. 5.8).
Eine bodenebene Dusche mit einer Aufbauhöhe zwischen 9 und 12 cm bei einem Prozent Gefälle verbindet den erhöhten Komfort für alle Nutzer mit dem DIN-Anspruch an die Rollstuhleignung und wird vermutlich schon bald zur Standardausstattung von Neubau- und auch Bestandswohnungen zählen. Bedenkenswert bei der Installation sind die Bauwerksverträglichkeit, die Bauwerksabdichtung etwa durch Flüssigfolien direkt unter den Fliesen- oder Plattenbelägen, der Schallschutz und die Minimierung von Unfällen durch rutschfeste Materialien und Spezialarmaturen, die beispielsweise Verbrühungen mit zu heißem Wasser verhindern können.
Für alle Eventualitäten offen zeigt sich das »Vorbau-Konzept« im KWA Stift im Hohenzollernpark in Berlin. Hier kann der Bewohner die Eckbadewanne, wenn er sie nicht mehr nutzen kann, im Keller einlagern lassen: der Hausmeister muss dazu nur den Acrylstreifen entfernen. Innerhalb von wenigen Minuten entsteht so ein barrierefreier Duschplatz. Der Fußboden ist von vornherein durchgefliest, die Armaturen sind bereits in der erforderlichen Höhe angebracht (Abb. 5.9).
Neben dem klassischen Badausbau können auch vorgefertigte Badzellen verwendet werden. Sie haben für den Bauherrn den Vorteil, dass er sich das Musterbad mit allen Details im Voraus anschauen und sich so einen genauen »Vor-Ort-Eindruck« verschaffen kann. Mit dem Einbau der Zellen kann man durch die Verkürzung der Bauzeit zudem Kosten sparen.
Bei Bestandswohnungen kann eventuell auch eine Badvergrößerung oder sogar die komplette Verlegung des Bades in Erwägung gezogen werden. Solch eine Maßnahme ist abhängig von der Lage der Installationsstränge und der Grundrissstruktur eines Gebäudes. Kleinere und sogar reversible Maßnahmen können kurzfristig und unabhängig von der Gesamtheit der Wohnanlage in Absprache mit dem Mieter vorgenommen werden. Allerdings bedarf es etwa beim Einbau eines Haltegriffs der statischen Prüfung.

Atmosphäre – Licht und Farbe
Neben der Funktionalität ist bei der Badgestaltung das Ambiente zunehmend wichtig. Der Einsatz von Licht und Farbe kann diese Stimmung weiter unterstützen. Helle Leuchtmittel

5.4 Wohnküche, Elbschlossresidenz in Hamburg, 2006; feddersenarchitekten
5.5 Wohnküche, Kompetenzzentrum Demenz in Nürnberg, 2006; feddersenarchitekten
5.6 Grundriss Tagesraum für Menschen mit Demenz, Elbschlossresidenz in Hamburg, 2006; feddersenarchitekten
5.7 Grundriss Wohngemeinschaft Typ »Janus«, Kompetenzzentrum Demenz in Nürnberg, 2006; feddersenarchitekten
5.8 »Vario Grip« dient als Handtuchhalter, Ablage und als Haltegriff; Ecke Design
5.9 »Vorbau-Konzept«, herausnehmbare Eckbadewanne im KWA Stift im Hohenzollernpark, Berlin, 2002; feddersenarchitekten

5.8

5.9

sind ein Muss. Durch die gezielte Anordnung von Leuchten etwa über oder seitlich neben dem Spiegel entsteht eine warme Anmutung, und diese Lichtstimmung kann die Deckenbeleuchtung ergänzen. Auch über der Duschkabine gibt eine Leuchte dem Bewohner ein sichereres Gefühl. Über der Badewanne sollten indirekte Leuchten vor Blendung schützen. Lichtvouten in einer abgehängten Decke etwa bieten einen schönen Effekt und sind eine preiswerte Lösung.

Wohlfühloase Badehaus
Nicht nur das private Bad wird wohnlicher, auch für die Nachbarschaft innerhalb eines Quartiers kann ein gemeinsames »Badehaus« mit einer Sauna, Kneipp-Becken sowie einer »Pflegebadewanne« für pflegebedürftige Bewohner zur generationsübergreifenden Attraktion werden. Neben dem Wohlbefinden und dem positiven Erleben der eigenen Körperlichkeit steht hier besonders das Gemeinschaftserlebnis im Mittelpunkt.

Wohnungsanpassung im Bestand

Trotz demografischen Wandels und einer immer älter werdenden Bewohnerschaft bleibt der Wunsch nach einem so weit wie möglich selbstbestimmten und normalen Leben in den eigenen vier Wänden. Besonders hier – im alltäglichen Umfeld – wächst für den alten Menschen mit zunehmenden körperlichen und geistigen Einschränkungen das Bedürfnis nach Sicherheit. Durch Anpassungsmaßnahmen kann er so bis zu seinem Lebensende in der eigenen Wohnung verbleiben oder wenigstens die Wohndauer bis zu einem Umzug (ins Heim oder in die Obhut von »Betreutem Wohnen«) wesentlich verlängern.
Die für die Wohnungsanpassung anvisierte Zielgruppe lebt zum größten Teil schon seit Jahrzehnten in ihren Wohnungen, also überwiegend im Bestand der 30er, 50er und 60er Jahre. Häufig weisen diese Altbauten aktuell den sanitären Stand ihrer Erbauungszeit auf. Hier kann es also nicht um normierte oder universelle Lösungen gehen, sondern um individuell passende Maßnahmen, damit den Bewohnern weiterhin ein angenehmes und entspanntes Wohnen möglich ist.
Zur Vereinfachung der Umsetzung setzt ein praxisorientierter Maßnahmenkatalog (Abb. 5.10) unterhalb der DIN an: Baustufe A – erhöhter Sicherheitsstandard (z. B. Haltegriff, auf Waschtischhöhe heruntergezogener Spiegel, gute Leuchten); Baustufe B – behindertenfreundlich (z. B. erhöhtes WC) und Baustufe C – rollstuhlgerecht (z. B. bodenebene Dusche): Laut Umfrageergebnissen liegt im Bad das größte Gefahrenpotenzial der ganzen Wohnung. Mit der Behebung dieser Barrieren erfährt der Bewohner ein Gefühl von Sicherheit, sodass er sich wieder in seiner Wohnung und dem Umfeld wohlfühlt.

5.10 Baustufenschema: A: erhöhter Sicherheitsstandard, B: behindertenfreundlich, C: rollstuhlgerecht; Auszug aus Vortrag »Wohnraumanpassung«, feddersenarchitekten
5.11 Bad, Typ »Pur«, Interboden
5.12 Küche, Typ »Minimal«, Yoo

5.10

Wohnbereiche	Baustufe A	Baustufe B	Baustufe C
Kochbereich	Schaffung von Bewegungsflächen (insbesondere vor dem Herd)	Neuanordnung des Arbeitsbereichs: Arbeitsfläche zwischen Herd und Spüle	unterfahrbarer Arbeitsbereich (Kochmulde, Arbeitsfläche, Spüle, in Sitzhöhe und mit Kniefreiheit)
	Beleuchtung im Arbeitsbereich	Unterschrank mit Schüben	
	zusätzliche Steckdosen im Arbeitsbereich	Höherstellen von Küchengeräten (z. B. Kühlschrank, Backofen, Geschirrspülmasch.)	
	rutschhemmender Bodenbelag	Schaffung eines Arbeitsplatzes zum Sitzen (tiefer als normale Arbeitsfläche)	
	Beseitigung von Stolperfallen	Oberschränke tiefer anbringen (Erreichbarkeit; Glasboden zum bessern Erkennen)	
	Stehhilfen	sichere und leicht bedienbare Armaturen	
Waschbecken	höhenverstellbares Waschbecken	Schaffen von Platz zum Waschen im Sitzen und zum Einsatz von Helfern (z. B. Versetzen des Waschbeckens, Veränderung des Türaufschlags)	sichere und leicht bedienbare Armaturen
	Spiegel zum Waschen im Sitzen	Unterfahrbarmachen des Waschbeckens (Flachsyphon, Spezialwaschbecken zum Sitzen)	Haltegriffe am Waschbecken (Hinsetzen/Aufstehen)
		Anpassung der Waschbeckenhöhe (fest)	
Badewanne	Badewannenbrett	Badewannensitz (evtl. schwenkbar als Einstiegshilfe)	herausnehmbare Badewanne (bodengleiche Dusche)
	Haltegriffe (für verschiedene Griffpositionen)	sichere und leicht bedienbare Armaturen	Spezialbadewanne
	Einsteigegriffe (bzw. Haltestangen etc.)		Wannenlift
Dusche	Haltegriffe für Dusche (z. B. Winkelgriff)	Duschsitz (an Wand befestigt o. als Duschhocker)	Einbau einer bodengleichen Dusche
	gut erreichbare Halterung für Brause	sichere und leicht bedienbare Armaturen (z. B. Verbrühschutz, Einhebelmischer)	Einbau einer Dusche mit flacher Duschtasse
WC	Toilettenaufsatz (ggf. mit Polsterung)	WC-Erhöhung durch Einbau eines Sockels	Einbau höheres WC
	Schaffen von Platz vor dem WC (z.B. Veränderung Türaufschlag)	Versetzen des WC (z. B. für seitliche Bewegungsflächen – ist aufwendig)	Stützgriffe (z.B. wand- oder bodenbefestigte Bügelstützen, im Aufsatz integrierte Armstützen, höhenverstellbare Stützgestelle)
Badtür	Türverbreiterung	Beseitigung der Türschwelle	Einbau einer Schiebetür

Zielgruppenorientiertes Wohnen

Projekte im Luxussegment zeigen uns bereits heute, in welche Richtung sich Wohnangebote ausrichten werden. Sie orientieren sich nicht mehr chronologisch an Lebensabschnitten (1-Zimmer-Wohnung für den Single, 3-Zimmer-Wohnung für die Familie, 2-Zimmer-Wohnung für einen Senioren), sondern machen Angebote für unterschiedliche »Lebensstile«, durch prägnante Images können sie passgenau vermarktet werden.
Bereits heute und zukünftig noch stärker prägen unseren Wohnstil Eindrücke aus Medien oder von Reisen. Wir können uns aus der zusammengeschrumpften Welt inspirieren lassen: Der Wunsch nach einem mediterranen Ambiente daheim veranlasste so manchen Spanien-Urlauber, sich Terrakotta-Fliesen zu beschaffen, am besten solche, die für unsere Breiten mit einer Fußbodenheizung kompatibel sind. Die Vielfalt an Stilen wird in Zeiten zunehmender Individualisierung noch weiter zunehmen.
Der französische Designer Philippe Starck hat zusammen mit dem britischen Projektentwickler John Hitchcox diese Entwicklung aufgegriffen und vier unterschiedliche Einrichtungsvarianten für Appartementhäuser in diversen Metropolen entwickelt. Sie sollen verschiedene Vorlieben abdecken: Sinnliche, naturverbundene Materialien finden sich im Typ »Nature«, »Culture« steht für extravaganten Lifestyle mit poppigen Farben und barockem Touch, »Minimal« meint eine in Form und Farbe reduzierte Einrichtung, und »Classic« soll den zeitlosen klaren Geschmack befriedigen (Abb. 5.11).
Auch im mittleren Marktsegment gibt es zielgruppenorientierte Angebote ohne Zuweisung zu irgendeinem Lebensalter. Die zukünftigen Käufer einer Wohnanlage eines Ratinger Bauträgers können sich vor Einzug je nach persönlicher Vorliebe zwischen drei unterschiedlichen Gestaltungsvarianten für ihr Bad entscheiden: »Mainstream« – klassisch weiß; »Pur« – für klare Linien; »Mediterran« – in warmen Farben (Abb. 5.12).
Auch die Küche wird zur Bühne des Bewohners und kann unterschiedlichen Lebensentwürfen Raum geben. Ein modulierbares Ausbaukonzept kann bei Einzug eines neuen Mieters oder bei Verbleib und Veränderung der Lebensumstände des alten Bewohners auf dessen individuelle Gewohnheiten und Vorlieben eingehen. Eine ostdeutsche Wohnungsgesellschaft stellt zum Beispiel die Wandelbarkeit ihres Wohnungsangebots in Form einer Ausstellung ihren (potenziellen) Mietern vor: Der »Heimlichkoch« kocht in der geschlossenen Küche und isst lieber in Ruhe im Wohnzimmer. Der »Fernsehkoch« dagegen zelebriert seine Kochkünste vor seinen Freunden in der offenen Pantryküche. Der »Geselligkeitskoch« nutzt die in sein großzügiges Loft integrierte Küchenzeile »by the way«. Alle Küchensegmente können bei Auszug, Familienzuwachs oder Handicaps mit wenigen Umbauten von einer in die andere Variante umgebaut werden.
Wohnen ist bereits heute und wird morgen weniger eine Frage des Alters als des Lebensstils sein, der sich mit den steigenden Komfortangeboten im Markt adaptiert hat.

5.11

5.12

Architekten – Projektdaten

»Miss Sargfabrik« in Wien

Bauherr:
Verein für integrative Lebensgestaltung, Wien
Architekten:
BKK-3, Wien
Mitarbeiter:
Franz Sumnitsch, Johann Winter, Regina Gschwendtner, Christoph Moerkl
Tragwerksplaner:
Fröhlich & Locher Zt GmbH, Wien
Baujahr: 2000

mail@bkk-3.com
www.bkk-3.com

Franz Sumnitsch
Geboren 1961; 1990 Diplom an der TU Graz; seit 1989 Baukünstlerkollektiv.

Johann Winter
Geboren 1949; Studium; Büro in Wien.

1999 Gründung von BKK-3

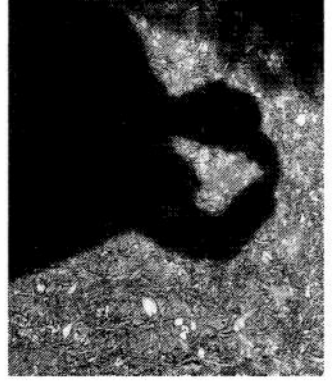

Generationenhaus in Stuttgart

Bauherr:
Landeshauptstadt Stuttgart, Referat Soziales, Jugend und Gesundheit, Jugendamt
Architekten:
Kohlhoff & Kohlhoff Architekten, Stuttgart
Mitarbeiter:
Johannes Meinke (Projektleitung), Jörg Schust, Christine Caprano, Hsin-Yi Chou
Projektsteuerung:
techn.Referat, Hochbauamt, Christine Heizmann-Kerres, Alexander Hofmann
Tragwerksplanung:
Ingenieurbüro W. Lehrle & Partner, Stuttgart
Baujahr: 2001

Sven Kohlhoff
Geboren 1943
1965–1973 Architekturstudium an der Universität Stuttgart und in Kanada, 1974 Gründung der Büropartnerschaft Asplan,
1975–1985 Lehrauftrag an der Universität Stuttgart, Institut für Gebäudekunde und Entwerfen,
1989–2001 Büro mit Claudia Kohlhoff, seit 2002 Büro Kohlhoff Architekten

Generationenwohnbau in Wien

Bauherr:
Kallco Bauträger GmbH, Wien
Architekten:
Peter Ebner und Franziska Ullmann, Wien
Mitarbeit:
Christiane Feuerstein, Silvia Lechner
Tragwerksplaner:
Javurek & Schweiger, Bad Vöslau
Baujahr: 2001

www.ebner-ullmann.com

Peter Ebner
Geboren in Hallwang; Tischlerlehre; Maschinenbaustudium in Salzburg; Architekturstudium an der TU Graz und der UCLA, Los Angeles; Diplom an der TU Graz; Studium an der Wirtschaftsuniversität Linz; 1995 Gründung des eigenen Büros in Salzburg; seit 2003 Professor für Wohnungsbau und Wohnungswirtschaft, TU München; 2006 Gastprofessur an der Harvard Graduate School of Design, Boston

Franziska Ullmann
Geboren in Baden bei Wien; Studium an der TU Wien; 1983 Gründung des eigenen Büros in Wien; 1985–1994 Lehrauftrag an der Universität der Angewandten Künste in Wien; seit 1995 Professor für Räumliches Gestalten an der Universität Stuttgart; 2000 Gastprofessur an der Harvard Graduate School of Design, Boston

1998 Gründung des Architekturbüros Ebner Ullmann in Wien

Wohnhaus in Wien

Bauherr:
Gemeinnützige Siedlungs- und BauAG
Architekten:
PPAG Architekten, Wien
Mitarbeiter:
Corinna Toell (Projektleitung), Klaus Moldan, Lilli Pschill, Ali Seghatoleslami
Tragwerksplaner:
Ingenieurbüro V. Stehno + Partner, Wien
Baujahr: 2006

ppag@ppag.at
www.ppag.at

Anna Popelka
1980–1987 Studium an der TU Graz
1987 Diplom an der TU Graz

Georg Popuschka
1986–1994 Studium an der TU Graz und an der Ecole d'Architecture Paris-Tolbiac; 1994 Diplom an der TU Graz; 1997–1998 Gastprofessur an der TU Wien, Institut für Raumgestaltung

seit 1995 gemeinsames Büro in Wien

Umbau eines Kaufhauses in Eschweiler

Bauherr:
Anna Maria u. Andrea Breuer, Köln
Architekten:
BeL, Anne-Julchen Bernhardt, Jörg Leeser, Köln
Mitarbeiter:
Eveline Jürgens, Thomas Schneider
Tragwerksplaner:
Jürgen Bernhardt, Köln
Baujahr: 2006

office@BeL.cx
www.BeL.cx

Anne-Julchen Bernhardt
Geboren 1971 in Köln; 1997 Diplom an der RWTH Aachen; 1997 selbstständig in Berlin, seit 1999 in Köln; 2001–2005 Wissenschaftliche Mitarbeiterin an der RWTH Aachen, Lehrstuhl für Baukonstruktion III.

Jörg Leeser
Geboren 1967 in Essen; 1997 Diplom an der RWTH Aachen; 1994–1998 Mitarbeiter Leeser Architecture, New York; 1998 Wissenschaftlicher Mitarbeiter am Rensselaer Polytechnical Institute Troy, New York; 1999–2006 Wissenschaftlicher Mitarbeiter an der RWTH Aachen, Lehrgebiet für Konstruktives Entwerfen.

seit 2000 gemeinsames Büro BeL in Köln

Gemeindezentrum in Stuttgart

Bauherr:
Katholische Kirchengemeinde St.Antonius, Stuttgart-Zuffenhausen
Architekten :
Arno Lederer, Jórunn Ragnarsdóttir,
Marc Oei, Stuttgart/Karlsruhe
Mitarbeiter:
Thilo Holzer
Tragwerksplaner:
Ingenieurbüro Andreas Bewer, Neuhausen a. d. F.
Baujahr: 2001

mail@archlro.de
www.lederer-ragnarsdottir-oei.de

Arno Lederer
Geboren 1947 in Stuttgart; Architekturstudium in Stuttgart und Wien; Diplom 1976; seit 1979 selbständig, ab 1985 in Bürogemeinschaft mit Jórunn Ragnarsdóttir, seit 1992 mit Marc Oei; seit 2005 Leiter des Instituts für öffentliche Bauten und Entwerfen, Universität Stuttgart.

Jórunn Ragnarsdóttir
Geboren 1957 in Akureyri, Island; 1982 Diplom an der Universität Stuttgart; mehrere Bühnenbilder an Theatern in Reykjavik.

Marc Oei
Geboren 1962 in Stuttgart; 1988 Diplom an der Hochschule für Technik in Stuttgart; Lehraufträge an den Universitäten Karlsruhe und Stuttgart.

Seniorenresidenz in Zürich

Bauherr:
Stiftung Spirgarten, Zürich
Architekten:
Miller & Maranta, Basel
Mitarbeit:
Peter Baumberger, Katrin Gromann, Nicole Winteler, Sven Waelti, Patrick von Planta, Marc Kloth, Niggi Bruggmann
Tragwerksplaner:
WGG Schnetzer Puskas Ingenieure AG SIA/USIC, Basel
Baujahr: 2006

info@millermaranta.ch
www.millermaranta.ch

Quintus Miller
Geboren 1961 in Aarau; 1987 Diplom an der ETH Zürich; 2000–2001 Gastprofessor an der EPF Lausanne; seit 2004 Mitglied der Stadtbaukommission der Stadt Luzern; seit 2005 Mitglied der Denkmalpflegekommission der Stadt Zürich und der Kommission für bildende Kunst der Gemeinde Riehen (bei Basel); 2007 Gastprofessur an der Architekturakademie in Menridisio.

Paola Maranta
Geboren 1959 in Chur; 1986 Diplom an der ETH Zürich; Master of Business Administration 1990 am IMD Lausanne; 200–2001 Gastprofessur an der EPF Lausanne; 2001–2005 Mitglied der Stadtbildkommission des Kantons Basel-Stadt; seit 2003 Mitglied der Ortsbildkommission von Riehen (bei Basel); 2007 Gastprofessur an der Architekturakademie in Menridisio.

1994 Gründung des Architekturbüros Miller & Maranta, Basel

Seniorenresidenz Multengut bei Bern

Bauherr:
GVB Gebäudeversicherng des Kantons Bern
Architekten:
Burkhalter Sumi Architekten, Zürich
Mitarbeiter:
Yves Schihin, Florian Schoch, Bettina Halbach
Tragwerksplaner:
Dr. Lüchinger+Meyer, Zürich
Baujahr: 2004

www.burkhalter-sumi.ch

Marianne Burkhalter
Geboren 1947 in Thalwil; Lehre als Bauzeichnerin; 1973–75 Fachhörerin an der University of Princeton; seit 1970 Arbeit als Architektin in verschiedenen Büros; Gastprofessuren am Southern Institute of Architecture in Los Angeles und an der EPF Lausanne.

Christian Sumi
Geboren 1950 in Biel; 1977 Diplom an der ETH Zürich; Gastprofessuren an der Ecole d`Architecture in Genf, in Harvard und an der EPF Lausanne.

Yves Schihin
Geboren in Bern; Lehre als Bauzeichner; 2000 Abschluss an der EPF Lausanne; seit 2004 Partner bei Burkhalter Sumi Architekten.

1984 Bürogründung von Burkhalter Sumi Architekten

Wohnanlage und Tagespflege in Alicante

Bauherr:
IVVSA Institutao Valenciano de Vivienda S.A.
Architekt:
Javier García-Solera Vera, Alicante
Mitarbeit:
Pilar Fructuoso, Marcos Gallud, Javier Mateu
Tragwerksplaner:
Domingo Sepulcre, Valencia
Baujahr: 2005

jgsold@arquired.es

Javier García-Solera Vera
Geboren 1958 in Alicante, Diplom 1984 an der Escuela Técnica Superior de Arquitectura in Madrid; seit 1999 Professor für Entwurfslehre in Alicante; seit 2002 Gastprofessor an Universitäten und Architekturschulen in Spanien und Lateinamerika.

Wohnhochhaus in Rotterdam

Bauherr:
Stichting Ouderenhuisvesting Rotterdam
Architekten:
Arons en Gelauff architecten
Mitarbeit:
Jan Bart Bouwhuis, Felix Fassbinder, Hilde Gründemann, Mariska Koster, Jacco van der Linden, Menno Mekes, Irene Siljama, Erik Jan Vermeulen
Landschaftsarchitekten:
Inside Outside, Petra Blaisse, Amsterdam
Tragwerksplaner:
Peter Stout, bouwkundig adviesburo Baas BV
Leendert Kool, Dura Vermeer bouw Rotterdam BV
Baujahr: 2006

www.aronsengelauff.nl
mail@aronsengelauff.nl

Floor Arons
Geboren 1968 in Haarlem, Niederlande;1993 Master an der TU Delft; 1997 Lehrauftrag an der Amsterdam Academy of Architecture.

Arnoud Gelauff
Geboren 1963 in Den Haag, Niederlande; 1988 Bachelor an der Hogeschool van Amsterdam; 1996 Master an der Amsterdam Academy of Architecture; 1997 Lehrauftrag an der Amsterdam Academy of Architecture.

1996 Gründung von Arons en Gelauff architecten

Alterswohnungen in Domat/ Ems

Bauherr:
Jürgen Schwarz
Architekt:
Dietrich Schwarz, Domat/Ems
Mitarbeiter:
Peter Silber, Sebastian Streck
Tragwerksplaner:
T. Cavelli AG, Domat/Ems
Baujahr: 2004

www.schwarz-architektur.ch

Dietrich Schwarz
Geboren 1964 in Chur; 1985–1990 Architekturstudium an der ETH Zürich; 1991 Diplom an der ETH Zürich; 1992 Gründung des eigenen Architekturbüros; seit 2002 Dozent an der Architekturakademie in Mendrisio; Gastprofessur an der Hochschule Liechtenstein; seit 2002 Geschäftsführer der Glassx AG.

Seniorenzentrum in Lich

Bauherr:
Oberhessisches Diakoniezentrum, Johann-Friedrich-Stift
Architekten:
Pfeifer Roser Kuhn, Freiburg
Mitarbeiter:
Hans-Martin Bamler, Bendix Pallesen-Mustikay, Mark Kraus
Tragwerksplaner:
Ingenieurbüro für Bauwesen L.Fischer, Lich
Baujahr: 2003

architekten@pfeifer-kuhn.de
www.pfeifer-kuhn.de

Günter Pfeifer
Geboren 1943 in Schopfheim; 1967 Diplom an der Staatlichen Werkkunstschule Kassel; seit 1975 eigenes Architekturbüro in Lörrach und Freiburg; seit 1992 Professur an der TU Darmstadt; seit 2001 pfeifer roser kuhn architekten in Freiburg; seit 2005 pfeifer.kuhn.architekten in Freiburg.

Christoph Kuhn
Geboren 1966 in Saarbrücken; 1993 Studium an der TU Berlin und an der Ecole d'Architecture in Paris-Villemin; 1993 Diplom an der TU Berlin; seit 1998 roser | kuhn architekten in Freiburg; seit 2001 pfeifer roser kuhn architekten in Freiburg; seit 2005 pfeifer.kuhn. architekten in Freiburg.

Pflegeheim auf der Insel Henza

Bauherr:
Zenichi Miyazato
Architekten:
Kawai Architects/Toshiaki Kawai, Kioto
Mitarbeiter:
Emina Hirota
Tragwerksplaner:
Masaichi Taguchi (TAPS)
Baujahr: 2006

www.kawai-architects.com
shownen@kawai-architects.com

Toshi Kawai
Geboren 1967; 1991 Bachelor an der Universität Kioto, Japan; 1993 Master an der Universität von Kioto, Japan; 1994 Ausbildung an der AA, London; 1995 Abschluss »Ken-chiku Shownen«.

1999 Bürogründung von Kawai Architects

Seniorenzentrum in Magdeburg

Bauherr:
Landeshauptstadt Magdeburg
Architekten:
Löhle Neubauer Architekten BDA, Augsburg
Rainer Löhle Regine Neubauer

1. Bauabschnitt:
Projektleiter:
Christian Moosbichler
Mitarbeiter:
Joachim Müller, Martin Oppelt, Tobias Handel, Martin Obst, Andreas Paluch, Anita Ivic
Tagwerk:
Furche + Zimmermann, Köngen
Bautra GmbH, Magdeburg
Baujahr: 2003

2. Bauabschnitt:
Projektleiter:
Steffen Moik
Mitarbeiter:
Silvio Hahn, Tobias Handel, Christian Moosbichler, Raimund Bollinger, Andreas Paluch, Annette Gärtner, Anita Ivic, Nico Schmitz
Tragwerk:
Bautra GmbH, Magdeburg
Baujahr: 2004

info@loehle-neubauer.de

Reiner Löhle
Geboren 1963 in Memmingen; Studium und Diplom an der FH Augsburg; Studium und Diplom an der Universität Stuttgart.

Regine Neubauer
Geboren 1966, Studium und Diplom an der FH Augsburg.

Seniorenwohnhaus in Neumarkt am Wallersee

Bauherr:
Gemeindeverband Neumarkt, Stadt Neumarkt und Henndorf
Architekten:
Kada+Wittfeld, Aachen
Mitarbeiter:
Stefan Haass (Projektleitung), Patrick Müller-Langguth, Bernd Rickert, Arnd Schüle, Frank Berners, Aldrik Lichtwark
Tragwerksplaner:
Bernd Ferstl & Partner, Salzburg
Baujahr: 2001

www.kadawittfeldarchitektur.de

Klaus Kada
Geboren 1940 in Leibnitz, Steiermark; 1971 Diplom an der Technische Hochschule Graz; 1995–2006 Professor an der RWTH Aachen, Entwerfen von Hochbauten und Gebäudelehre; seit 1996 Büro in Aachen; seit 1999 Partnerschaft mit Gerhard Wittfeld im Aachener Büro.

Gerhard Wittfeld
Geboren 1968 in Moers; 1995 Diplom an der RWTH Aachen; 1997–2004 Lehrauftrag an der RWTH Aachen, Lehrstuhl für Entwerfen und Gebäudelehre; seit 1999 Partner im Büro Kada Wittfeld; seit 2004 Professor in Vertretung an der FH Bochum, Lehrstuhl für Gebäudelehre.

Seniorenzentrum in Steinfeld

Bauherr:
Sozialhilfeverband Spittal/Drau
Architekt:
Dietger Wissounig, Graz
Tragwerksplaner:
ARGE Urban & Pock, Spittal/Drau
Baujahr: 2005

www.wissounig.at
office@wissounig.at

Dietger Wissounig
Geboren 1969 in Klagenfurt, 1984–1989 HTL Villach, 1991–1997 Architekturstudium TU Graz, 1997 Arbeitsaufenthalt in Kuala Lumpur, 1992–2002 Arbeiten in und mit verschiedenen Büros in Graz, seit 2004 Lehraufträge an der TU Graz, seit 2002 eigenes Büro in Graz.

Tagespflegezentrum in Kamigyo

Bauherr:
Nagahara Clinic, Kioto
Architekt:
Toshiaki Kawai, Kioto
Mitarbeiter:
Teruko Shinmei
Tragwerksplaner:
T.I.S. & Partners, Kioto
Baujahr: 2000

www.kawai-architects.com
shownen@kawai-architects.com

Toshi Kawai
Geboren 1967; 1991 Bachelor an der Universität Kioto, Japan; 1993 M.Arch, an der Universität von Kioto, Japan; 1994 Ausbildung an der AA, London; 1995 Abschluss »Kenchiku Shownen«.

1999 Bürogründung von Kawai Architects

Wohnhaus in Gstadt

Bauherr:
Veronika und Roman Schnellbach
Architekt:
Florian Höfer
Tragwerksplaner:
a.k.a.ingenieure, München
Baujahr: 2004

www.florianhoefer.de

Florian Höfer
Geboren 1971 in Rosenheim; 1992 Ausbildung als Möbelschreiner; 1996 Studium der Architektur an der FH München; 2001 Diplomabschluss an der FH München; Miarbeit bei Hild und K. Architekten, München; Ing. Büro Held, München und Schelbert-Scholz-Wille Architekten; seit 2002 eigenes Architekturbüro in München.

Mehrgenerationenhaus in Waldzell

Bauherr:
Heidi und Rudi Frauscher
Architekt:
Helga Flotzinger
Tragwerksplaner:
Rudi Frauscher
Baujahr: 2005

office@arch-flotzinger.at

Helga Flotzinger
Geboren 1972 in Salzburg; 2000 Diplom an der der Universität Innsbruck; 1999 Gründung der Gruppe convoi architektinnen; seit 2004 freischaffende Architektin; 2005 Lehrauftrag am Institut für Gestaltung der Universität Innsbruck.

Mehrgenerationenhaus in Darmstadt

Bauherr:
privat
Architekten:
Kränzle + Fischer-Wasels Architekten, Karlsruhe; Klotz+Knecht Architekturbüro, Darmstadt
Bauleitung:
Jürgen Ludwik, Reinheim
Tragwerksplaner:
ISG, Gesellschaft für Ingenieurbau und Systementwicklung mbH, Darmstadt
Baujahr: 2003

info@kraenzle-fischerwasels.de
www.kraenzle-fischerwasels.de
info@klotzundknecht.de
www.klotzundknecht.de

Nikolaus Kränzle
Geboren 1947 Walldorf/Hessen; 1975 Diplom an der TH Karlsruhe; seit 1985 eigenes Büro in Karlsruhe.

Christian Fischer-Wasels
Geboren 1961 Frankfurt am Main; 1991 Diplom an der TU Karlsruhe.

1991 Gründung von Kränzle + Fischer-Wasels Architekten

Iris Braun geb. Klotz
Geboren 1972 in Darmstadt; 2003 Diplom an der Fachhochschule Frankfurt/Main.

Christian Knecht
Geboren 1971 in Lampertheim; 1999 Diplom an der Fachhochschule Frankfurt/Main.

2000 Gründung von Klotz+Knecht Architekturbüro

Stadthaus in München

Bauherr:
MGS Münchner Gesellschaft für Stadterneuerung mbH
Architekten:
Fink + Jocher, München
Mitarbeiter:
Stephan Riedel, Christoph Schreyer
Bauleitung:
Architekturbüro Wallner, Peter Helsper (Bauleiter)
Tragwerksplaner:
Ingenieurbüro Dr. Müller, München
Baujahr: 2005

architekten@fink-jocher.de
www.fink-jocher.de

Dietrich Fink
Geboren 1958 in Burgau; 1984 Diplom an der TU München; 1988 Akademischer Rat am Institut für Städtebau und Regionalplanung an der TU München; seit 1991 Büro mit Thomas Jocher in München; 1998 Gastprofessur an der TU München; 1999–2004 Professur an der TU Berlin; seit 2004 Professur an der TU München.

Thomas Jocher
Geboren 1952 in Benediktbeuern; 1980 Diplom an der TU München; 1984–90 Akademischer Rat am Institut für Städtebau und Regionalplanung an der TU München; 1991 Promotion; seit 1991 Büro mit Dietrich Fink in München; seit 1997 Professur an der Universität Stuttgart; 2004 Gastprofessor an der Tongji Universität, Shanghai.

Generationenwohnanlage in Freiburg

Bauherr:
Freiburger Stadtbau GmbH
Architekten:
Pfeifer Roser Kuhn, Freiburg
Tragwerksplaner:
Dr. Scherberger, Freiburg
Baujahr: 2004

architekten@pfeifer-kuhn.de
www.pfeifer-kuhn.de

Günter Pfeifer
Geboren 1943 in Schopfheim; 1967 Diplom an der Staatlichen Werkkunstschule Kassel; seit 1975 eigenes Architekturbüro in Lörrach und Freiburg; seit 1992 Professur an der TU Darmstadt; seit 2001 pfeifer roser kuhn architekten in Freiburg; seit 2005 pfeifer.kuhn.architekten in Freiburg.

Christoph Kuhn
Geboren 1966 in Saarbrücken; 1993 Studium an der TU Berlin und an der Ecole d'Architecture in Paris-Villemin; 1993 Diplom an der TU Berlin; seit 1998 roser | kuhn architekten in Freiburg; seit 2001 pfeifer roser kuhn architekten in Freiburg; seit 2005 pfeifer.kuhn. architekten in Freiburg.

Wohnanlage in Wiesbaden

Bauherr:
Gemeinnützige Wohnungsgesellschaft mbH Hessen
Architekten:
Dietz Joppien Architekten, Frankfurt am Main
Mitarbeit:
Matthias Schönau, Christine Lüpke
Tragwerksplaner:
Ingenieurbüro Rack, Frankfurt am Main
Baujahr: 2000

Albert Hans Dietz
Geboren 1958 in Saarbrücken; Architekturstudium an der Technischen Hochschule Darmstadt; 1986 Master of Architecture, an der Universität von Oregon; seit 2005 Lehrtätigkeit Bergische Universität Wuppertal, Baukonstruktive Vorlesungen.

Anett-Maud Joppien
geboren 1959 in Frankfurt am Main; Architekturstudium an der Technische Universität Berlin und der Technische Hochschule Darmstadt; 1986 Master of Architecture, University of California/Berkeley; seit 2003 Professor, Bergische Universität Wuppertal.

1989 Gründung des Architekturbüros Joppien Dietz Architekten in Frankfurt am Main
seit 2004 Dietz Joppien Architekten AG

Wohnsiedlung in Ypenburg

Bauherr:
Amvest BV, Amsterdam
Ceres Projecten, Den Haag
Ipse Hootolorp
Architekten:
John Bosch
van den Oever, Zaaijer & Partners architecten, Amsterdam
Mitarbeiter:
Naomi Felder, Urs Primas, Tycho Saariste, Wendy Saunders, realisiert mit Bureau Bouwkunde
Tragwerksplaner:
Walter Spangenberg, ABT Delft
Ferstigstellung: 2003

info@oz-p.nl
www.oz-p.nl

John B.W. Bosch
Geboren 1960; Abschluss an der HTS Architecture Amsterdam; 1983-1989 Technical University Delft; seit 1996 Lehraufträge an der Delft Technical University und der Academy of Architecture Rotterdam, Amsterdam und Arnhem; 2000 Gründung des eigenen Büros; seit 2006 Partner bei van den Oever, Zaaijer & Partners architecten.

Autoren

Christian Schittich (Herausgeber)
Jahrgang 1956
Architekturstudium an der TU München,
anschließend 7 Jahre Büropraxis, publizistische Tätigkeit,
seit 1991 Redaktion DETAIL, Zeitschrift für Architektur und Baudetail,
seit 1992 verantwortlicher Redakteur, seit 1998 Chefredakteur,
Autor und Herausgeber zahlreicher Fachbücher und Fachartikel.

Peter Ebner
Jahrgang 1968
Architekturstudium an der TU Graz und der UCLA, Los Angeles,
berufsbegleitendes Studium an der Wirtschaftsuniversität Linz,
1995 eigenes Büro in Salzburg, seit 1998 gemeinsames Büro mit Franziska Ullmann in Wien,
seit 2003 Professor für Wohnungsbau und Wohnungswirtschaft, TU München,
2006 Gastprofessur an der Harvard Graduate School of Design, Boston,
Autor zahlreicher Fachbücher und Fachartikel.

Joachim Giessler
Jahrgang 1944
Industriedesign-Studium an der HfbK Kassel, seit 1974 eigenes Planungsbüro,
seit 1975 Lehrtätigkeiten an der FH Rosenheim, FH Coburg, dem Institut der Holzwirtschaft und Kunststofftechnik Rosenheim, Hadassah College Jerusalem und der Industrial Design School Tel-Aviv,
2003 Gründung des Instituts Wohnen im Alter e.V. mit Sitz in Bad Tölz,
Autor zahlreicher Fachbücher und Fachartikel.

Lothar Marx
Jahrgang 1941
Architekturstudium an der TU Berlin, seit 1984 eigenes Architekturbüro,
seit 1988 Lehrtätigkeiten an der TU München, Hochschule für Architektur Weimar, FH München,
Mitglied der Normenausschüsse NABAU, DIN 18024/18025, DIN 180030 sowie Betreutes Wohnen,
Gesellschafter des Instituts für Barrierefreies Planen und Bauen in Dresden, München und Ulm,
Autor zahlreicher Fachbücher und Fachartikel.

Eckhard Feddersen
Jahrgang 1946
Architekturstudium an der TU Karlsruhe und der TU Berlin,
seit 1973 eigenes Architekturbüro,
1980–82 Lehrbeauftragter an der TU Berlin,
seit 2002 Architekturbüro Feddersen Architekten,
Autor zahlreicher Fachbücher und Fachartikel.

Insa Lüdtke
Jahrgang 1972
Architekturstudium an der TU Darmstadt,
seit 2002 Öffentlichkeitsarbeit im Büro Feddersen Architekten,
Autorin zahlreicher Fachartikel im Bereich Architektur und Gesundheit.

Literatur

Bücher

Ackermann, Kurt; Bartz, Christian; Feller, Gabriele:
Behindertengerechte Verkehrsanlagen. Planungshandbuch für Architekten und Ingenieure,
Düsseldorf 1997

American Institute of Architects:
Design for Aging,
Review Images Publishing,
Victoria 2004

Andritzky, Michael u.a.:
Neues Wohnen im Alter,
Frankfurt am Main 2004

Barsuhn, Astrid:
Mehrgenerationenhäuser,
Wohlfühlen unter einem Dach,
Taunusstein 2006

Bertelsmann Stiftung/Kuratorium Deutsche Altershilfe:
Neue Wohnkonzepte für das Alter und praktische Erfahrungen bei der Umsetzung,
Köln 2003

Blomensaht, Arlt:
Barrierefreies und kostengünstiges Bauen für alle Bewohner, Analyse ausgeführter Projekte nach DIN 18025-2,
Hannover 1994

Bulter, Martin:
Barrierefreies Bauen, Ausarbeitung des Wissenschaftlichen Dienstes des Bundestages,
Berlin 2000

Dettbarn-Reggentin, Jürgen; Reichenbach, Michael:
Bau- und Wohnkonzepte für alte und pflegebedürftige Menschen,
Esslingen 2006

Divers, Jonas:
Planning and Access for disabled People,
London 2003

Fuchs, Dörte; Orth, Jutta:
Umzug in ein neues Leben. Wohnalternativen für die zweite Lebenshälfte,
München 2003

Giessler, Joachim F.:
Planen und Bauen für das Wohnen im Alter
Ratgeber für Neubau, Umbau und Renovierung,
Taunusstein 2005

Görnert-Stuckmann, Sylvia:
Umzug in die dritte Lebensphase,
Freiburg 2005

Großhans, Hartmut:
Wohnumfeld und Quartiersgestaltung
Für das Wohnen im Alter im Generationenverbund, Stuttgart 2001

Held, Christoph; Ermini-Fünfschilling, Doris:
Das demenzgerechte Heim,
Lebensraumgestaltung, Betreuung und Pflege für Menschen mit Alzheimerkrankheit,
Basel 2006

Höfs, Jutta; Loeschcke, Gerhard:
Die rollstuhlgerechte Wohnung. Planungsgrundlagen, Grundrisse, Ausstattung, Gebäudeerschließung, Gebäudetechnik, Planungshilfen im Detail,
Stuttgart 1981

Höpflinger, François:
Traditionelles und neues Wohnen im Alter
Age Report 2004,
Zürich 2004

Holland, Caroline; Peace, Sheila:
Inclusive housing in an ageing society,
Bristol 2001

Imrie, Rob:
Accessible Housing,
Routledge 2005

König, Barbara:
Stadtgemeinschaften
Das Potential der Wohnungsgenossenschaften für die soziale Stadtentwicklung,
Berlin 2004

Kraemer, Karl H.:
Modellprojekt »Integriertes Wohnen«,
München 1981

Lord, Geoffrey; Wycliffe Noble, C.:
Access for disabled people to art premises,
New York 2003

Marx, Lothar:
Barrierefreies Planen und Bauen für Senioren und behinderte Menschen,
Stuttgart 1994

Marx, Lothar:
Erfassung internationaler Normen über die baulichen und infrastrukturellen Voraussetzungen für Menschen mit Behinderungen und für alte Menschen,
Stuttgart 1989

Marx, Lothar:
Neue Technologien für altersgerechte Wohnungen,
Stuttgart 1992

Narte, Renate; Tischer, Sylvia:
Räume für gemeinschaftliche Wohnprojekte älterer Menschen – Erfahrungen aus den Niederlanden, Band 1: Rahmenbedingungen und Nutzungsanalyse,
Köln 2001

Philippen, Institut T.L.P.e.V.:
Barrierefreies Bauen – Planungshilfe,
Mainz 2000

Riley, Charles A.:
Barrierefreies Wohnen. Designideen für mehr Lebensqualität,
Stuttgart 1999

Rühm, Bettina:
Unbeschwert wohnen im Alter, neue Lebensformen und Architekturkonzepte,
München 2003

Schader Stiftung:
Neue Wohnung auch im Alter,
Darmstadt 1997

Schöffler, Mona:
Wohnformen im Alter,
Lahr 2006

Steffen, Gabriele; Fritz, Antje:
Wohnen mit Assistenz, Bauforschung für die Praxis, 78,
Stuttgart 2006

Stemshorn, Axel:
Barrierefreies Bauen für Behinderte und Betagte,
Stuttgart 1999

Stolarz, H.; Lenz, G.:
Altenwohnungen zum Bau und Umbau von Wohnungen für ältere Menschen und für Menschen aller Altersgruppen mit Behinderungen. Entwurf zur Neufassung,
Stuttgart 1989

Torrington, Judith:
Upgrading Buildings for Older People,
London 2004

Voss, K.:
Entwicklung eines zielgruppenorientierten Wohnmodells für das integrierte Wohnen alleinstehender jüngerer Menschen im innerstädtischen Bereich,
Stuttgart 1978

Weeber, Rotraut; Wölfle, Gunther;
Rösner, Verena:
Gemeinschaftliches Wohnen im Alter,
Bauforschung für die Praxis, 58,
Stuttgart/Berlin 2001

Wüstenrot Stiftung:
Wohnen im Alter,
Stuttgart 2005

Zeitschriften

AIT
Gesundheit und Soziales,
Stuttgart, Nov. 2005, Seite 88 ff.

Architektur + Wettbewerb (197)
Seniorenresidenzen,
Stuttgart, März 2004

barrierefrei
AT-Fachverlag GmbH,
Fellbach

Brandl, Brigitte:
barrierefrei
»Großfamilie liegt im Trend.
Generationenübergreifendes Wohnen«,
Fellbach 2001

Deutsches Architektenblatt,
Barriere im Kopf,
Bremen 2000

Deutsches Architektenblatt,
Mobile Generation 50plus – 1. Mio. Niedersachsen wollen Wohnsituation verändern,
Bremen 2007

Die Zeit
Leben, Die Welt der Alten,
Hamburg, 23.März 2006

Finanztest
Seniorenresidenzen im Test,
Berlin, Feb. 2006, Seite 55 ff.

form Zeitschrift für Gestaltung (204)
Design for the Elderly,
Neu-Isenburg, Nov./Dez. 2005, Seite 30ff.

Helbig, Gerda:
Wohnbund-Informationen,
»Ein bundesweites Netzwerk für gemeinschaftliche Wohnprojekte«,
München 2004, Heft II/2004

Scherzer, Ulrike:
Wohnbund-Information, Integriertes Wohnen.
Eine Analyse von Modellprojekten in der Nutzungsphase,
München 2004, Heft II/2004

Stadt und Raum
Bonacker, Margit; Ecks, Bettina; Lohmann, Ulla:
Freiraumplanung und ältere Menschen. Sechs Module für bessere Standards,
Winsen/Aller 2006

Broschüren

Barrierefreies Bauen 1: Barrierefreie Wohnungen
Leitfaden für Architekten, Fachingenieure und Bauherren zur DIN 18025, Teil 1 und 2, Vergleichende Betrachtung und Erläuterungen,
München 1992

Barrierefreies Bauen 2: Öffentlich zugängige Gebäude und Arbeitsstätten
Leitfaden für Architekten, Fachingenieure, Bauherren zur DIN 18024, Teil 2. Planungsgrundlagen, vergleichende Betrachtung und Erläuterungen,
München 1997

Barrierefreies Bauen 3: Straßen, Plätze, Wege, Öffentliche Verkehrs- und Grünanlagen sowie Spielplätze
Leitfaden für Architekten, Fachingenieure und Bauherren zur DIN 18024, Teil 1. Planungsgrundlagen, vergleichende Betrachtung und Erläuterungen,
München 2001

Institut für Bauforschung e.V. Hannover:
Planungshilfe zur Umsetzung des barrierefreien Bauens,
Stuttgart 2004

Landesinstitut für Bauwesen des Landes NRW:
Barrierefreies Bauen im staatlichen Hochbau,
Dokumentation ausgewählter Beispiele,
Aachen 2001

Landesinstitut für Bauwesen und Angewandte Bauschadensforschung:
Planen und Bauen für Menschen mit und ohne Behinderungen. Einleitung, Grundlagen, Anforderungen, Planungsbeispiele, Checkliste,
Aachen 1992

Ministerium für Arbeit und Soziales des Landes Nordrhein-Westfalen:
Sicher und bequem zu Hause wohnen. Wohnberatung für ältere und behinderte Menschen,
Düsseldorf 2000

Ministerium der Finanzen des Landes Rheinland-Pfalz; Ministerium für Arbeit, Soziales und Gesundheit des Landes Rheinland-Pfalz:
Barrierefrei Bauen, Mainz 2000

Planungsgrundlagen für barrierefreie öffentlich zugängliche Gebäude, andere bauliche Anlagen und Einrichtungen,
Dresden, 2000

Weeber und Partner:
Planen und Bauen für alte und behinderte Menschen, Beispiele und Planungshilfen für das Land Brandenburg,
Potsdam 1992

Beratungsstellen (Auswahl)

Kuratorium Deutsche Altershilfe (KDA)
An der Pauluskirche 3
50677 Köln
tel: +49 (0)221 931847-0
fax: +49 (0)221 931847-6
www.kda.de

Bundesarbeitsgemeinschaft der Senioren-Organisationen (BAGSO) e.V.
Eifelstraße 9
53119 Bonn
tel: +49 (0)228 249993 0
fax: +49 (0)228 249993 20
e-mail: kontakt@bagso.de
www.bagso.de

Bundesinteressenvertretung der Altenheimbewohner e.V. (BIVA)
Vorgebirgsstraße 19
53913 Swisstal
tel: +49 (0)2254 7045
fax: +49 (0)2254 7046
e-mail: info@biva.de
www.biva.de

Schweizerische Fachstelle für Behindertengerechtes Bauen
Kernstr.57
CH–8004 Zürich
tel: +41 (0)44 299 97 97
fax: +41 (0)44 299 97 98
e-mail: info@hindernisfrei-bauen.ch
www.hindernisfrei-bauen.ch

Fachstelle Wohnberatung in Bayern
Korbinianplatz 15a
80807 München
Sabine Nowack Dipl.- Soz.päd. (FH)
tel.: +49 (0)89 35 70 43 15
fax: +49 (0)89 35 70 43 29
www.wohnberatung-bayern.de
info@wohnberatung-bayern.de

Bayerische Stiftung für Qualität im Betreuten Wohnen e.V.
Geschäftsstelle München
Barbarossastraße 19
81677 München
tel: +49 (0)89 4444 61 541
fax: +49 (0)89 4444 61 741

Bayerische Architektenkammer
Beratungsstelle Barrierefreies Bauen
Frau Marianne Bendl
Postfach 190165
80601 München
tel. +49 (0)89 13 98 80 31
fax +49 (0)89 13 98 80 33
e-mail: barrierefrei@byak.de
www.byak.de

Architektenkammer Baden-Württemberg
Danneckerstraße 54
70182 Stuttgart
tel: +49 (0)711 21960
fax: +49 (0)711 2196103
e-mail: info@akbw.de
www.akbw.de

Architekten- und Stadtplanerkammer Hessen
Mainzer Straße 10
65185 Wiesbaden
tel: +49 (0)611 17380
fax: +49 (0)611 173840
e-mail: info@akh.de
www.akh.de

Architektenkammer Nordrhein-Westfalen
Zollhof 1
40221 Düsseldorf
tel: +49 (0)211 49 67 0
fax: +49 (0)211 49 67 99
e-mail: info@aknw.de
www.aknw.de

Architektenkammer Sachsen
Goetheallee 37
01309 Dresden
tel.: +49 (0)351 317460 oder 3105301
fax: +49 (0)351 3111286
e-mail: dresden@AKSachsen.org
www.aksachsen.org

Architektenkammer Sachsen-Anhalt
Fürstenwall 3
39104 Magdeburg
tel.: +49 (0)391 53 611-0
fax: +49 (0)391 56 19 29 6
e-mail: info@ak-lsa.de
www.ak-lsa.de

Webadressen (Auswahl)

www.generationendialog.de
Initiative zur Verbesserung des Dialogs zwischen den Generationen

www.nwia.de
Verein Neues Wohnen im Alter, Arbeitsgemeinschaft zur Förderung selbstständiger Wohn- und Hausgemeinschaften mit Älteren

www.schader-stiftung.de/wohn_wandel
Informationsplattform zum Thema Wohnformen im Alter

www.aktiv-leipzig.de
Homepage des Arbeitskreises Integriertes Wohnen

www.wohnbund.de
Netzwerk von wohnungspolitisch engagierten Organisationen, die mit ihrer Arbeit zur Entwicklung und Realisierung zeitgemäßer Wohnformen beitragen

www.fgwa.de
Forum gemeinschaftliches Wohnen

www.neue-wohnformen.de
Informationsseite und Kontaktbörse zum Thema Wohnen im Alter

www.bmfsfj.de
Homepage des Bundesministeriums für Familien, Senioren, Frauen und Jugend

www.mehrgenerationenhaeuser.de
Informationen über Mehrgenerationenhäuser in Deutschland

www.barrierefrei.de
Portal für behindertengerechtes Bauen&Wohnen

www.wohnen-muehle.ch
Wohngemeinschaft Obere Mühle, Gelterkinden

www.stmas.bayern.de/senioren/wohnen/
Bayerisches Staatsministerium für Arbeit und Sozialordnung, Familie und Frauen

www.hhrc.rca.ac.uk
Forschungszentrum des Royal College of Art zur Entwicklung von Produkten, die auf die Erfordernisse älterer Menschen eingehen

www.independentliving.org
Organisation »Independent Living« für Menschen mit Behinderung

www.jrf.org.uk/housingandcare/lifetimehomes
Joseph Rowntree Foundation, Informationen zum barrierefreien Haus

www.housingcare.org
Informationen zu verschiedenen Wohnalternativen im Alter

www.shelteredhousing.org
Informationen zum Thema betreutes Wohnen

www.bundesregierung.de/Content/DE/EMagazines/ebalance/043/t3-haeuser-fuer-mehrere-generationen.html
Förderung für die Entstehung von Mehrgenerationenhäusern

www.stmi.bayern.de/bauen/wohnungswesen/foerderung
Förderung für Anpassung von Mietwohnungen bzw. Eigenheimen für schwerbehinderte oder schwerkranke Menschen

Abbildungsnachweis

Allen, die durch Überlassung ihrer Bildvorlagen, durch Erteilung von Reproduktionserlaubnis und durch Auskünfte am Zustandekommen des Buches mitgeholfen haben, sagen die Autoren und der Verlag aufrichtigen Dank. Sämtliche Zeichnungen in diesem Werk sind eigens angefertigt. Nicht nachgewiesene Fotos stammen aus dem Archiv der Architekten oder aus dem Archiv der Zeitschrift »DETAIL, Zeitschrift für Architektur«. Trotz intensiver Bemühungen konnten wir einige Urheber der Fotos und Abbildungen nicht ermitteln, die Urheberrechte sind aber gewahrt. Wir bitten um dementsprechende Nachricht.

Von Fotografen, Bildarchiven und Agenturen:

- Altenkirch, Dirk, Karlsruhe: S. 121–123
- Archiv Ebner, München: 2.3
- Archiv Feddersen, Berlin: 5.9
- Becker, Markus, Frankfurt: S. 134–137
- Braun, Zooey, Stuttgart: S. 94, 96 Mitte
- Dempf, Christine, München: S. 115
- Erlau AG, Aalen: 5.8
- Felix, Alexander, München: S. 62 oben
- Focke, Andreas J., München: S. 114, 158
- Giessler, Joachim F., Bad Tölz: 3.9–3.11
- Giovanelli, Francesca, Weiningen: S. 84–89, 3.3b
- González, Brigida, Stuttgart: 3.6
- Grunert-Held, Roland, Veitshöchheim: 5.5
- Halbe, Roland/artur, Essen: S. 150
- Halbe, Roland, Stuttgart: S. 52–57, 70, 72, 144
- Heinrich, Michael, München: S. 125–129
- Helfenstein, Heinrich, Zürich: S. 65–69
- Hirai, Hiroyuki, Tokio: S. 90–93, 110–113
- Hoekstra, Rob, Kalmthout: S. 74 oben, 76–77
- Holz, Michael, Hamburg: 5.4
- Hurnaus, Hertha, Wien: S. 10, 27–31
- Interboden Innovative Lebenswelten GmbH + Co. KG, Ratingen: 5.12
- Janzer, Wolfram/artur, Essen: S. 32–35
- Kawai, Toshiaki, Kioto: 2.18
- Keystone, Zürich: S. 167, 2. von links
- Kramer, Luuk, Amsterdam: S. 138 oben, 139–140, 143
- Kraus, Diana, Geldersheim: 5.2
- Krauss, Roland, Wien: S. 42–45
- Landwehr, Veit, Köln: S. 46–48, 50–51
- Marx, Lothar, München: 4.2, 4.7, 4.10–4.12, 4.17, 4.21–4.23
- Monomere, Wien: 5.3
- Musch, Jeroen, Amsterdam: S. 74 unten, 75
- Ott, Paul, Graz: S. 104
- Roig, Joan, Valencia: S. 71
- Rosenberg, Simone, München: 2.10
- Schäffler, Nikolaus, München: 2.6, 4.6
- Schinzler, Peter, München: S. 8
- Schuster, Oliver, Stuttgart: S. 96 oben, 98, 99 oben
- Seidl, Manfred, Wien: 2.13
- Spiluttini, Margherita, Wien: S. 36–39, 41, 100–103
- 't Hart, Rob, Rotterdam: S. 138 unten
- Theny, Christian, Feldkirchen: S. 105–109
- Tusch, Martin, Wien: S. 116–119
- Walti, Ruedi, Basel: 2.5, S. 58–63, 130–133
- Wicky, Gaston, Zürich: S. 78–83, 3.3a
- Wutzer, Manuela, Innsbruck: S. 170, 2. von links
- Yoo Deutschland GmbH, Köln: 5.11
- Zimmermann, Reinhard, Adliswil: 2.11

Artikel - und rubrikeinführende s/w Aufnahmen:

- S. 8; Bürgerzentrum Pasing, Landau + Kindelbacher Architekten, München
- S. 10; »Sargfabrik« Wohnheim Matznergasse in Wien, BKK-2, Wien
- S. 144; Seniorenzentrum bei Stuttgart, Kauffmann Theilig & Partner, Ostfildern
- S. 150; Kursaal in San Sebastian, Rafael Moneo, Madrid
- S. 158; Wohnhaus in Gstadt, Florian Höfer, Oberneuching

Foto Schutzumschlag:
Wohnhaus in Gstadt
Architekt: Florian Höfer, Oberneuching
Foto: Andreas J. Focke, München